教育部职业教育与成人教育司推荐教材

数控专业教学用书

现 代 生 产 管 理

第 2 版

全国机械职业教育教学指导委员会

中 国 机 械 工 业 教 育 协 会 　组编

主　编　夏　暎

副主编　池云霞

参　编　祁世闯　魏　浩

主　审　赵居礼

机 械 工 业 出 版 社

本书是根据高职高专工科类专业培养目标，以学生应掌握的现代生产管理知识和管理技能为主要宗旨，从企业生产实际需要出发编写而成的必修课教材。

　　全书共 10 章，内容包括企业生产与运作管理、生产过程组织、生产计划、生产作业计划与控制、现场管理、物流管理、质量管理、设备综合管理、现代生产方式、计算机集成制造系统（CIMS）。为便于学习，各章均有学习目标、复习题和适当的案例分析。

　　本书可用作高职高专工科类各专业教材，也可供高职高专管理类各专业师生选用。

图书在版编目（CIP）数据

现代生产管理/夏暎主编. —2 版—北京：机械工业出版社，2013.1
（2022.5 重印）

教育部职业教育与成人教育司推荐教材. 数控专业教学用书

ISBN 978-7-111-41501-5

Ⅰ. ①现… Ⅱ. ①夏… Ⅲ. ①企业管理—生产管理—高等职业教育—教材 Ⅳ. ①F273

中国版本图书馆 CIP 数据核字（2013）第 031194 号

机械工业出版社（北京市百万庄大街 22 号　邮政编码 100037）
策划编辑：汪光灿　责任编辑：王莉娜　黎 艳
版式设计：霍永明　责任校对：王 欣
封面设计：姚 毅　责任印制：刘 媛
涿州市般润文化传播有限公司印刷
2022 年 5 月第 2 版第 9 次印刷
184mm×260mm ·10 印张 ·246 千字
标准书号：ISBN 978-7-111-41501-5
定价：35.00 元

电话服务　　　　　　　　　　　　网络服务
客服电话：010-88361066　　　　机 工 官 网：www.cmpbook.com
　　　　　010-88379833　　　　机 工 官 博：weibo.com/cmp1952
　　　　　010-68326294　　　　金 书 网：www.golden-book.com
封底无防伪标均为盗版　　　机工教育服务网：www.cmpedu.com

第2版前言

《现代生产管理》系教育部职业教育与成人教育司推荐教材，是由教育部机械教育教学指导委员会、中国机械工业教育协会组织编写的。该教材自出版以来，已经重印多次，被多所高职院校机电类专业选为教材，在高职教育教学中起到了应有的作用，社会反映良好，符合职业教育教学需要。

根据《教育部关于"十二五"职业教育教材建设的若干意见》精神，为了使该教材内容与职业标准对接更紧密，配套资源开发更丰富，使之达到专业教学标准、教材内容的有机衔接和贯通，我们对该教材进行了修订。修订的思路是：基本保持原教材整体构架，结合教学内容更换教学案例，通过案例分析使学习内容更贴近生产管理实际，提升学生分析问题、处理问题的管理能力。

本书由夏暎担任主编，池云霞担任副主编，赵居礼担任主审。参加编写的人员及分工为：夏暎（第一、二、三、九、十章）、池云霞（第四、五、六章）、祁世闯（第七章）、魏浩（第八章）。本书在编写过程中，得到了各位编审人员所在院校领导的大力支持，在此一并致以诚挚的谢意。

由于编者能力与水平有限，书中难免存在不完善之处，欢迎读者批评指正。如果读者对书中内容写作有好的建议可以与编者联系（电子邮箱：jdgcxy2005@163.com）。本书再版时一定吸收您的良好建议，并对您表示衷心感谢。

编　　者

第 1 版前言

本书是教育部机械职业教育教学指导委员会组织编写的高职高专规划教材之一，适用于高职高专工科类各专业。

本书系根据高职高专工科类专业培养目标，以学生应掌握的现代生产管理知识和管理技能的要求为主要宗旨，结合企业生产实际需要编写而成的。全书共分 10 章，内容包括：企业生产与运作管理、生产过程组织、生产计划、生产作业计划与控制、现场管理、物流管理、质量管理、设备综合管理、现代生产方式、计算机集成制造系统（CIMS）。

本书为高职高专工科类各专业的通用教材，建议学时数为 50～70 学时。在使用本教材时，教师可根据教学的具体对象作适当的选取。

本书根据高等职业教育特点，在教材的内容、体系等方面力求做到题材新颖、内容适当。全书各章均附有学习目的、复习题，书中还有适当的案例分析，便于学生学习理解。

本书由夏暎担任主编，池云霞担任副主编。赵居礼担任主审。参加编写人员的分工情况为：夏暎（第一、二、三、九、十章）、池云霞（第四、五、六章）、祁世闯（第七章）、魏浩（第八章）。

本书在编写过程中，得到了各位编审人员所在院校领导的大力支持，在此一并致以诚挚的谢意。由于编者水平有限，书中难免存在不完善之处，恳请读者批评指正。

编　　者

目 录

第一章 企业生产与运作管理

【学习目标】
1. 掌握生产运作管理概念、目标、内容。
2. 明确生产与运作管理在企业管理中的地位和对管理人员的要求。
3. 掌握生产运作管理战略的概念、内容。
4. 明确生产运作战略与企业经营战略的关系。
5. 了解制定生产运作战略的影响因素。

【引导案例】

北京现代的生产运作管理

北京现代汽车有限公司（简称北京现代）是一家中韩合资的轿车生产企业，成立于2002年10月，由北京汽车投资有限公司和韩国现代自动车株式会社共同出资设立，注册资本为27.1亿元人民币。

2003年7月，北京现代通过ISO 9001质量管理体系认证，2006年8月8日，北京现代获得ISO 14001环境管理体系认证，标志着北京现代汽车在设计、开发、生产、销售、服务等领域均步入正轨。2005年1月首次获得月总销量冠军，开创了中国汽车工业发展速度之最，2006年10月，北京现代实现了累计产销全面突破65万辆，再创中国汽车工业新奇迹。

在生产运作管理上，北京现代采用了"按销售预测组织生产、按订单销售"的总体运作模式。对于生产制造，公司提出了"创造知识、革新生产方式"的理念，运用先进技术，大量采用一流设备、看板式管理、模块化组装和较完善的质量检测体系，并在国内建立了200多家4S经销店。

2007年，国内汽车品牌林立，各汽车品牌纷纷降价，竞争激烈。快速发展的北京现代调整了在全国的经销网络，增强了对区域市场终端的销售和服务管理力度。

第一节 生产与运作管理概述

一、生产与运作管理概念

生产运作是自有人类社会以来最基本的实践活动，生产（Production）就是创造产品和提供服务的行为，生产与运作管理（Production Management and Operation Management，P/OM）是对生产运作系统的设计、运行与维护过程的管理，是将各种资源转化为产品和服务的活动。

制造管理、生产管理、生产运作管理实质上指的是同一学科，这三个名称的顺序反映了这一学科的演变过程。制造管理的概念首创于18世纪的亚当·斯密，他认为分工能提高效率。那时，人们注重生产操作方面的研究，如对动作与时间的研究，对工序划分与任务安排的研究，从而产生出许多十分有用的沿用至今的管理方法。

从 1930～1956 年，生产管理这一术语逐渐为人们所理解和接受，在这一时期，泰勒的科学管理方法得到普遍应用，定量决策方法日渐成熟，在制造业中形成了以经济效率为重点的管理方法，涉及生产过程的计划、组织实施与控制。进入 20 世纪 60 年代以后，计算机被运用于企业管理，产生了 MRP（物料需求计划）管理方法，以后又发展成 MRP Ⅱ（制造资源计划）管理方法，这些事件标志着关于制造业的生产管理科学得以初步确立。

二、生产运作管理的内容

生产运作管理是企业管理的重要组成部分，主要内容包括对生产运作系统的定位、设计、运行与维护过程的管理，具体包括对生产运作活动进行计划、组织与控制。

（一）生产运作系统战略决策

生产运作系统战略决策是从生产系统的产出如何很好满足社会和用户的需求出发，根据企业营销系统对市场需求情况的分析以及企业发展的条件和因素限制，从总的原则方面解决"生产什么、生产多少"和"如何生产"的问题。具体地讲，生产运作系统战略决策就是从企业竞争优势的要求出发，对生产运作系统进行战略定位，明确选择生产运作系统的结构形式和运行机制的指导思想。

（二）生产运作系统设计管理

根据生产运作系统战略管理关于生产运作系统的定位，具体进行生产运作系统的设计和投资建设。一般包括两方面内容。

1. 产品开发管理

产品开发管理包括产品决策、产品设计、工艺选择与设计、新产品试制与鉴定管理等，其目的是为产品生产运作及时提供全套的、能取得令人满意的技术经济效果的技术文件，并尽量缩短开发周期，降低开发费用。

2. 厂房设施和机器系统构建管理

这部分内容包括厂址选择、生产运作规模与技术层次决策、厂房设施建设、设备选择与购置、工厂总平面布置、车间及工作地布置等，其目的是以最快的速度、最少的投资，建立起最适宜企业生产运作的、能形成企业固定资产的生产运作系统主体框架。

俗话说，"工欲善其事，必先利其器"。搞好生产运作系统设计，避免生产运作系统的先天不足，是保证生产运作系统高效率、高质量地运行的基本前提条件。生产运作系统设计一般在项目建设阶段进行，并在一定时间内呈相对稳定状态。但随着环境的变化，对生产运作系统进行改造和更新也是必要的，这也属于生产运作系统设计范畴。

（三）生产运作系统运行管理

生产运作系统运行管理是根据社会和市场的需求以及企业的生产经营目标，在设计好的生产运作系统内对生产运作系统的运行进行计划、组织和控制。具体地说，生产运作系统运行管理就是在设计好的生产运作系统框架下，不断进行综合平衡，合理分配人、财、物等各种资源，科学安排生产运作系统各环节、各阶段的生产运作任务，妥善协调生产运作系统各方面的复杂关系，对生产运作过程进行有效控制，确保生产运作系统正常运行。生产运作系统运行管理包括以下三方面内容。

1. 计划

计划包括预测本企业产品和劳务的需求，确定产品品种与产量，设置产品交货期，编制产品出产计划、厂级生产运作作业计划和车间生产运作作业计划，统计生产运作进展情况等。

2．组织

组织是指合理组织生产要素，使企业生产运作系统中的物质流、信息流、价值流畅通，使有限资源得到充分、合理的利用。组织是生产运作计划工作的基础和依据，也是实现生产运作计划的手段和保证。组织是生产运作过程组织和劳动组织的统一。生产运作过程组织主要是合理分配生产运作资源，科学安排生产运作系统和生产运作过程中各阶段、各环节，使之在时间、空间上协调衔接。劳动组织是指正确处理劳动者与劳动工具、劳动对象的关系，使劳动者在生产运作过程中发挥应用的作用，充分调动劳动者的积极性。

3．控制

控制是指在计划执行过程中，随时检查实际执行情况，一旦发现偏离计划或标准，立即采取措施进行调整。为保证经济、准时地完成生产运作计划，并不断挖掘生产运作系统的潜力，改进生产运作系统，必须对生产运作过程实行全方位、全过程控制，包括生产运作进度、产品质量、资源消耗、资金占用、物料采购、成本控制等方方面面的控制。控制分为事前、事中和事后控制，其中企业要特别重视实行事前的预防性控制，这就要求企业应健全一系列事前控制标准。

生产运作系统运行管理属于生产运作管理的日常工作，最终都要落实到生产运作现场，因此，搞好现场管理是生产运作管理的一项重要基础性工作。

三、生产运作管理的目标

生产运作管理所追逐的目标可以用一句话来概括：高效、低耗、灵活、准时地生产合格产品和（或）提供满意服务。

高效是对时间而言，指能够迅速地满足用户的需要。在当前激烈的市场竞争条件下，谁的订货提前期短，谁就能争取用户。低耗是指生产同样数量和质量的产品，人力、物力和财力的消耗最少。低耗才能低成本，低成本才有低价格，低价格才能争取用户。灵活是指能很快地适应市场的变化，生产不同的品种和开发新品种或提供不同的服务和开发新的服务。准时是在用户需要的时间，按用户需要的数量，提供所需的产品和服务。合格产品和（或）满意服务，其实质就是对质量的要求。当前，激烈的市场竞争对企业的要求包括四个方面：时间（Time）、质量（Quality）、成本（Cost）和服务（Service）。T 指满足顾客对产品和服务在时间方面的要求，即交货期要短而准；Q 指满足顾客对产品和服务在质量方面的要求；C 指满足顾客对产品和服务在价格和使用成本方面的要求，即不仅产品形成过程中的成本要低，而且在用户使用过程中的成本也要低；S 为提供产品之外为满足顾客需求而提供的相关服务，如产品售前服务及售后服务等。

四、生产运作管理人员作用和要求

自从 20 世纪初，美国推行泰罗的科学管理以来，美国制造业的劳动生产率一直高于欧洲各个工业发达国家。美国在制造业的领先地位促进了农业劳动生产率的提高和服务业的发展，也使得美国很多企业逐渐把生产管理放到次要地位，使从事生产管理的人员成了"灰姑娘"。日本经济的振兴，主要靠的是制造业的高效率、低成本与高质量。面对日本企业咄咄逼人的挑战，美国一些企业又重新把注意力放到生产上，提出了各种夺回制造业优势的对策。美国国防部根据国会的要求，委托里海（Lehigh）大学亚科卡（Lacocca）研究所对美国制造技术规划进行研究，亚科卡研究所提出了"21 世纪制造企业战略"报告。该报告对汽车工业、化学工业、半导体工业和电子产品工业进行了分析，提出了要在 2006 年以前通过采用敏捷制造，夺回美国制造业在世界上的领先地位。服务业的竞争也同样激烈。

要搞好生产运行管理，必须有一支高水平的生产运作管理人员。生产运作管理人员运用了企业的绝大部分资金（固定资产——设施、设备等，流动资金——原材料、在制品、成品）来组织生产运作，其活动效果决定了企业效益的好坏，因此，生产运作管理人员在企业中的作用是十分重要的。

生产运作管理人员与其他管理人员一样，也是通过他人来完成工作任务。因此，生产运作管理人员必须具备两方面的技能。

（1）技术技能　包括两方面：专业技术和管理技术。生产运作管理人员面临的是转化物料或提供各种特定服务这样的活动，他们必须了解整个过程，应具备有关的专业技术知识，特别是工艺知识。不懂得专业技术的人是无法从事生产运作管理的，但只有专业技术知识对生产运作管理人员是不够的，他们还应懂得生产运作过程的组织，懂计划与控制，懂现代生产运作管理技术等。

（2）行为技能　生产运作管理者要组织工作和技术人员进行生产活动，他们必须具备处理人际关系的能力，要善于与他人共事，调动他人的工作积极性，协调众人的活动。要获得这些技能，要成为一个有效的生产运作管理者，一靠培训、二靠实践。

第二节　生产运作战略

一、生产运作战略与企业经营战略

生产运作战略是企业经营战略的重要组成部分，是指企业设计的一套适用自身资源的政策和计划，用以支持企业的长期竞争战略。它的着眼点是企业所选定的目标市场；它的工作内容是在既定目标导向下制定企业建立生产系统所要遵循的指导思想，以及在这个指导思想下的决策规划、决策程序和内容；它的目的是使生产系统成为企业立足于市场并获得长期竞争优势的坚实基础。

生产运作战略对于有效地进行企业的生产运作活动无疑是相当重要的，但它并不等同于企业的经营战略。在采取事业部制的大企业中，这两者的区别更加明显，一般来说，企业的战略可分三层：公司级经营战略、事业部级战略和职能级战略，如图 1-1 所示。

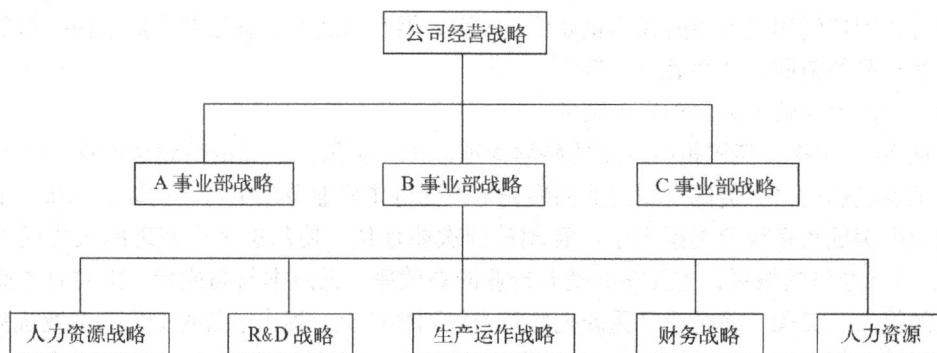

图 1-1　生产运作战略与企业经营战略的关系

公司级经营战略的任务是决定企业组织的使命，不断注视动态变化的外界环境，并据此调整自己的长期计划，这样的决策将从根本上影响一个组织的生存和未来的发展道路。事业部级战略是企业某一独立核算单位或具有相对独立的经济利益的经营单位对自己的生存和发展作出的谋划，它要把公司经营战略中规定的方向和意图具体化成为更加明确的针对各项经营事业的目标和战略。而生产运作战略则属于职能级战略。很明显，即使在同一个经营战略之下，不同事业部的部级战略不同，生产运作战略的内容就有可能不同。例如，一个电器公司，分别设电视机部、洗衣机部、电熨斗部等，其中，电视机部的竞争策略可能是以高质量取胜，如保证电视的高清晰区、高可靠性等；而电熨斗部可能是以物美价廉、操作方便取胜。这样，相应的生产运作战略的重点可能就不同，前者可能选择利用最新技术的产品投入生产，后者则可能将重点放在降低成本上。作为职能级战略的生产运作战略直接担负着支持公司经营战略的任务。

二、制定生产运作战略的影响因素

制定生产运作战略时，需要考虑许多因素对其可能带来的影响。这些因素可分为两大类：企业外部因素和企业内部因素。

1. 企业外部因素

（1）客户需求　企业虽然可以通过一些营销手段，在一定程度上控制需求水平，但某些市场需求的变化却是不能控制的。如经济波动引起的变化，客户偏好改变和新竞争者加入等。因此，生产计划不仅要考虑客户现在的需求，更要考虑将来的需求。

（2）技术　随着产品和工艺技术的变化，生产技术也必须改变，企业可选择作为技术领先者或跟随者，或采用其他技术战略。生产运作战略的作用是预测技术环境并形成相应的反应。最后，随着机器人技术、计算机辅助技术、计算机集成制造技术和办公自动化技术的快速变化，企业未来的生存能力可能会依赖于对技术采取的战略姿态。

（3）资源条件　制定生产运作战略时，应该考虑原材料资源的可获得性。例如，石油危机，导致一些生产产生混乱。所以，企业应该制定具体的策略以解决原材料资源缺乏问题。

（4）法律因素　一些法规的变化会导致一些行业发生重大变化。例如，环境污染标准、安全规定以及反不正当竞争法等的法律、法规的变化都会对生产运作产生重要的影响。

（5）社会因素　不断变化的社会形势和价值观念影响生产运作中的劳动者和管理者。管理者应认识到社会中这些变化，并在制定劳动力政策时作出反应。

（6）竞争状况　新产品的推出速度、成本的高低、质量水平的差异等都能反映竞争。例如，在20世纪80年代初，日本制造一辆小汽车的成本要比同期美国的成本低2 200美元，而成本差异的原因就在于生产。日本人在自动化方面没有优势，但他们的工资较低，仅此就产生了550美元的差距，剩下的1 650美元的差距是因为其不断提高的质量、较高的劳动生产率、库存上的投资较低，具有同样产出的较小生产规模等。日本人是凭着高质量、低库存以及生产中的团队协作这样一个高度协作系统来达到这个效果的。美国在这种竞争劣势中该如何应对呢？这就要求生产职能不仅满足竞争的需要，而且要通过良好的生产战略来形成企业的竞争优势。当竞争性质发生变化时，就要调整生产运作战略以便为公司提供一个稳固的竞争优势。

2. 企业内部因素

（1）企业整体经营目标与各部门职能战略　企业的整体经营目标通常是由企业经营

战略所决定的。在企业整体经营目标之下，企业的不同职能部门分别建立自己的职能部门战略。因此，包括生产运作战略在内的各个职能级战略的制定，都受企业整体目标的制约和影响。由于各职能级目标所强调的重点不同，往往对生产运作战略的制定有影响，而且影响作用方向是不一致的。在同一个整体经营目标之下，生产运作战略既受企业经营战略的影响，也受其他职能战略的影响。在制定生产运作战略时，要考虑到这些相互作用、相互制约的目标，权衡利弊，使生产运作战略决策能最大限度地保障企业经营目标的实现。

（2）企业能力　对制定生产运作战略产生影响的企业能力主要是指企业在运作能力、技术条件以及人力资源等方面与其他竞争企业相比所占有的优势和劣势，在制定生产运作战略时应当尽量扬长避短。

还有一些其他影响因素，例如过剩生产能力的利用、专利保护问题等。总而言之，生产运作战略决策是一个复杂的问题，它虽然不等同于企业经营战略，但也要考虑到整个社会环境、市场环境、技术进步等因素，同时还要考虑到企业的约束条件以及不同部门之间的相互关系的平衡等，否则将会影响到整个企业的生存和发展。

三、生产运作战略的内容

生产运作战略主要包括三方面内容：生产运作的总体战略，产品或服务的选择、开发与设计，生产运作系统的设计。

（一）生产运作的总体战略

生产运作的总体战略包括以下几种常用的生产运作战略。

（1）自制或购买　这是首先要决定的问题，如果决定制造某种产品或由本企业提供某种服务，就需要建造相应的设施，采购所需要的设备，配备相应的工作、技术人员和管理人员。自制或购买决策有不同层次。如果在产品级决策，则影响到企业的性质。产品自制则需要建一个制造厂；产品外购，则需要设立一个经销公司。如果只在产品装配阶段自制则只需要建造一个总装配厂，然后寻找零部件供应厂家。由于社会分工大大提高了效率，一般在作自制或购买决策时，不可能全部产品和零部件都自制。

（2）低成本和大批量　早期福特汽车公司就是采用这种策略。在零售业，Wal-Mart和K-Mart公司也是采取这种策略。采用这种策略需要选择标准化的产品或服务，而不是顾客化的产品和服务。这种策略往往需要较高的投资来购买专用高效设备，如同福特汽车公司当年建造T型车生产线一样。需要注意的是，这种策略应该用于需求量很大的产品或服务，只要市场需求量大，采用低成本和高产量的策略就可以战胜部分对手，取得成功，尤其是在居民消费水平还不高的国家或地区。

（3）多品种和小批量　对于顾客化的产品，只能采取多品种和小批量生产策略。当今世界消费多样化、个性化，企业只有采用这种策略才能立于不败之地。但是多品种小批量生产的效率难以提高，对大众化的产品不应该采取这种策略。否则，遇到采用低成本和大批量策略的企业，就无法与之竞争。

（4）高质量　质量问题日益重要。无论是采取低成本、大批量策略还是多品种小批量策略，都必须保证质量。

（5）混合策略　将上述几种策略综合利用，实现多品种、低成本、高质量以取得竞争优势。现在人们提出的"顾客化大量生产"或称"大量定制生产"，既可以满足用户多种多样的需求，又具有大量生产的高效率，是一种新的生产方式。

（二）产品或服务的选择、开发与设计

企业进行生产运作，先要确定向市场提供的产品或服务，这就是产品或服务选择或决策问题；产品或服务确定之后，就要对产品或服务进行设计，确定其功能、型号、规格和结构；接着，要对如何制造产品或提供服务的工艺进行选择，对工艺过程进行设计。

1. 产品或服务的选择策略

产品选择需要考虑以下因素：市场需求的不确定性；外部需求与内部能力之间的关系；原材料、外购件的供应；企业内部各部门工作目标上的差别。

2. 产品或服务的开发与设计策略

在产品或服务的开发与设计时应考虑以下几个方面：做跟随者还是领导者；自己设计还是请外单位设计；花钱买技术或专利。

（三）生产运作系统的设计

生产与运作系统设计主要考虑四个方面的战略问题，即选址、设施布置、工作设计、工作考核和报酬。

1. 选址

生产服务设施建在什么地点，对企业的运行效率和效果都有根本性的影响。工厂、大学、餐馆、商店都有选址问题。有的工厂就是因为过去为战备而迁移山区，造成今天难以发展的局面。

2. 设施布置

设施布置对生产运作的效率有很大影响，设施布置不当，会造成运输路程长，运输线路迂回曲折，不仅浪费人力、物力资源，而且延长了生产周期。

3. 工作设计

工作设计是制定与每个员工工作有关的活动的正规和非正规的说明，包括工作的结构和与同事、顾客之间的联系。工作设计有不同的指导思想方案。一种是进行细致分工，使每个员工只完成最简单的操作。这样可以提高工作效率，从而提高生产系统的产出。福特最早的流水生产线上的工作就是这样设计的。这种方式使工作单调乏味，遭到工人的反对。另一种是进行粗略分工，每个员工都从事不同的操作，使工作丰富化。这样可以提高员工的工作兴趣，但在一定程度上牺牲了效率。

在工作设计上要正确处理人机分工。现在，完全用手工进行工作的情况很少，一般都使用机器（包括计算机）来完成既定的任务。因此，在工作设计时要正确处理人机分工。人是最灵活而富有创造性的，适用完成非例行的工作；机器能比人更持久、更准确地完成程序化的工作，但没有人的能动性。如果让人做机器能做的事，不仅浪费了宝贵的人力资源，而且是不人道的。工作设计要使机器和工作环境适合人的能力和需要，而不是相反。道理很简单：人不能重新设计来适应机器，机器可以重新设计来适应人。

4. 工作考核和报酬

对人的工作业绩要进行考核，并将考核结果与报酬挂钩。这样才能激励员工努力工作，不断改进工作方法，发挥创造性，提高工作效率。报酬涉及工资、薪水的数量和发放办法。通常有两种计酬的办法：计时付薪和按贡献付薪。计时付薪就是按小时、天或月付薪，适用于难以量化的工作；按贡献付薪包括计件和承包等办法，适用于能够量化的工作。

【案例】

Chad 创意概念公司

Chad 创意概念公司设计并生产木制家具。该公司由 Chad Thomas 在俄亥俄州桑达斯基市的伊利湖畔建立，从生产用于坐落在伊利湖沿岸、Kelly's 岛和 Bass 岛附近的度假小屋中的客户定制木家具起家。Chad Thomas 本人作为一个"户外"型的人，别出心裁地想将"一点户外的气息"带入屋内。Chad 创意概念公司建立起了以创造性设计和高超制作工艺而闻名的显赫声誉，销售逐渐垄断了整个 Great Lakes 地区。公司的发展壮大又带来了另外的机会。

按照惯例，公司完全集中在客户定制的家具上，由顾客指定要用于家具制造的木料品种。随着公司名气的扩大和销售量的增加，销售人员开始向零售家具店销售一些更加大众化的家具。向零售店的进军使 Chad 创意概念公司进入了更加普通的家具系列生产领域。这一系列产品的买家比定制系列的顾客对价格更为敏感，并提出了更严格的交货要求。但是客户定制的家具仍然在销售中占据主导地位，是销售量的 60% 和销售额的 75%。目前，公司在桑达斯莱市运行着单一制造流程，同时生产顾客定制家具和普通家具。

过去几个月来，普通家具系列产品的销售稳步增长，导致这一产品系列的生产计划更有规律。但是每当必须对生产计划进行权衡时，定制家具由于有更高的销售额和边际利润，总是被放在优先的地位。因此，在竞争的各个阶段，都有大量已排好进度的普通家具被滞留在工厂周围。

当 Chad Thomas 检查公司的进展情况时，他高兴地注意到公司已经发展壮大。定制家具的销售势头依然强劲，普通家具的销售也稳步增长。但是财务和会计部门却指出利润情况不尽如人意，与普通系列产品相关的成本正在上升，资金被原材料库存和在制品库存所占用，必须租用昂贵的公用仓库空间来放置库存。

Chad Thomas 也很关注定制家具和普通家具订单提前期的延长，提前期的延长正在导致承诺的交货时间延长。生产能力很紧张，工厂内没有留下扩展的空间。Chad Thomas 下了决心，是到了该仔细研究新普通系列产品对制造流程的总体影响的时候了。

【思考题】

1. 为使公司有效运行，Chad Thomas 每天必须做出什么决策？从长远考虑又要做什么决策？
2. Chad Thomas 可能做出什么不同的决定来避免他现在所面临的问题？

【复习题】

1. 如何理解生产与运作管理的概念？
2. 简述生产运作管理的内容和目标。
3. 何谓生产运作战略？影响生产运作战略的因素有哪些？
4. 简述生产运作战略的内容。

【实训项目】

在教师的带领下到某一工业企业去参观，主要了解该企业的生产运作流程情况，回来后写一份报告，报告所看到的企业生产现场、生产运作流程及与企业管理者交流所获得的感性认识。谈谈这个企业的生产规模、生产过程的主要环节及特点。

第二章 生产过程组织

【学习目标】

1. 了解生产过程的概念和基本要求。
2. 掌握生产类型的划分。
3. 了解生产过程的空间组织和时间组织的基本内容。
4. 掌握生产过程时间组织的内容及方法。
5. 了解生产过程的劳动组织。
6. 熟知流水生产的特点、分类及流水线组织设计的一般原理。

【引导案例】

福特公司的装配生产线

20世纪初，汽车在美国开始走俏。福特公司的T型车大获成功，供不应求。为提高运作效率，福特采纳了泰勒提出的科学管理原理，并采用了移动装配线。下面的这段摘录对此进行了描述。

Charles Sorensen，福特公司的一个高级生产管理者，正指挥着让T型车底盘由小车拉着缓慢穿过250ft[⊖]长的加工车间，并对这一过程进行全程计时。在他身后，有6个工人，他们从地面上精心摆好的零件堆中拿起零件并安装到底盘上。这就是装配线的产生，是美国工业革命的真正精髓。在此之前，制造一辆汽车平均大约需13h；现在他们把装配时间缩短了一半，制造一辆车需350min。他们没有就此止步，而是更加努力地创新。他们加长了生产线，使用了专门化的工人用于最后装配。短短几周内，他们仅用158min就完成了一辆汽车的制造。接着，他们又有了新突破：1914年1月，福特安装了第一条自动传送带。福特说，这是工厂里采用的第一条移动生产线，是在芝加哥肉品包装商使用吊链运输机搬运牛肉之后建成的。在有了这一创新的两个月里，福特公司装配一辆汽车仅需要1h。这是一个惊人的成就，但这对他们来说又成了新的动力。此时一切事情都要规定时间、被合理化并分解成更小的作业或操作，从而缩短完成时间。就在几年前，当时是固定底盘装配，生产出一辆汽车的最好纪录是一个工人工作728h；采用这一新的移动生产线后，生产出一辆汽车只需93min。

第一节 生产过程和生产类型

一、生产过程

（一）生产过程的概念

企业的生产过程是指从生产技术准备工作开始，一直到成品生产出来为止的全部过程。

⊖ 英尺，1ft=0.3048m。

生产过程的主要内容是人的劳动过程和机器设备的工作过程。在某些生产技术条件下，生产过程的进行，还需要借助于自然力的作用，如铸件的时效、金属的自然冷却、酿酒的发酵等。这样，生产过程就是许多相互联系的劳动过程和自然过程的结合。

不同企业中，由于产品结构和工艺特点不同，生产过程的形式也不完全一样。从制造工业看，基本上可分为两大类。一类是流程式生产过程，原材料由工厂的一端投入生产，经过顺序加工，最后成为成品，如家用电器、制药、纺织、化工、造纸等工厂的生产过程。另一类是加工装配生产过程，一般将原材料加工成零件，再将各种零件装配成部件，最后集合在一起进行总装配，如汽车、机床和精密仪器等工厂的生产过程。

（二）生产过程的组织

不论是哪一类生产过程，其组成可按生产过程各阶段的不同作用，分为生产技术准备过程、基本生产过程、辅助生产过程以及生产服务过程。

（1）生产技术准备过程　这是指产品投入生产前所进行的全部生产技术准备工作过程，主要包括产品设计、工艺装备的设计和制造、新产品的试制和试验等。

（2）基本生产过程　直接把劳动对象变为企业基本产品的生产过程。企业的基本产品是指企业直接提供给市场需要的产品，如机床厂生产的机床，汽车厂生产的汽车等。

（3）辅助生产过程　为保证基本生产过程的正常进行而从事的辅助产品的生产过程。辅助产品是企业为实现基本产品的生产，所必须要制造的自用产品，它们不构成基本产品的实体。辅助生产过程包括工具、夹具、量具、模具、木型和各种动力等的生产以及设备维修等。

（4）生产服务过程　为基本生产和辅助生产所进行的各种生产服务活动，如原材料、半成品和工具的保管、供应、运输以及试验与理化检验等。

基本生产过程是工厂生产过程中最主要的组成部分。它按照工艺加工的性质可划分为若干相互联系的生产阶段，如机械制造企业的基本生产过程一般划分为毛坯准备、机械加工和装配三个生产阶段。

每个生产阶段又可进一步划分为许多相互联系的工序。工序是组成生产过程的基本环节。工序是指一个或几个工人，在一个工作地上对同一个（或几个）劳动对象连续进行的生产活动。所谓工作地是工人使用劳动工具对劳动对象进行生产活动的地点，它是一定的工作面积、机器设备和相应的辅助设备的总称。在生产阶段中，一件或一批相同的劳动对象，顺序地经过许多工作地，这时，在每个工作地内连续进行的生产活动就是一道工序。如果劳动对象不移动，固定在工作地上，而由不同的工人顺序地对它进行加工，这时，每一个或一组工人在这个工作地上连续进行的生产活动，就是一道工序。

工序按作用的不同，通常可分为工艺工序、检验工序和运输工序。

工艺工序的划分取决于一定的工艺方法和所使用的机器设备。在工艺方法相同的情况下，工序的划分主要取决于劳动分工，这种分工应有利于保持工序之间在时间上的比例关系，有利于充分利用劳动时间。为此，可以将由一个工作地上完成的较大的工序，分为几个较小的工序，交由几个工作地去完成；也可以将由几个工作地完成的较小的工序，合并为一个较大的工序，由一个工作地来完成。前者叫工序的分散，后者叫工序的集中。工序的分散和集中是改进生产过程组织的一项重要措施。

二、生产类型

生产类型是按照一定标志划分的生产类别。企业生产类型是影响生产过程组织的主要因素。由于不同的企业在产品结构、生产数量、订货方式和生产的专业化程度等方面具有不同的特点，因而会形成不同的生产类型。不同的生产类型，其管理方式也就不同。为了从实际情况出发，更好地研究和组织企业的生产过程，实行分类指导，就需要按照一定的标志，将企业划分为不同的生产类型，以便根据不同的生产类型确定相应的生产组织形式和计划管理方法。

（一）按接受任务的方式划分

1. 存货型生产类型

这种生产类型是在对市场需求量进行预测的基础上，有计划地进行生产，产品有库存，通过产品库存来调节生产。这种生产类型适用于产品的市场比较稳定，需要量较大的情况。生产过程管理的重点是提高预测的准确性和确定合理的成品库存。企业必须按"量"组织生产过程各环节的衔接与平衡，以防止库存积压或脱销。

2. 订货型生产类型

这种生产类型是在接受用户订货之后，才开始安排生产。产品的生产是按照用户要求的规格、数量和交货期进行的。一般是多品种、小批量生产，不设产品库存。在保证产品质量的前提下，准时交货是其生产过程管理的重点，必须按"期"组织生产过程各个环节的衔接和平衡。

（二）按生产的连续程度划分

1. 连续生产类型

连续生产类型是长期连续不断地生产一种或很少几种产品，生产的产品、工艺流程和使用的生产设备都是固定的、标准化的，工序间没有在制品储存，例如油田的采油作业、炼油厂和化工厂的生产等。

2. 间断生产类型

这种生产类型通常生产的产品种类比较多，产量较少，输入生产过程的各种要素是间断地投入，生产设备和运输装置必须适合多种产品加工的需要，工序间要求有一定的在制品储备，例如机床制造厂、汽车制造厂的生产等。

（三）按生产任务的重复程度和工作地的专业化程度划分

1. 大量生产

大量生产包括大量生产和大批生产，其特点是产品品种少而稳定，同种产品的产量大，每个工作地固定加工一道或少数几道工序，工作地的专业化程度高，多采用高效率的专用设备和工具。大量生产类型的企业一般都是连续生产型企业。

2. 成批生产

成批生产一般是指中批生产，其特点是产品品种较多，每种产品有一定的数量，但各种产品的数量多少不等，工作地成批地或轮番地完成某些工序的加工，专业化程度较大量生产类型低，不能全部和大量采用高效率的专用设备工具，而要视各种产品的批量大小，分别采用专用设备工具和通用设备工具。成批生产又可以分为大批生产、中批生产和小批生产。大批生产的特点接近于大量生产，一般称为大量大批生产；小批生产的特点接近于单件生产，一般称为单件小批生产。

3. 单件生产

单件生产一般包括单件生产和小批生产，其特点是产品品种多，产量是单件或少数几件，工作地要担负多道工序，不重复或很少重复生产，专业化程度很低，采用的设备和工艺装备大都是通用的。单件生产的企业一般都是间断性生产型企业。

企业的生产类型一般都不是单一的。在任何一个企业里都可能有各种生产类型的车间；而在任何一个车间里，又可能有各种生产类型的工段或班组；在任何一个工段或班组里，可能也有各种生产类型的工作地。

三、合理组织生产过程的基本要求

为了使生产过程能够顺利进行，必须合理组织生产过程。所谓组织生产过程，是指从空间上和时间上对生产过程的各生产环节、各生产要素进行合理的安排，使它们能够相互衔接、密切配合。合理组织生产过程的目的在于使产品在生产过程中行程最短，时间最省，消耗最小，效益最高。

影响合理组织生产过程的因素很多，在组织生产过程时，应从企业的实际情况出发，在不同的生产条件下，应当采取不同的组织方法。但是，任何企业的生产组织，都应当符合以下几个基本要求：

（一）生产过程的连续性

这是指劳动对象在生产过程中的各个工艺阶段、各个工序之间的运动始终连续不断地进行，不发生或尽可能少发生中断现象。保持和提高生产过程的连续性，可以缩短产品的生产周期，减少在制品的数量，节约流动资金，减少停放损失，保证产品质量，提高劳动生产效率，提高设备和生产面积利用率，为实现生产的自动化创造条件。

（二）生产过程的协调性

生产过程的连续性是靠生产过程各环节的一定比例性保证的。协调性就是比例性，是指生产过程的各个阶段、各工序之间在生产能力上必须保持一定的比例关系，各个生产环节的设备数量、人数、生产率等，都必须相互协调，相互适应。生产过程的协调性是保证企业生产顺利进行、合理组织生产过程的前提。只有生产过程的协调，才有可能充分利用企业的人力、物力，消除工序之间的停顿和等待，从而缩短生产周期。

（三）生产过程的节奏性

节奏性又叫均衡性，是指企业及其各个生产环节，都要按照生产计划的要求，在一定的时间内，出产相等或递增数量的产品，或者完成相等或递增数量的工作量，使各工作地的负荷保持相对稳定，不发生时松时紧、前松后紧的现象。实现均衡生产有利于充分利用设备和工时，降低成本，保证和提高产品质量，保证安全生产和保持正常的生产秩序。

（四）生产过程的适应性

适应性是指生产过程适应市场多变的特点，具有灵活地进行多品种、小批量生产的适应能力。提高生产过程的适应性有利于企业发展适销对路的品种，满足社会需要，提高企业的竞争能力；在生产过程组织进行较大调整时，不至于耗费过多。

（五）生产过程的经济性

合理组织生产过程必须讲求经济效益，做到用尽可能小的人力、物力消耗，取得尽可能大的生产成果。特别要注意提高企业的综合经济效益。

（六）生产过程自动化

生产过程自动化能使产量增加，质量提高，消耗减少，使繁重的手工劳动由高技能的工人或更具智力的劳动所取代，取消有害条件下的手工劳动，并由工业机器人所取代。服务过程自动化，如运输设备和库存的自动化，不仅能完成生产对象的传送和存储，而且还可以保证整个生产的节奏性。

合理组织生产过程的上述六项要求，是相互联系、相互制约、相互影响的，但都必须以提高经济效益为中心。

第二节　生产过程的空间组织与时间组织

一、生产过程的空间组织

生产过程的空间组织是指在一定的空间内，合理地配置企业中的各个生产单位和其他设施，并在生产单位内合理布置机器设备，使之形成一个相互联系、相互协调的生产系统，促使生产活动能有效、顺利地进行。

生产单位是企业生产过程系统的子系统，其组成必须体现生产过程的要求，完成生产过程所赋予的各种功能。企业内部的生产单位主要是车间、工段、班组，一般有两种基本的组织形式。

（一）工艺专业化形式

工艺专业化形式又称工艺专业化原则，即把相同设备或同类操作过程的设备布置在一起，使同类设备进行不同产品的同类工艺过程的加工。

这种布置形式的优点是：设备及生产面积的利用率较高，对产品品种变换的适应性较强，便于对工艺进行专业化管理。其缺点是：产品的加工要经过许多车间或工段，加工路线长，运输量大；增加了产品在生产过程中的停放时间，延长了生产周期，增加了在制品数量，占用较多的流动资金；各生产单位之间的协作关系复杂。

这种形式适用于产品品种多、每个品种的产量较小，根据订货生产的情况。

由这种布置形式组成的车间如图 2-1 所示。

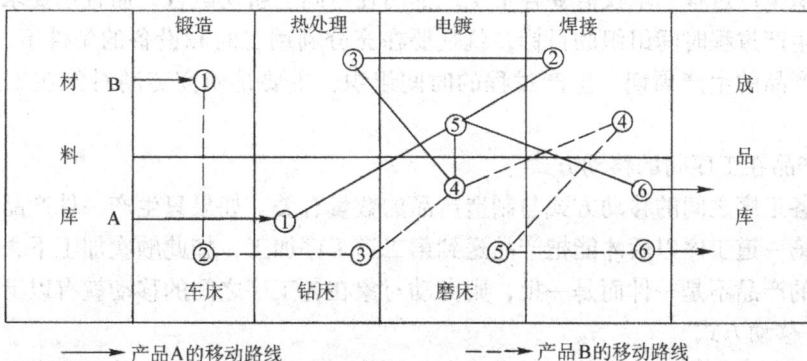

图 2-1　工艺专业化形式

（二）对象专业化形式

对象专业化形式又称产品式布置，也叫对象专业化原则，即把为制造某种产品所需要的各种不同类型的设备，按工艺加工顺序布置在一起，由不同设备进行相同产品的不同工艺过程的加工。

这种布置形式的优点是：产品的加工路线短，停留时间少，生产周期缩短，加快了流动资金的周转；车间之间的协作大为减少，简化了计划调度、核算等管理工作；责任明确，有助于提高质量。其缺点是：难以充分利用生产设备和生产面积；难以对工艺进行专业化管理；适应性差，难以适应改变品种的要求。

对象专业化形式适用于品种少、批量大的生产情况。对象专业化形式的进一步发展，就是流水生产线。按这种布置形式组成的车间如图2-2所示。

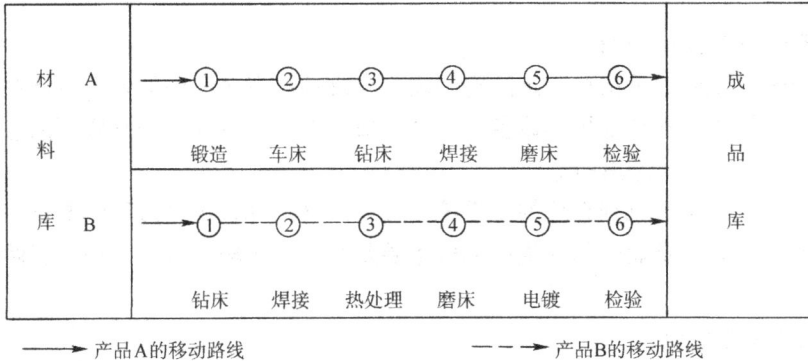

图2-2　对象专业化形式

（三）混合形式

混合形式就是将上述两种设备布置的形式结合使用。按混合形式布置设备，可以兼备上述两种形式的优点，而避免其缺点的产生。

总之，选择车间专业化形式，必须从企业的具体生产技术条件出发，全面分析、评价不同专业化车间的技术经济效果，既要考虑目前，又要考虑长远的发展。

二、生产过程的时间组织

合理组织生产过程，不仅需要各个生产部门在空间上密切配合，而且还要求在时间上的相互协调。生产过程时间组织的目标，就是要在充分利用工时和设备的条件下，节约时间，尽可能缩短产品的生产周期。生产过程的时间组织，主要是研究劳动对象在工序间的移动方式。

（一）产品在工序间的移动方式

产品在各工序之间的移动方式与制造产品的数量有关。如果只生产一件产品，那么，只能在加工完第一道工序以后才能把产品送到第二道工序加工，如此顺次加工下去。但是，如果生产制造的产品不是一件而是一批，则劳动对象在各工序之间的移动就有以下三种方式。

1. 顺序移动方式

顺序移动方式是指一批零件在前道工序全部加工完成后，整批地移至下道工序加工。例如，某种零件的批量为4件，经过4道工序加工，单件工序时间分别为 $t_1 = 10min$，$t_2 = 5min$，$t_3 = 12min$，$t_4 = 7min$。若把工序间的运输、检验等时间略去不计，则该批零件顺序移动方式的加工周期如图2-3所示。从图中可以看出，一批零件顺序移动方式的加工周期，等于该批零件在全部工序上顺序加工时间之和。其计算公式为

$$T_{顺} = n \sum_{i=1}^{m} t_i$$

式中　$T_顺$——一批零件顺序移动的加工周期（min）；

　　　n——零件批量（件）；

　　　t_i——零件在第 i 道工序的单件加工时间（min）；

　　　m——一批零件所经工序数。

把上例数据代入公式，则

$$T_顺 = 4 \times (10 + 5 + 12 + 7)\min = 136\min$$

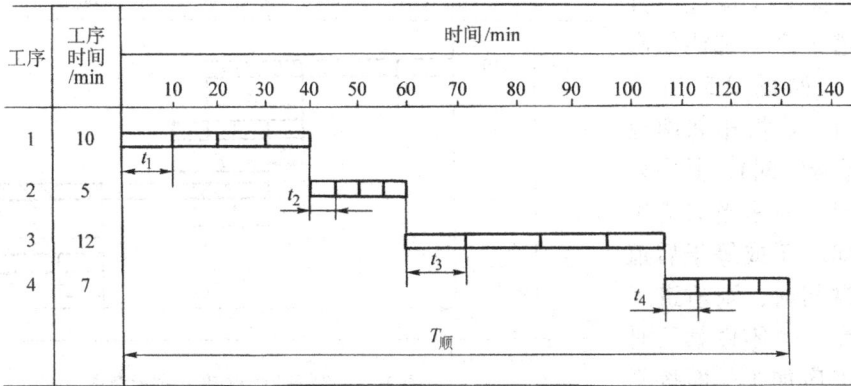

图 2-3　顺序移动方式示意图

顺序移动方式的特点是：一批零件在工序间的移动是顺序连续的，设备无中断现象。但单个零件却存在等待加工和等待运输问题，结果是造成一批零件的加工周期时间过长。

2．平行移动方式

平行移动方式是指一批零件中的每个零件在前道工序加工完后，立即转到后道工序继续加工，形成一批零件中的每个零件在各道工序上平行地进行加工，如图2-4所示。

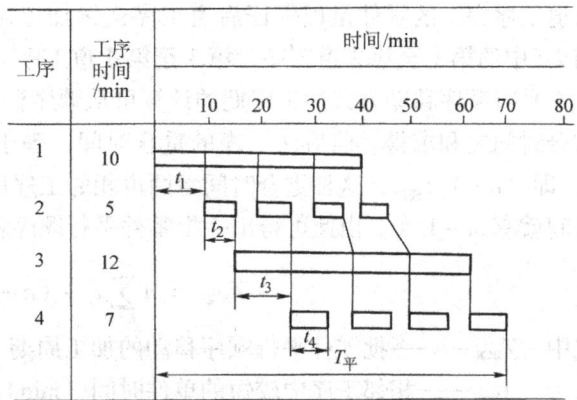

图 2-4　平行移动方式示意图

从图 2-4 中可以看出，一批零件平行移动方式的加工周期计算公式为

$$T_平 = \sum_{i=1}^{m} t_i + (n-1)t_{最长}$$

式中　$T_平$——一批零件平行移动的加工周期（min）；

　　　$t_{最长}$——最长的单件工序时间（min）。

将上例数据代入公式，则

$$T_平 = (10 + 5 + 12 + 7)\min + (4-1) \times 12\min = 70\min$$

平行移动方式可使一批零件的加工周期最短。但是由于前后工序单件时间不等，如果后道工序单件时间小于前道工序单件时间，后道工序就会出现设备和工人的停工现象。相反，如果后道工序单件时间大于前道工序单件时间，前道工序加工的零件就会产生等待加工的现象。为了充分利用人力和设备，使各道工序连续作业，最好使零件在各工序上的单件时间相等或成整倍数，这是最理想的移动方式。

3. 平行顺序移动方式

平行顺序移动方式是既考虑一批零件在不同工序上平行加工，同时又保证一批零件在每道工序上都能依次连续加工，如图 2-5 所示（图中 X、Y、Z 指相邻两道工序间的重合时间）。其中存在两种情况：一是当前道工序单件时间小于或等于后道工序单件时间时，则前道工序每加工完一个零件就及时转到后道工序加工，即按平行移动方式逐件转移，如

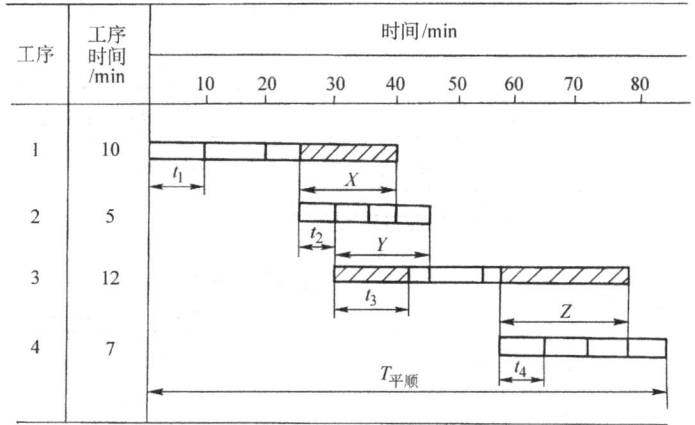

图 2-5 平行顺序移动方式示意图

图 2-5 中的第 2 至第 3 道工序；二是当前道工序单件时间大于后道工序单件时间，而且只有前道工序完工的零件足以保证后道工序连续加工时，才将完工零件转入后道工序加工，如图 2-5 中的第 1 至第 2 道工序，第 3 至第 4 道工序。

平行顺序移动方式加工周期的计算可从顺序移动方式的加工周期减去前后两工序之间的重合时间之和求得。前后两工序的重合时间，等于前后两工序中较短工序时间乘以批量减 1，即 $(n-1)t_{较短}$，这种重合时间每两道相邻工序即发生一次，所以当有 m 道工序时，重合时间就有 m-1 次。由此可得出一批零件平行顺序移动方式加工周期的计算公式为

$$T_{平顺} = n \sum_{i=1}^{m} t_i - (n-1) \sum_{i=1}^{m-1} t_{较短}$$

式中　$T_{平顺}$——批零件平行顺序移动的加工周期（min）；

　　　$t_{较短}$——相邻工序中较短的单件时间（min）。

将上例数据代入公式，则

$$T_{平顺} = 4 \times (10+5+12+7)\text{min} - (4-1) \times (5+5+7)\text{min} = 85\text{min}$$

平行顺序移动方式吸收了前两种方式的优点，消除了零件加工中间断性停歇和等待运输时间，使工作地达到满负荷，有效利用了设备和工时，可适当缩短零件加工时间。但组织工作比较复杂。

（二）选择移动方式应考虑的因素

上述三种移动方式，是工艺加工过程中组织各工序在时间上相互衔接的基本形式，实际生产当然要比这复杂得多。从生产周期看，平行移动方式最短，平行顺序移动方式次之，顺序移动方式最长。但在选择移动方式时，不能只考虑生产周期，还应结合企业的生产特点，全面考虑以下因素：

（1）生产类型　单件小批生产宜采用顺序移动方式；大批大量生产，特别是组织流水生产线时，宜采用平行移动方式或平行顺序移动方式。

（2）产品生产任务的缓急情况　对于一些紧急任务，如为某项重点工程配套的任务，限期完成的订货合同和出口任务，以及影响产品成套的缺件等，应尽量采用平行移动方式或平行顺序移动方式，以便争取时间，满足需要。

（3）企业内部生产部门的专业化形式　对象专业化的生产部门，宜采用平行移动方式或平行顺序移动方式；而工艺专业化的生产部门，由于受设备布置和运输条件的限制，一般以采用顺序移动方式为宜。

（4）工序劳动量的大小和零件的重要　工序劳动量不大，重量较轻的零件，采用顺序移动方式，有利于减小搬运次数，节省运输力量。如果是工序劳动量较大，重量很重的零件，为减少资金占用和节省生产面积，可采用平行移动方式或平行顺序移动方式。

（5）改变加工对象时，调整设备所需的劳动量　如果调整设备所需的劳动量很大，就不适于采用平行移动方式。如果改变加工对象时，不需要调整设备或调整设备所需的时间很少，则可以考虑采用平行移动方式。

第三节　生产过程的劳动组织

生产过程的劳动组织是指在生产过程中合理组织劳动者进行劳动，协调劳动者之间以及劳动者与劳动工具、劳动对象之间的关系，根据生产发展的需要，不断调整和完善劳动分工与协作的组织形式。其目的是充分调动劳动者积极性，充分利用劳动时间和劳动资料，不断提高劳动生产率。

一、劳动力配备、分工与协作

合理地配备劳动力，就是要根据生产需要为不同工作岗位配备相应工种和等级的职工，使其人事相宜，人尽其才，保证劳动生产率提高。

劳动力配备是在劳动分工和协作基础上进行的。劳动分工是根据一定的生产技术条件，把生产过程分成许多部分。它的主要形式是按工艺过程特点分工，即将整个生产划分为不同的工艺阶段，再将工艺阶段划分为不同的工种或操作岗位。同时，还可按基本生产和辅助生产分工，按技术等级高低分工。劳动分工的粗细要适度，要考虑每个工种、岗位工作量的大小。如果分工过细过死，一些工作的工作量不大，会造成人员和设备负荷不足；而且分工过细，操作简单，工人长期从事一种简单、重复的劳动，会感到单调、乏味，容易疲倦，对工作不感兴趣，这就不利于工人技术水平的提高和积极性的发挥。因此，分工和配备职工时，要考虑适当扩大职工的工作范围、丰富工作的内容。

有分工就有协作。分工是将一个整体划分为若干个单体，而协作是将这些单体结合成一个有机整体。协作以分工为前提，分工以协作为条件。合理的分工协作，不仅可以提高个人的生产力，而且可以创造出一种集体的、新的生产力。因此，在劳动分工的基础上，还要加强劳动者在劳动过程中空间和时间上的协作配合，这种协作是通过合理组织作业组、轮班等组织形式，以及工作地的组织来实现的。

二、工作组的组织

工作组是企业最基本的劳动组织形式。它是在劳动分工的基础上，为完成某项工作，把互相协作的有关工人组织在一起的劳动集体，是生产班组内的劳动组合。它与作为一级行政组织的生产班组不完全相同，工作组的规模通常比生产班组小，一个生产班组往往包括几个工作组。

建立工作组，要根据企业的生产组织形式、生产技术条件和生产的客观需要来决定。通常在下述几种情况下，需要组织工作组。

1）生产工作不便直接分配给一个工人单独进行，需要几个人密切配合共同完成的，如装配组、修理组等。

2）看管大型复杂的机器设备，如机器制造厂的锻压组等。

3）工人的工作成果彼此有密切联系，需要加强协作配合的，如流水生产线上的作业组。

4）某些作业的基本工作与准备工作、辅助工作的关系特别密切的，可组成综合性的作业组，如将车床切削工人与修理工、运输工组成一个作业组。

5）工人没有固定的工作地或工作任务不固定时，为了便于调动和分配工作，需组织作业组，如电焊组、厂内运输组等。

6）工作任务可直接分配给个人，但为了便于互相帮助、交流经验和加强领导，也可组织工作组，如车工组、铣工组等。

为了使工作组能够充分发挥合理组织劳动的作用，每个工作组应建立明确的责任制，既有个人的明确任务，又有集体的明确任务和职责，既要发挥个人专长，又要发挥集体的力量，在组长领导下，全面完成各项任务。

三、工作轮班的组织

工作轮班，是企业在工作日内，组织不同生产班次劳动协作的形式。一般来说，工作组是劳动分工在空间上的联系，而工作轮班则是劳动分工在时间上的联系。正确建立轮班组织，既可以增进企业内部协作关系，又能加强生产的连续性，保证生产顺利进行，提高生产效率。

不同的企业要根据自己的工艺特点、生产任务、人员情况、经济效益及其他有关生产条件选择不同的轮班制度。

企业的工作轮班制度，一般分为单班制和多班制。

单班是指每天只组织一班生产。它的组织工作相对较简单，主要是组织好不同工种之间的相互配合，充分利用工作班内的时间。实行单班制有利于职工的身体健康，便于管理和利用班前班后时间维修设备，但不利于机器设备和厂房的充分利用。

多班制是指每天组织两班或三班的生产。组织多班制的生产，要比单班制复杂些，一般说，需要注意处理好以下几个问题。

1）合理安排各班工人的倒班。由于夜班生产打乱了人的正常生活规律，一般情况下较难保证工人的正常、良好的休息，所以，上夜班容易疲劳，对职工身体健康有影响。因此，不能固定地由一些工人长期上夜班，应实行定期地轮换工人班次的倒班制。

2）合理组织工人的轮休。在实行多班制生产的企业中，有一部分企业是连续性生产的企业，工人不能按公休制度一起休息，只能轮休。轮休办法有三种。①三班轮休制，即组织三个固定轮班，每个轮班内按1/6配备替休工人。②三班半轮休制，即不在三个固定轮班里安排替休工人，而是另组织半个班进行替换，实际上替休工人比例还是1/6。③四班轮休制，组织四个固定轮班，轮流生产和休息，由于多配备一个班，其替休工人的比例是2/6。

3）合理配备各班人员力量。各轮班人员在数量和素质方面都力求平衡，以保持各班生产相对稳定。

4）加强夜班生产组织领导。一般企业的生产技术指挥力量主要集中在白天，夜班的力量较弱，夜班遇到的问题往往难以得到及时解决，这不仅影响了夜班的生产能力，而且对白班的生产也有一定的影响。因此，企业应根据需要和可能适当加强夜班生产的组织领导。

5）建立健全岗位责任制，严格执行交接班制度。

四、劳动定员与定额

劳动定员是根据企业已定的产品方向和生产规模，在一定时期和一定的技术组织条件下，规定企业各类人员的数量界限和质量标准。定员是企业实际分工协作明确岗位职责的重要手段，也是企业内部劳动调配的主要依据。

劳动定额是企业管理中一项最基础的工作。首先，劳动定额在劳动分工与协作中起着双重的量的规定性作用，一方面它确定一个劳动者完成一项工作所需的时间，规定职责的数量标准；另一方面，在此基础上核算和平衡各工种、工级、车间、部门之间劳动量的比例以及需要的劳动人员。在现代分工日益深化、细化与协作条件下，劳动定额在保证生产的连续性、比例性方面有着重要作用。其次，定额是确定工资奖金、考核和评价职工劳动，贯彻按劳分配原则的重要依据。

由于企业各类人员的工作性质不同，总的工作量和各人劳动效率表现形式不同，影响定员的因素不同，确定定员的方法也各不相同。

（一）定员计算法

（1）劳动效率法 这种方法是根据工作量和劳动定额计算定员，适用于一切能够用劳动定额表现生产工人的工作或岗位。计算公式是

$$定员人数 = \frac{生产任务}{工人劳动效率 \times 出勤率}$$

式中，工人劳动效率用劳动定额乘以定额完成率计算。由于劳动定额的形式有工时定额和产量定额，因此，生产任务和工人劳动效率，可相应按工时或产量表示。不论用产量定额或工时定额计算得出的定员人数都是相等的。

（2）设备定员计算法 这种方法是根据完成一定的生产任务所必须开动的设备台数和班次，以及单机设备定员计算编制定员的方法，适用于操纵设备作业工种的定员。计算公式是

$$定员人数 = \frac{机器设备台数 \times 每台机器设备开动班次}{每人看管设备定额 \times 出勤率}$$

式中，机器设备台数和开机班次需要根据设备生产能力和生产任务来计算，不一定是实有的机器设备台数，因为备用设备不必配备人员，有时生产任务不足又不必开动全部设备。不同的机器设备，其必须开动的台数，有不同的计算方法。一般要根据劳动定额和设备利用率来核算单台机器、设备的生产能力，再根据生产任务来计算开动台数和班次。

（3）岗位定员计算法 这种方法是按岗位定员、标准工作班次和岗位数计算编制定员的方法。适用于大型装置性生产、自动流水线生产以及某些看守性岗位的定员。对于多岗共同操作的设备，计算公式是

$$班定员人数 = \frac{共同操作的各岗位生产工作时间总和}{工作时间 - 休息与生理需要时间}$$

对于单人操纵设备的工种，如车工、皮带输送机工等，主要根据设备条件、岗位区工作量，实行兼职作业和交叉作业的可能性等因素来确定定员。

（4）比例定员计算法　这种方法是以服务对象的人数为基础，按定员标准比例来计算编制定员的方法，适用于辅助性生产或服务性工作的单位的定员。这种定员方法的出发点是某种人员的数量随企业员工总数或某一类人员总数的增减而增减。

（5）职责定员法　这种方法是按照既定的组织机构和职责范围，以及机构内部的业务和岗位职责来确定人员，适用于管理人员和工程技术人员的定员。在多数情况下，无法用数学公式表示。

以上五种定员方法在一个企业里是同时使用、互相补充的。

（二）劳动定额的制定方法

劳动定额的制定方法主要有技术测定法、经验估计法和统计分析法等。

（1）技术测定法　技术测定法是在一定生产技术和组织条件下，在进行研究和改进的基础上，通过实地观测或技术计算来确定定额的方法。

技术测定法的步骤，首先是分析工序结构，取消不合理的多余的操作，将动作重新组合，使操作方法趋于合理化。

其次，分析设备工具状况，主要分析设备工具的性能和技术参数，充分发挥现有设备和工具的效能，尽量使用新技术和新工艺规程。

再次，分析生产组织和劳动组织状况，主要分析了解分工和协作及车间布局是否合理，操作者的技术水平、设备的性能精度和加工等级要求是否相适应，工作地的布置和供应服务状况、劳动条件与工作环境对操作者的工作有无影响，推广先进经验的可行性等。

（2）经验估计法　由定额人员、技术人员和老工人相结合，依照产品图样和工艺要求，并考虑生产现场使用的设备、工艺装置、原材料及其他生产条件，根据实践经验，对完成合格产品的加工所需要的劳动量进行估定的一种方法。这种方法的优点是简便易行，工作量小，能满足定额制定快和全的要求。

（3）统计分析法　根据过去生产同类型产品或零件，工序的实耗工时或产量的原始记录和统计资料，经过整理和加工分析，考虑今后企业生产技术组织条件变化，制定或修订定额的方法。

运用这种方法以统计资料为依据先求平均数，在计算平均数的基础上，求出平均先进数，再结合考虑今后生产技术组织条件可能发生的变化、劳动生产率可能提高的因素，确定新的定额。

由此可见，只有依据合理的、可行性很强的生产过程组织，才能把各种互相联系的工作协调地组织起来，才能把每个人的活动在空间和时间上协调起来，才能为各项工作配备适当的劳动力。

第四节　大量流水生产组织

流水生产是现代化企业所采用的主要生产组织形式。流水生产始于20世纪初，其标志是福特汽车公司的汽车装配流水线，即福特制。随着科学技术的迅猛发展，流水生产不仅被广泛采用，而且从内容上和形式上都有了新的突破。

一、流水生产的特点及其组织条件

流水生产是指劳动对象按一定的工艺路线和规定的生产速度（节拍），顺序地一件接着一件通过各个工作地，不断地进行加工并产出制品的生产组织形式。由于流水生产在空间组织上采取了对象专业化原则，在时间上采取了平行移动方式，因而是一种先进的生产组织形式，目前已被世界各国广泛采用。

（一）流水生产的特点

（1）工作地专业化程度高　流水线上固定生产一种或有限几种制品，每个工作地通常只固定完成一道或几道工序，工作地采用专用设备和工艺装备，因此具有高度的专业化程度。

（2）生产过程连续性强　工作地按工艺顺序排列，劳动对象在工序间按单向移动，从一道工序移动到下一道工序，并不间断地进行。

（3）生产节奏性强　劳动对象在各道工序按一定时间间隔投入或产出。

（4）各工序平行加工　一批制品在各道工序平行加工，在流水线上完成大部分或全部工序，工艺过程基本封闭。

（5）各工作地之间生产能力相适应　各工作地按工艺顺序排列，并符合一定的比例，各道工序的单件加工时间与节拍相等或成简单倍数关系。

从以上特点可以看出，流水生产可以采用高效的专用设备和工装，从而提高劳动生产率。同时可以改善产品质量，减少在制品，缩短生产周期，降低产品成本，因而具有良好的经济效益。

（二）组织流水生产的条件

1）产品品种稳定，而且是长期大量需要的产品，以保证流水线建成后各工作地（设备）的正常负荷运转。

2）产品的结构设计比较先进并基本定型，工艺相对稳定，有良好的工艺性和互换性。

3）厂内具有组织流水生产的物质条件，如厂房建筑和生产面积允许安装流水线的设备、工艺装备和运输装置。

4）原材料、协作件是标准的、规格化的，并能按时供应。

5）机器设备必须经常处于完好状态，各种设备维修制度健全。

6）工作质量必须符合标准，产品检验能随生产在流水线上进行。

二、流水线的分类

流水线的形式很多，可按照不同的标志进行分类。流水线的种类及其关系如图 2-6 所示。

三、流水线组织设计的一般原理

流水线设计的好坏，直接影响其投产后的生产率和经济效益。流水线的设计包括组织设计和技术设计两方面内容。流水线组织设计是指确定流水线节拍、计算设备需要量和设备负荷、工序同期化、工人配备、运输方式的设计、平面布置设计、制定工作制度和服务组织等。流水线技术设计是指工艺路线设计、工艺规程制定、专用设备设计、专用工夹具设计、运输传送装置设计和信号装置设计等。流水线的组织设计与技术设计关系极为密切。组织设计是技术设计的根据，技术设计应当保证组织设计每一项目的实现。不论是组织设计还是技术设计，都应当符合技术先进、经济合理的原则，同时事先做好流水生产的可行性研究。

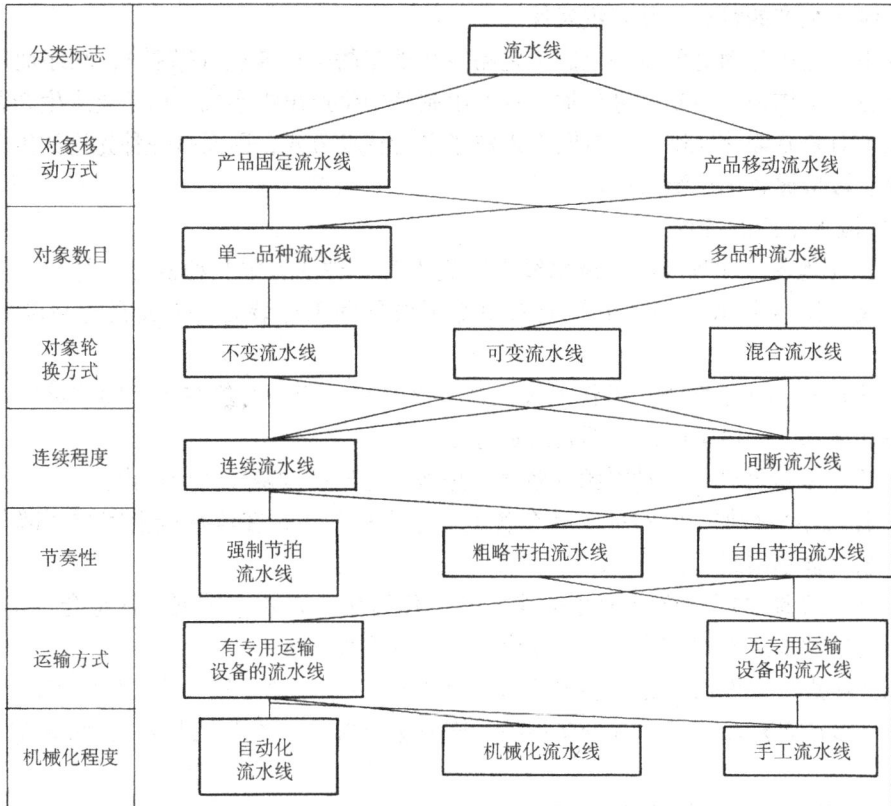

图 2-6　流水线的种类及相互关系图

（一）流水线设计的准备工作

（1）按结构和工艺相似性原则，对企业或车间生产的所有产品和零部件进行分类，然后根据产量和劳动量大小，确定哪些产品或零部件适合于组织流水线生产。

（2）对适合于组织流水线生产的产品和零部件进行结构方面的审查与改进，使其结构要素尽量标准化和通用化。

（3）改善产品和零部件的工艺性，以节省加工时间，提高效率。也可用改善工艺性的办法来调节不同工序的加工时间，作为工序同期化的一种辅助手段。

（4）流水线对产品的工艺规程有一定的要求，因此应对原有工艺规程作进一步审查和必要的修改，做到尽量使工件的全部工序封闭在同一流水线上完成，产品、零部件加工（装配）基准力求一致，产品和零部件加工（装配）的顺序要完全一致，各工序采用的设备和工装应当是先进适用的。

（5）收集设计流水线所需的各种资料，如工厂和车间现在设备明细表，有关车间的厂房建筑和生产面积等数据，车间平面布置图，工时定额及实际完成定额记录，技术组织措施计划等。

（二）流水线设计一般步骤

1. 确定流水线的节拍

节拍是指流水线上顺序生产两件同样制品之间的时间间隔。它是流水线最重要的工作参

数，是组织流水线的基础。它表明了流水线生产速度的快慢和生产率的高低。节拍的计算公式为

$$r = T/N$$

式中　r——流水线节拍（min/件）；

　　　T——计划期有效工作时间（min）；

　　　N——计划期产品产量（件）。

计划期有效工作时间是指制度规定时间减去必要的停歇时间，包括维修设备、调整设备、更换工具及工人工间休息时间。通常采用时间有效利用系数来计算，一般取 0.9 ~ 0.96。计划期有效工作时间就是制度规定时间与时间有效利用系数的乘积。计划期产量除包括计划期规定的任务外，还包括不可避免的废品数量。

例如，某厂计划生产 10 000 台拖拉机，年制度工作时间为 251 天，每日两班制，每班 8 小时，设时间有效利用系数为 0.94，预计废品率为 2%，则节拍为

$$r = \frac{251 \times 8 \times 2 \times 60 \times 0.94}{10\ 000 \div (1 - 2\%)} \text{min} = 22.19\text{min} \approx 22\text{min}$$

当流水线上加工的制品体积很小、节拍很短、不适于进行单件运输时，可考虑按批运输，即每隔一定时间运送一批零件。这时流水线上出现相邻两个运输批量的时间间隔就叫节奏，它等于节拍与运输批量的乘积，即

$$r' = nr$$

式中　r'——节奏（min）；

　　　n——运输批量（件）。

运输批量的大小，应根据零件的大小、轻重及单件工序时间的长短来确定。

2. 工序同期化

工序同期化就是采取各种技术组织措施，使流水线上各工序的单件时间等于节拍或成为节拍的整数倍，以保证流水线正常工作，使工作地（设备）充分负荷。

工序同期化的措施主要有：

1）分解或合并工序。它是将工序分成若干工步，然后在加工顺序允许的条件下，根据节拍重新组合工序，以达到同期化的要求，见表 2-1。

表 2-1　工序同期化示例

原工序号	1		2	3		4		5	6	7	
工序时间/min	7.0		3.4	5.8		7.2		2.0	3.7	5.9	
工步号	1	2	3	4	5	6	7	8	9	10	11	12
工步时间/min	2.1	3.2	1.7	3.4	1.9	3.9	4.0	3.2	2.0	3.7	2.3	3.6
工作地数	2		1	1		2		1	1	1	
流水线节拍/（min/件）	5.2										
同期化程序	0.67		0.65	1.1		0.69		0.38	0.7	1.1	
新工序号	1		2	3		4		5			
新工序时间/min	5.3		5.1	9.8		5.2		9.6			
工作地数	1		1	2		1		2			
同期化程度	1.02		0.98	0.94		1.00		0.92			

2）合理调整劳动力，提高工人的熟练程度和工作效率。

3）改装设备，选用高效率的设备来提高劳动生产率。

4）改进工艺装备，采用高效专用工艺装备，减少装夹零件的辅助时间，改进刀具等。

5）改进工作地布置与操作方法，减少辅助作业时间等。

3. 确定工作地（设备）数，计算设备负荷系数

流水线各工序的工作地（设备）需要数的计算机公式为

$$S_i = \frac{t_i}{r}$$

式中　S_i——流水线第 i 道工序所需工作地（设备）数；

　　　t_i——流水线第 i 道工序单件时间定额。

计算出的工作地（设备）数通常都不是整数，应取大于且最接近于该计算值的整数。

计算需要的工作地（设备）数与实际采用的工作地（设备）数之比，表明工作地（设备）的负荷程度，称为工作地（设备）负荷系数，其计算公式为

$$K_i = \frac{S_i}{S_{ei}}$$

式中　K_i——第 i 道工序的工作地（设备）负荷系数；

　　　S_{ei}——第 i 道工序实际采用的工作地（设备）数。

整条流水线的平均负荷系数计算公式为

$$K = \frac{\sum\limits_{i=1}^{m} S_i}{\sum\limits_{i=1}^{m} S_{ei}}$$

式中　m——流水线上的全部工序数目。

流水线的平均负荷系数越高，生产过程中的中断时间越少。一般当 $K = 0.75 \sim 0.85$ 时，宜组织间断流水线；$K = 0.85 \sim 1.05$ 时，宜组织连续流水线；$K < 0.75$ 时，则不适于采用流水线的生产方式。

4. 确定工人需要量

确定工作地（设备）数以后，就可根据工作地（设备）数、同时工作人数及工作班次等配备工人。在配备工人时，应使工人的劳动时间与流水线节拍相协调，以便充分利用工人的工作时间，减轻工人的劳动强度。

在以手工操作为主的流水线上，每一工序所需工人数可按下式计算

$$P_i = S_{ei} q W$$

式中　P_i——第 i 道工序工人需要数（人）；

　　　q——每日工作班次；

　　　W——每一工作地同时工作的人数。

整个流水线的工人数，就是各工序列的工人数之和，即

$$P = \sum_{i=1}^{m} P_i$$

在以设备加工为主的流水线上，计算工人数量时，要考虑后备工人和工人的设备看管定

额。其计算公式为

$$P = (1 + b) \sum_{i=1}^{m} \frac{S_{ei}q}{f_i}$$

式中　P——流水线工人总数；

　　　b——流水线上后备工人的百分比；

　　　f_i——第 i 道工序每个工人的设备看管定额（台/人）。

具体确定流水线工人数时，常借助于图2-7所示的流水线标准计划图。

生产线名称	轮班次数	每日出产量/件	每日投入量/件	节拍	运输批量/件	生产节奏	看管周期
加工中轴的生产线	2	155	160	6min	1	6min	2h

工序编号	计算轮班任务/件	时间定额/min	工作地号码	负荷百分率	工人号码	这道工序完毕后往何处（工作地号码）	每一看管期间内(2h)的工作指示图表 10 20 30 40 50 60 70 80 90 100 110 120 min	每一看管期间的生产能力/件
1	80	12.0	01	100	1	平行作业		10
			02	100	7			10
2	80	4.0	0.3	67	2	06		20
3	80	5.2	04	87	3	04和05号工作地平行作业		20
4	80	5.0	05	88	3			20
5	80	8.0	06	33	2			5
			07	100	4			15
6	80	5.6	08	94	5	08同09、10号工作地平行作业		20
7	80	3	09	50	5			20
8	80	3	10	50	5			20
9	80	6	11	100	6			20

图2-7　间断流水线标准计划图

5. 选择运输装置

流水线上采用的运输装置种类很多，主要根据制品的特点和流水线的种类来确定。强制流水线鉴于连续程度比较高，通常可采用连续式、间歇式和分配式三种形式的传送带。这类传送带不仅是传送制品的工具，也是保持流水线节拍的工具。自由节拍流水线和粗略节拍流水线，由于工序同期化和连续程度较低，故一般采用连续式运输带、滚道和平板车等。

传送带是流水线比较普遍选用的一种运输装置。必须正确地确定传送带的长度和速度，如图 2-8 所示。

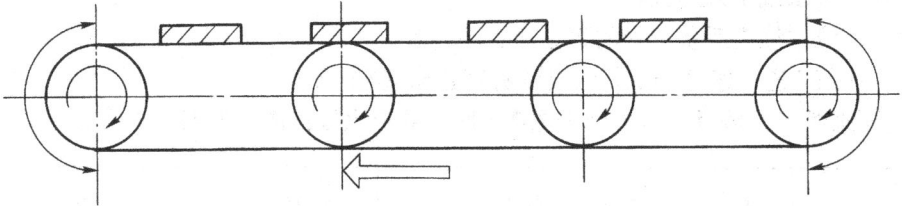

图 2-8　传送带长度示意图

传送带长度的计算公式为

$$L = 2\left(\sum l_1 + \sum l_2 \right) + \sum l_3$$

式中　L——传送带总长度；

$\sum l_1$——工作地长度之和；

$\sum l_2$——工作地之间距离之和；

$\sum l_3$——传送带技术上需要增加的长度。

传送带速度的计算公式为

$$v = \frac{l}{r}$$

式中　v——传送带速度；

l——传送带相邻两件制品之间的中心距离。

6. 流水线的平面设置

流水线的平面布置，应当尽可能使工人操作方便，零件的运输路线最短，充分利用生产面积。流水线平面布置的形状通常有直线形、直角形、开口形、山字形、环形和蛇形等，如图 2-9 所示。

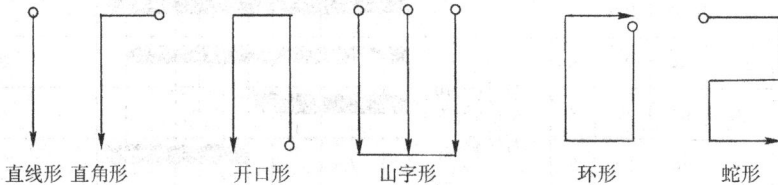

直线形　直角形　　　开口形　　　山字形　　　　环形　　　蛇形

图 2-9　流水线平面布置图

流水线上工作地的布置有两种形式：一是单列式布置，如图 2-10 所示；另一是双列式布置，如图 2-11 所示。

流水线的位置涉及各条流水线之间的相互关系，因此，应根据零部件加工装配所要求的顺序排列。整个布置要符合制品总的物流方向，以缩短运输路线，减少运输工作量，消除无效劳动。同时还应考虑具体条件，如车间的生产面积、毛坯输入和成品输出条件、通风设备和动力系统位置等。

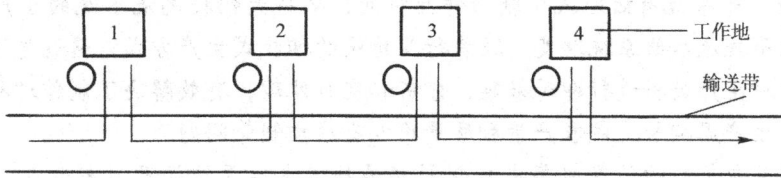

图 2-10　流水线工作地单列式布置图

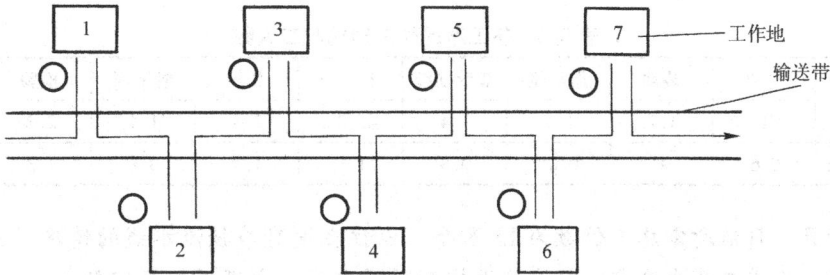

图 2-11　流水线工作地双列式布置图

【案例】

自动化流水生产线提高服装生产率

服装生产流水线组织的优劣直接影响着整个企业的经济效益。在服装的大批量生产过程中，流水线由于能将专业化生产组织与产品的平行移动完美地结合起来，符合生产过程的连续性、比例性、均衡性及适应性要求而被广泛采用。

在流水线生产过程中，各设备和工作地按产品工艺顺序排列，劳动对象在运输线上呈链索式单向流动，最大限度地减少了辅助作业及设备间隔时间，实现了生产过程的高度连续性，具有提高工作地专业化水平、提高劳动生产率、提高设备和生产面积利用率、保证产品质量等优点。

当然，由于对象专业化程度过高，对产品变化缺乏适应能力，而且一旦某处发生设备故障就有可能导致全线停车。因此，如何因地制宜地组织高效、连续、合适的生产流水线，对服装企业来说至关重要。

在组织流水线生产时，工序同期化可避免因产品工序划分、作业时间确定、工作地数量安排等作业组织不合理而造成的生产脱节或流水线停工等待，保证流水线的连续性及平衡性。企业在实际操作过程中往往采用细化工序的方法来提高生产率。然而，工人的熟练度并不能无止境地提高，达到一定限度后，它将不再提高；同样，工序也不能无止境地细化。为此，雅戈尔集团采用计算机集成控制服装吊挂流水线系统来提高工作效率，实现工序同期化。

计算机集成控制服装吊挂流水系统也称柔性生产系统或灵活生产系统（FMS），是服装工业快速反应生产技术中的一项高科技自动化设备，其基本构成是一台主计算机、一套悬空的物件传输系统和一套含有小型计算机为终端机的工作站。

在服装缝制过程中，直接缝制服装的时间只占一小部分，其他辅助作业时间占到整个缝制过程的80%。如果能有效地减少辅助作业时间，必将大幅提高流水线的生产率。计算机集成控制服装吊挂流水线系统改变了服装行业传统的捆扎式生产方式，通过先进的计算机系统集成控制，对生产数据进行即时采集、分析和实时处理，有效解决了制作过程中辅助作业时间比例大、生产周期长、成衣产量和质量难以有序控制等问题。

例如，雅戈尔集团的计算机集成控制衬衫吊挂流水线系统涉及衬衫合肩、装袖、压袖笼、双针摆缝、上克夫、装领、卷下摆和检验8道工序，各工序的作业时间与所需要的工人数见表2-2。

表2-2　各工序的作业时间与工人数

工序	合肩	装袖	压袖笼	双针摆缝	上克夫	装领	卷下摆	检验	合计
工位数/个	1	1.7	1.1	1.4	2.2	2.5	1.4	2.2	13.5
作业时间/min	0.6	1	0.65	0.8	1.3	1.5	0.8	1.3	7.95

由表可见，目前所需总工位数为13.5个。以往在没有吊挂流水线的情况下，产品一般以筐为单位，上道工序生产完一筐产品再拖到下道工序，由下道工序继续加工，如此进行，直到产品出了生产线。假设一批衬衫产品为1筐（共100件），不考虑装筐、拖拽的辅助作业时间，这批产品由13.5名工人生产。在引进计算机集成控制服装吊挂流水线生产系统的情况下，该批衬衫产品在流水线上实现了平行移动，同样不考虑产品在流水线上的移动时间，这批产品由13.5名工人生产，但是采用平行移动方式以后可以缩短加工时间，提高了生产率。

同时，该吊挂系统可对各工序生产过程进行有效监测，准确记录各工序的加工时间，可以有效帮助管理者找出限制流水线效率的瓶颈工序，并辅助分析形成瓶颈的原因。从这个方面来说，该吊挂系统可以作为现代生产管理的有效辅助手段。由于吊挂设施是一套架设在空中的索道，极少占用地面空间，有利于提高生产企业的单位面积利用率，也是一种清洁的流水线设备。

【思考题】

1. 计算案例中的雅戈尔集团流水生产线组织，采用顺序移动与平行移动两种方式情况下，生产周期各为多少，平行移动提高服装生产率是多少？

2. 雅戈尔集团是如何利用相关理论提高生产率的？

【复习题】

1. 合理组织生产过程的基本要求有哪些？为什么要提高生产过程的适应性？

2. 什么叫生产类型？不同生产类型的工业企业各有什么特点？

3. 某机械加工车间生产一批零件，批量为30件，该零件依次经过5道工序加工，各道工序的加工时间依次为：车23min，铣28 min，刨25 min，钳30 min，磨22 min。计算该批零件按顺序移动、平行移动、平行顺序移动的零件加工周期。

4. 什么是流水生产？它具有哪些特点？

5. 什么叫劳动定员？确定定员方法有哪些？

【实训项目】

不同零件移动方式下的生产周期的生活体验。

以小组为单位（6~8人），把全班同学分为几组。在新学期报到时到学校报到处，每个小组的同学都经过三个窗口（见图2-12）：交费注册、领课表、领教材。把三个窗口模拟成企业的三个加工工序。

1. 平行移动的报到小组：某小组同学采用平行移动的方式（每名同学离开一个窗口就马上移动到下一个窗口，不等待其他同学）。记录该组从第一名同学开始交费注册，到最后一名同学离开领教材窗口为止整个过程的时间。

2. 顺序移动的报到小组：另外的其他小组采用顺序移动的方式（每名同学离开一个窗口后，先不到下一个窗口，等小组的其他同学都离开这个窗口后一起到下个窗口）。记录该组从第一名同学开始注册到最后一名同学离开领教材窗口整个过程的时间。

要求：每名同学交费注册、领教材的数量完全相同。

讨论：在课堂上一起讨论，哪个小组的报到过程时间最长，哪组最短？在遵守规则的情况下，应如何缩短报到的时间？

图 2-12　学校报到处三个窗口

第三章 生产计划

【学习目标】
1. 掌握生产能力概念、种类及核定方法。
2. 熟知影响生产能力的因素。
3. 了解生产计划的内容、编制步骤。
4. 掌握滚动式计划的编制方法。
5. 掌握网络图的构成及绘制方法。
6. 了解网络计划优化的基本形式。

【引导案例】

总经理的烦恼

某五金工具公司2005年以前虽然产品单一，但销售一直不错。2005年由于客观条件的变化，原销售公司拒收，该企业产品完全滞销，职工连续半年只能拿到基本生活费。新任总经理立下"军令状"，决心一年内改变企业面貌。他发现该企业与环保部门共同研制出的一台环保装置是成功的，于是决心下马老产品，改产环保装置。一年过去了，企业总算没有亏损，但企业日子仍然不好过。2007年市场形势发生了巨变，原来的五金工具产品脱销，用户纷纷来函来电希望该公司能尽快恢复老产品的生产。与此同时，环保装置销路也不好，在这种情况下，总经理回过头来又生产老产品，但一直无法搞上去，无论是质量还是数量均恢复不到原来的水平。为此，企业不少人员对总经理不满意，总经理也感到很委屈，想不通到底该生产什么产品好。

第一节 生 产 能 力

一、企业生产能力的概念及种类

1. 生产能力的概念

工业企业的生产能力，是指一定时期内（通常为一年）企业的全部生产性固定资产，在一定的技术组织条件下所能生产一定种类和一定质量的产品的最大数量。它是反映企业生产可能性的一种指标，其含义可从以下几方面理解。

1）企业生产能力用一年内可生产的最多产品数量来表示，而在某些轻工企业和煤矿企业里，以一年内可加工处理的原材料数量来表示。

2）工业企业的生产能力应是企业各生产环节的各种生产性固定资产，在满足生产要求的一定比例关系条件下所具备的综合生产能力。生产性固定资产是指参与企业产品生产过程或直接服务于企业产品生产过程的各种厂房、建筑物、机器设备等。

3）生产能力是在一定的技术组织条件下出产产品的能力，技术组织条件不同，生产能力水平也就不同。技术组织条件是指产品的品种、结构、技术要求和所需工作量，企业生产面积、产品制造工艺，生产用机器、工具、原材料，职工业务水平、熟练程度，企业所采用的生产组织和劳动组织等。

4）工业企业的生产能力，通常用实物单位来计量，对于多品种生产企业可以选择一种代表产品来计量。代表产品可以按照下列原则来选择：①企业专业方向中的主要专业产品；②国家和市场迫切需要的重点产品和短线产品；③产量较大，结构和工艺具有代表性的产品。

2. 生产能力的种类

企业生产能力是一个随时间推移而不断发展的概念。按核定生产能力依据的条件不同，将企业的生产能力划分为三种。

（1）设计能力　设计能力是企业基本建设设计任务书的技术文件中所规定的生产能力，是新建、改建或扩建后的企业应达到的最大年产量。而企业建成投产后，由于种种条件的限制，一般要经过相当长一段时间后才能达到。

（2）查定能力　查定能力是指企业生产了一段时期以后，重新调查核定的生产能力。在没有设计能力或虽有设计能力，但由于企业的产品方案、协作关系和技术组织发生了很大变化，原有设计能力不能反映实际情况时，由企业重新调查核定生产能力。

（3）现有能力　也称计划能力，是企业在计划年度内依据现有的生产技术条件，实际能达到的生产能力。

上述三种生产能力的指标，水平不同，用途各异。新建和改建的企业，由于需要一个熟悉和掌握技术的过程，这时的计划能力水平要低于设计能力，经过一段时间以后，才能逐渐接近或达到。查定能力也不是企业当时就能达到的能力，一般要高于计划能力。只有当企业实现了先进的组织技术措施，才能达到查定生产能力。在确定企业的规模、编制企业的年度、季度生产计划，确定生产指标时，应以计划能力为依据。

二、企业生产能力的核定

（一）影响生产能力的因素

从生产能力核定的要求看，可以分为如下三个因素。

（1）固定资产的数量　指全部能够用于工业生产的机器设备、厂房及其他生产性建筑物面积。机器设备包括正在运转、正在修理、正在安装或等待修理的机器设备，以及因生产任务不足或某些非正常原因而暂时停用的机器设备。对于损坏严重，已判定不能修复并决定报废的设备，以及留作备用、封存待转让的机器设备，则不应计算在内。

（2）固定资产的工作时间　指机器设备的全部有效工作时间和生产面积的全部利用时间。可以分为制度工作时间和有效工作时间。前者，是在规定的工作制度下，固定资产可利用的时间，一般为全年日历天数扣除104个周末和10个节假日后的差与每天工作班次、每班工作小时数的连乘积。后者，是在制度工作时间中扣除设备停歇时间。由于企业不同，工作制度不同，其工作时间亦不同。连续性生产企业的机器设备有效工作时间为日历时间减去计划修理时间；间断性生产企业里，按上述有效工作时间计算，也要扣除计划修理时间；而生产面积的利用时间，按制度工作时间计算，一般没有停修时间。

（3）固定资产的生产率　包括机器设备生产率（即设备能力）和生产面积的生产率。前者用单位机器设备的产量定额或单位产品的台时定额表示；后者是指单位产品占用生产面积的大小以及时间的长短。固定生产的生产率是核定生产能力时最难确定的一项因素，它受各种条件影响；而生产能力的大小，又在很大程度上取决于定额水平是否先进合理。

（二）核定生产能力的作用

生产能力是确定企业长远规划，安排改建、扩建、技术改造规划的重要依据。通过核定，可以使管理者在计划、组织方面做到心中有数，掌握生产中的薄弱环节和富裕环节，挖掘生产潜力。

（三）生产能力核定的程序

生产能力核定这项工作应该从基层做起。通常分为两个阶段：第一，核定班组、工段、车间各环节的生产能力；第二，在对各生产环节的能力进行综合平衡的基础上，核定企业的生产能力。

1．各车间内部生产能力核算

（1）单一品种生产条件下，设备组的生产能力一般按下列公式计算：

$$设备生产能力 = 设备数量 \times 单位设备有效工时 \times 单位时间产量定额$$

或

$$设备生产能力 = 设备数量 \times 单位设备有效工时 \div 单位产品台时定额$$

在生产能力主要决定于生产面积的条件下，生产能力计算公式为

$$生产面积生产能力 = 生产面积数量 \times 生产面积利用的延续时间 \times 单位时间单位面积的生产定额$$

例如，某机加工车间的产品加工过程是按顺序移动方式设置，顺次通过车、铣、磨三个工艺环节，这三个工组的资料见表3-1。试计算各组设备的生产能力。

表 3-1　加工车间生产能力资料表

设 备 组	设备台数	工作班组	计划检修时数/h	全年有效台时/h	产品台时定额/h	设备组生产能力/件
①	②	③	④	⑤ = ②×251×15.5 − ④	⑥	⑦ = ⑤÷⑥
车 工 组	15	2	1 145	57 212.5	200	286
铣 工 组	17	2	1 381	64 757.5	250	259
磨 工 组	9	2	687	34 327.5	120	286

注：全年工作日按制度工作日数 251 天计、每天两班按 15.5h 计。

由计算结果知，车工组与磨工组的生产能力相同，每年可以生产286件，相比之下，铣工组是薄弱环节，应采取一定的技术组织措施"填平补齐"。

流水线生产能力按下式计算：

$$流水线生产能力 = 流水线有效工作时间 \div 节拍$$

（2）当企业生产多种产品时，按各种产品分别计算生产能力是困难的。在这种情况下，企业可根据具体情况采用标准产品法、代表产品法或假定产品法来核算生产能力。

1）标准产品法。按标准产品计算生产能力就是在生产的品种中选择一种产品作为标准产品，再按一定标准（如千瓦、马力等）把不同品种、规格的同类产品换算成标准产品，最后用单一品种生产条件下核算生产能力的方法来确定设备组的生产能力。所谓标准产品是对具有不同品种或规格化的同类产品，进行综合计算时所用的一种实物量折算单位，如电动机可用标准千瓦的电动机，拖拉机可用标准马力的拖拉机等。

2）代表产品法。就是以代表产品为计算单位确定设备组生产能力。其计算步骤如下。

① 确定代表产品。代表产品是反映企业专业方向、产量较大、占用劳动量最多、在结构或工艺上具有代表性的产品。

② 计算出以代表产品为计算单位表示的设备组的生产能力。

③ 将其他产品的计划产量用换算系数分别折合成代表产品的产量。换算时，一般用台时定额或产量定额作为换算标准。换算系数的计算公式是

$$换算系数 = \frac{某种产品台时定额}{代表产品台时定额}$$

或

$$换算系数 = \frac{代表产品单位时间产量定额}{某种产品单位时间产量定额}$$

④ 计算出设备组各种计划产品的生产能力。

例如，某厂车床组有车床 10 台，每台车床全年有效时间为 3 780h，车床组加工 A、B、C、D 四种结构和工艺相似的产品，其计划产量分别为 80 台、50 台、180 台、60 台，单位产品台时定额分别为 80h、60h、100h、120h，选定 C 为代表产品，试计算车床组的生产能力。

以代表产品 C 的产量表示的生产能力及将代表产品换算为具体产品的计算过程和结果见表 3-2。

表 3-2　代表产品换算为具体产品的计算过程

产品名称	生产计划/台	台时定额/h	换算系数	换算为代表产品产量/台	换算后产量比重	以代表产品表示的生产能力/台	换算为集团产品表示的生产能力/台	备注
①	②	③	④ = ③/100	⑤ = ②×④	⑥ = ⑤/∑⑤	⑦	⑧ = ⑦×⑥×1/④	⑨
A	80	80	8	64	0.185		70	
B	50	60	0.6	30	0.087	$\frac{3780 \times 10}{100}$	33	
C	180	100	1	180	0.520	$= 378$	197	代表产品
D	60	120	1.2	72	0.208		97	
合　计	370			346	1.000		397	

3）假定产品法。假定产品是计算生产能力时假定的产品折合量单位。假定产品法就是以假定产品为单位计算设备组生产能力。在企业产品品种比较复杂，结构、工艺和劳动量差别较大，不易确定代表产品时，可有用假定产品法。其步骤如下。

① 计算假定产品的台时定额。

$$假定产品的台时定额 = \sum \left(\begin{array}{c} 该产品 \\ 台时定额 \end{array} \times \begin{array}{c} 该产品产量占假定 \\ 产品总产量的百分 \end{array} \right)$$

式中，假定产品总产量以各种产品计划产量总和来表示。

② 计算设备组生产假定产品的生产能力。

$$以假定产品为单位的生产能力 = \frac{设备台数 \times 单位设备有效工时}{假定产品台时定额}$$

③ 根据设备组假定产品生产能力，计算出设备组各种计划产品的生产能力。

$$计划产品生产能力 = 假定产品生产能力 \times \begin{array}{c} 该产品产量占假定 \\ 产品总产量的百分比 \end{array}$$

例如，某厂铣床组有铣床 14 台，每台铣床全年有效时间为 4 553h，铣床组加工 A、B、C、D 四种结构、工艺不相同的产品，其计划产量分别为 200 台、100 台、140 台、160 台，单位产

品台时定额分别为100h、60h、100h、120h，试用假定产品法计算铣床组的生产能力。

详细计算和结果见表3-3。

表3-3 以假定产品为计量单位生产能力计算表

产品名称	计划产量/台	各产品占产量总数比重（%）	各产品铣床组台时定额/h	假定产品台时定额/h	以假定产品为单位的生产能力/台	铣床组各种计划产品的生产能力/台
①	②	③	④	⑤=③×④	⑥	⑦=⑥×③
A	200	33%	100	33		214.5
B	100	17%	60	10	$\dfrac{4\,553 \times 14}{98} = 650$	110.5
C	140	23%	100	23		149.5
D	160	27%	120	32		175.5
合　计	600	100%		98	650	650

2. 企业生产能力的确定

先将各生产环节的生产能力综合平衡，进而确定企业的生产能力。综合平衡有二方面的工作，其一，基本生产车间之间的能力平衡；其二，辅助生产车间生产能力与基本生产车间的生产能力的平衡。

当各基本生产环节的能力不一致时，应按主导环节来确定企业的生产能力。主导环节是指产品制造的主要工艺加工环节。如机械制造企业的机械加工车间，占产品全部制造过程劳动量的比重最大，所需投资额也往往最多。据此确定企业生产能力，可以更好地发挥投资经济效益。若企业主导生产环节同时有几个，并且生产能力各异，综合生产能力的核定应依据未来市场需求的多少确定。若该产品需要量大，按较高能力的主导生产环节来定，同时组织外协或技术改造解决其他能力不足的环节。否则，可按薄弱环节的能力来核定，对于能力富裕的环节，可将多余的设备调出，或长期接受外协订货。

当基本生产单位的生产能力与辅助生产单位的生产能力不一致时，企业的生产能力要按基本生产单位的生产能力来确定。即使这样，也要考核辅助生产单位的生产能力与基本生产单位能力的综合平衡。若辅助生产单位的生产能力低于基本生产单位的生产能力，要采取措施提高其供应、服务能力，确保基本生产单位能力得到充分发挥。反之，亦采取有力措施，使富裕的辅助生产能力得以充分利用。

上述生产能力核定程序是对查定能力而言，这一工作的劳动量很大，因此不经常进行。要经常进行核定的是企业的计划能力（现实能力）。在编制短期生产计划及生产作业计划时，都要核定现实能力，以便同计划的生产任务进行比较、平衡，使生产任务落到实处，同时使生产能力得到充分利用。

第二节　生产计划

一、生产计划的概念和主要指标

生产计划是关于工业企业生产系统总体的计划。它所反映的并非某几个生产岗位或某一条生产线的生产活动，也并非产品生产的细节问题以及一些具体的机器设备、人力和其他生产资源的使用安排问题，而是工业企业在计划期（本书在此以年度生产计划为讨论对象，计划期为一年）应达到的产品品种、质量、产量和产值等生产方面的指标，并在时间上对产品出产进度作出安排。它是指导工业企业计划期生产活动的纲领性方案。

生产计划是指通过一系列综合平衡工作，为生产系统的运行提供一个优化的生产计划。所谓优化的生产计划，必须具备以下三个特征：①有利于充分利用销售机会，满足市场需求；②有利于充分利用盈利机会，并实现生产成本最低化；③有利于充分利用生产资源，最大限度地减少生产资源的闲置和浪费。

生产计划是由生产指标表现的。为了有效、全面地指导工业企业计划期的生产活动，生产计划应建立包括产品品种、产品质量、产品产量及产值等四类指标为主要内容的生产指标体系。

（一）产品品种指标

产品品种指标是指企业在报告期内规定生产产品的名称、型号、规格和种类。它不仅反映企业对社会需求的满足能力，还反映企业的专业水平和生产管理水平。产品品种的确定在生产计划中占有十分重要的位置，处于首要地位。

（二）产品质量指标

产品质量标准是衡量企业经济状况和技术发展水平的重要标志之一。产品质量受若干质量控制参数控制，对质量参数的统一规定就形成了质量技术标准。执行质量标准有几种形式，即国际标准、国家标准、部颁标准、企业标准、企业内部标准等。产品质量指标包括两大类：一类是反映产品本身内在质量的指标，主要是产品平均技术性能、产品质量分等；另一类是反映产品生产过程中工作质量的指标，如质量损失率、废品率、成品返修率等。

（三）产品产量指标

产品产量指标是指企业在一定时期内生产的、符合产品质量要求的实物数量。以实物量计算的产品产量，反映企业生产的发展水平，是制定和检查产量完成情况、分析各种产品之间比例关系和进行产品平衡分配、计算实物量生产指数的依据。

（四）产值指标

产值指标包括以下三种。

1. 工业总产值

工业总产值是指以货币表现的工业企业在报告期内生产的工业产品总量，是反映一定时期内工业生产总规模和总水平的指标，是计算企业生产发展速度和主要比例关系，计算一些经济指标的依据。现在企业中对产值指标已不考核，是计算指标。

工业总产值包括成品价值，工业性作业价值，自制半成品、自制设备、在产品期末期初结存差额价值。价格根据不同需要采用可变价格或不变价格。

2. 工业商品产值

工业商品产值是工业企业在一定时期内生产的预定发售到企业外的工业产品的总价值，是企业可以体现企业生产与市场需求的吻合程度。显然，两者差距越小，说明生产越符合市场需求。商品产值包括：企业利用自备材料生产成品价值；利用订货者的来料生产成品的加工价值；完成承接的外单位的工业性作业的价值等。

3. 工业增加值

工业增加值是企业在报告期内以货币表现的工业生产活动的最终成果。工业增加值与工业总产值的不同之处是它们确定最终成果的范围不同。工业增加值以社会最终成果作为计算的依据，而工业总产值是以企业的最终成果，不包括企业之间、部门之间相互消耗产品的转移价值。工业增加值的价值构成是新创造的价值加固定资产折旧。

二、生产计划的编制步骤

编制生产计划的主要步骤，大致可以归纳如下。

（1）调查研究，摸清情况

在编制生产计划之前，企业要进行详细、深入的调查研究。通过调查研究主要摸清三方面情况。

1）国家和社会对企业产品的需要。企业的生产目的只有符合国家和社会需要的产品，才能有销路。

2）企业生产的外部条件，主要指原材料、燃料、动力、工具等供应情况，以及外协件、配套件、外构件和供应的保证程序。

3）企业内部的生产条件，主要指企业的生产能力、设备数量的变动与完好程度，各工种各等级工人的人数和劳动情况；新产品开发研究及生产技术准备工作进度等。

（2）统筹安排，初步提出生产计划指标

应着眼于更好地满足社会需要和提高生产的经济效益，对全年的生产任务作出统筹安排，其中包括产量指标的选优和确定，产品出产进度的合理安排，各个产品品种的合理搭配生产，将企业的生产指标分解为各个分厂、车间的生产指标等工作。这些工作相互联系，实际上是同时进行的。

（3）综合平衡，确定生产计划指标

把需要同可能结合起来，将初步提出的生产计划指标同各方面的条件进行平衡，使生产任务得到落实。综合平衡的内容主要包括生产任务与生产能力之间的平衡，测算企业设备、生产面积对生产任务的保证程度；生产任务与劳动力之间的平衡，测算劳动力的工种、数量，以检查劳动生产率水平与生产任务的保证程度；生产任务与生产技术准备的平衡，测算产品试制、工艺准备、设备维修、技术措施等与生产任务的适应和衔接程度；生产任务与资金占用的平衡，测算流动资金对生产任务的保证程度和合理性等。

（4）最后确定生产指标

经过反复核算和平衡，最后编制出企业的生产计划，包括工业产品产量计划和工业产值计划表。

在企业中，编制和检查生产计划的主管单位，一般为企业的计划部门或生产管理部门。在编制生产计划的过程中，需要得到其他各个职能部门的协助和配合。

三、滚动式计划的编制方法

滚动式计划是一种编制计划的新方法，既可以用来编制长期计划，也可用以编制年度、季度、月度以至更短时期的计划。它的特点是，将整个计划期分为几个时间段，其中第一个阶段的计划为执行计划，后几个阶段的计划为预订计划。执行计划中的任务规定得比较具体，要求按计划实施。预定计划中的任务规定得比较粗略，每经过一个时间阶段，根据计划的完成情况，以及企业内部、外部条件的变化和经营方针的调整，对原来的预定计划作出调整的修改，并将计划向前推进一个时间阶段，原预计计划中的第一个时间阶段的计划变成了执行计划。这样，计划便具有更强的连续性，更能符合客观实际。

以编制滚动式年度计划为例，把全年计划分为四个季度计划，每隔一个季度（即滚动期）修订一次计划，并向前推进一个季度，如图 3-1 所示。

四、品种与产量的确定

备货型生产企业编制年度生产计划的核心内容是确定品种和产量，因为有了品种和产量就可以计算产值。备货型生产无交货期设置问题，因为顾客可直接从成品库提货。大批大量生产和成批生产一般是备货型生产。

（一）品种的确定

对于大量大批生产类型的企业，其产品品种很少，而且既然是大量大批生产，所生产的品种一般是市场需求量很大的产品，因此，没有品种选择问题。对于多品种批量生产，则有品种选择问题。确定生产什么品种是十分重要的决策。

确定品种可以采取收入利润顺序法。收入利润顺序法是将生产的多种产品按销售收入和利润顺序，并将其绘在收入利润图上，表 3-4 所示的 8 种产品的收入和利润顺序，可绘在图 3-2 上。

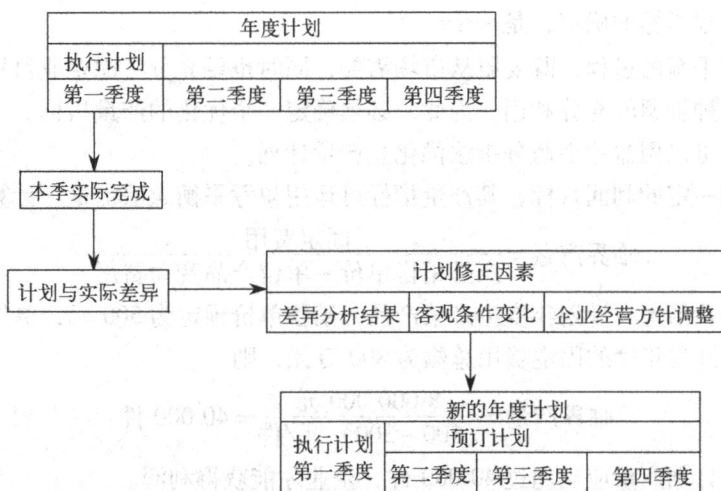

图 3-1　滚动式编制年度计划示意图

表 3-4　销售收入和利润顺序表

产品代号	A	B	C	D	E	F	G	H
销售收入	1	2	3	4	5	6	7	8
利　润	2	3	1	6	5	8	7	4

由图 3-2 可以看出，一部分产品在对角线上方，还有一部分产品在对角线下方。销售收入高、利润也大的产品，即处于图 3-2 右上角的产品，应该生产。相反，对于销售收入低、利润也小的产品（甚至是亏损产品），即处于图 3-2 左下角的产品，需要作进一步分析。其中很重要的因素是产品生命周期。如果是新产品，处于导入期，因顾客不了解，销售额低；同时，由于设计和工艺未定型，生产率低，成本高，利润少，甚至亏损，就应该继续生产，

并作广告宣传，改进设计和工艺，努力降低成本。如果是老产品，处于衰退期，就不应该继续生产。在分析时除了考虑产品生命周期因素以外，还须考虑其他因素，如质量不好，则需提高产品质量。

一般来说，销售收入高的产品，利润也高，即产品应在对角线上方。对于处于对角线下方的产品，如 C 和 H，说明其利润比正常的少，是销售价格低了，还是成本高了，需要考虑。反之，处于对角线上方的产品，如 D 和 F，利润比正常的高，可能由于成本低所致，可以考虑增加销售量，以增加销售收入。

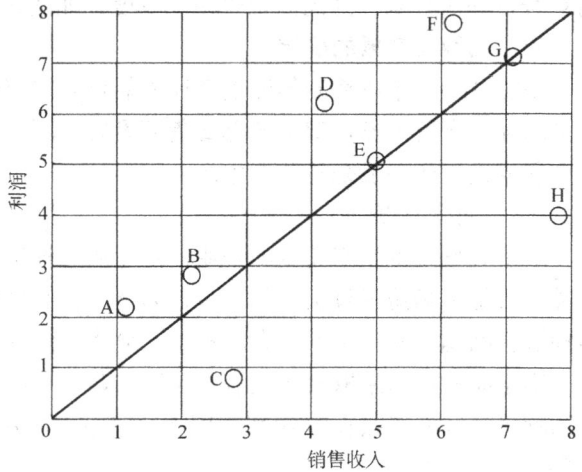

图 3-2　收入—利润顺序图

（二）产量优选方法

企业生产计划指标的确定，是一个统筹安排、综合平衡的过程，既要服从市场需要，同时也要充分考虑企业目标利润的实现和生产能力以及各种资源的充分利用。为此，必须确定一个优化的产量指标。

一般情况下可以用盈亏平衡分析法优化总产量计划。

企业要达到一定的利润目标，其产量指标可运用盈亏平衡点法衡量。计算公式为

$$临界产量 = \frac{固定费用}{产品销售单价 - 单位产品变动费用}$$

例如，某企业预定在计划年度生产某产品，销售单价预定为 500 元，单位产品变动费用预计为 300 元、计划年度的固定费用总额为 800 万元，则

$$临界产量 = \frac{8\,000\,000\ 元}{(500 - 300)\ 元/件} = 40\,000\ 件$$

这就是说，计划产量应当超过 40 000 件，企业才能获得利润。

第三节　网络计划技术

一、网络计划技术的基本原理

网络计划技术是 20 世纪 50 年代末发展起来的一种组织和进行计划管理的科学方法，即用网络计划对任务的工作进度进行安排和控制，以保证实现预定目标的科学的计划管理技术。它可以运用网络计划的形式来反映和表达计划的安排，选择最优方案，以组织、协调和控制生产任务或工作的进度和费用，并达到预期的目标。

网络计划技术的基本原理就是运用系统论的观点和运筹学的方法将所要计划的项目或工程作为一个系统来看待，通过网络分析，计算网络时间，确定关键活动和关键线路，分轻重缓急、合理优化，以期合理有效地利用资源，达到以最少的时间和费用来完成整个系统的预定目标。网络计划技术的应用范围很广，特别适合于一次性的项目建设、产品试制、设备大修以及单件小批生产企业的生产安排。

二、网络图的构成及绘制

（一）网络图的构成

网络图是指由箭线和节点组成的，用来表示工作流程的方向、有序网状图形。网络图是网络计划技术应用的基础，是计划任务或工程项目及其组成部分内在逻辑关系的综合反映，是为完成某一预定目标的各项活动及其所需时间的先后次序和衔接关系建立起来的整个计划图形。以箭线式网络图为例，网络图一般由工作、事件和线路三部分组成。

1. 工作（同义词：工序、活动）

工作指计划任务按需要粗细程序划分而成的一个消耗时间、消耗资源的子项目或子任务。一般用箭线来表示，即一端带箭头的实线，箭线的上方标明工作的名称，下方标明工作持续时间（小时、天、周等），箭尾 i 表示工作的开始，箭头 j 表示工作的结束和工作前进的方向，即

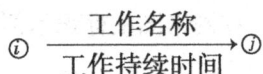

$$⑆ \xrightarrow[\text{工作持续时间}]{\text{工作名称}} ⑇$$

工作需要消耗一定的资源，占用一定的时间。只表示相邻前后工作之间的逻辑关系，即不耗用时间、也不耗用资源的虚拟的工作叫虚工作，一般用一端带箭头的虚线表示。它只表明两项工作之间的相互依存关系和制约关系，表明计划或项目的方向。

2. 事件（同义词：事项）

事件是指工作开始或完成的时间点，用节点表示，即网络图中箭线端部的圆圈或其他形状的封闭图形。一般用"○"来表示。节点不占用时间，也不消耗资源，只表示某项工作的开始或结束。若将两个节点用箭线连接，箭尾的节点称箭尾 i 点，用符号"⑆"表示，箭头的节点称 j 节点，用符号"⑇"来表示，网络图中的第一个节点叫做起始节点，它表示计划任务或项目的开始；最后一个节点叫做终点节点，它表示计划任务或项目的结束；介于二者之间的其他节点叫做中间节点，它既表示前面工作的结束，又表示后面工作的开始。

3. 线路

线路指网络图中从起始节点开始，沿箭线方向连续通过一系列箭线与节点，最后达到终点节点所经过的通路。在网络图中，线路有很多条，每条线路上各工作的作业时间之和就是该线路所需时间周期。其中周期最长的线路叫关键线路。关键线路的周期也就是整个计划任务或项目所需要的时间，简称工期。关键线路一般用粗线、红线或双线标注在网络图上。关键线路上的各项工作称关键工作。关键线路往往不止一条，越是科学合理的计划，其网络图的关键线路就越多。

（二）网络图画法的基本规则

1）进入某一节点或从其引出的箭线可以有很多条，但相邻两个节点之间只能有一条箭线，代表一项工作，不能同时出现两条以上箭线。如果相邻两个节点之间有两条以上平行的工作，则应增加节点并用虚箭线加以分开。

2）网络图中不能出现回路即循环线路，箭线方向应自左至右，不能逆向。

3）网络图中每一项工作都应有自己独立的节点编号，应遵守左端较右端序号小的原则，编号不能重复使用，一对编号⑆→⑇不能同时代表两项以上工作。

4）箭线必须从一个节点开始到另一个节点结束，其首尾都应该有节点，不允许从一条箭线中引另一条箭线来。

5）每个网络图必须也只能有一个始点和终点，不能出现没有紧前工作或紧后工作的中间节点。

（三）网络时间参数的计算

计算网络图的时间参数是网络分析技术的重要环节，是定量分析的基础，它包括工作持续时间、最早开始时间、最早完成时间、最迟开始时间、最迟完成时间和时差。

1. 工作持续时间

工作持续时间为对一项工作规定的从开始到完成的时间。一般用符号 $D(i, j)$ 表示节点编号为 i 和 j 的工作的工作时间。对于一般网络计划的工作持续时间，其主要计算方法有：参照以往实践经验估算；经过实验推算；有标准可查，按定额进行计算。

2. 最早开始时间

在紧前工作和有关时限约束下，工作有可能开始的最早时刻，就称为该项工作的最早开始时间，一般用 $ES(i, j)$ 来表示。在网络图上标识示例如图 3-3 所示。

3. 最早完成时间

在紧前工作和有关时限约束下，工作有可能完成的最早时刻，称为该项工作的最早完成时间，一般用 $EF(i, j)$ 来表示，如图 3-3 所示。显然，存在下列关系

$$EF(i,j) = ES(i,j) + D(i,j)$$

4. 最迟完成时间

在不影响任务按期完成和有关时限约束的条件下，工作最迟必须完成的时间，称为该项工作的最迟完成时间，一般用 $LF(i, j)$ 表示，如图 3-3 所示。

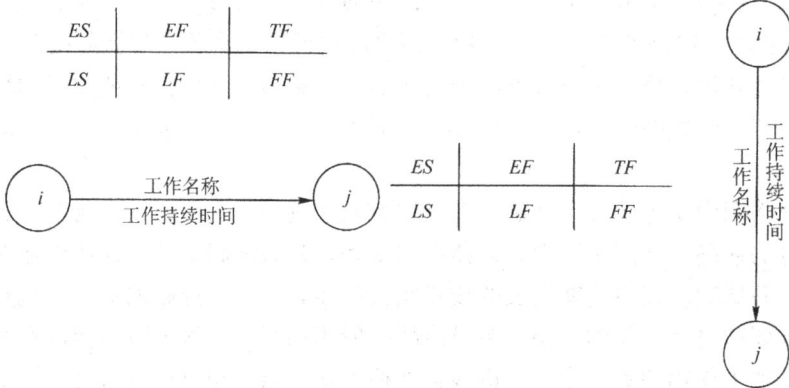

图 3-3　网络图标识示例

5. 最迟开始时间

在不影响任务按期完成和有关时限约束的条件下，工作最迟必须开始的时间，称为该项工作的最迟开始时间，一般用 $LS(i, j)$ 表示，如图 3-3 所示。显然，存在下列关系

$$LS(i,j) = LF(i,j) - D(i,j)$$

6. 总时差

总时差也称富裕时间或机动时间，是指在不影响工期和有关时限的前提下，一项工作可以利用的机动时间。即一项工作从其最早开始时间到最迟开始时间，或从最早完成时间到最迟完成时间，中间可以推迟的最大延迟时间，一般用 $TF(i, j)$ 来表示。时差的计算公

式为

$$TF(i,j) = LS(i,j) - ES(i,j)$$

或

$$TF(i,j) = LF(i,j) - EF(i,j)$$

时差越大，说明挖掘时间的潜力越大；反之则相反。若时差为零，就说明该项工作无任何宽裕时间。时差为零的工作称为关键工作，由关键工作组成的线路就是关键线路。

7. 自由时差

自由时差是指在不影响其紧后工作最早开始和有关时限的前提下，一项工作可以利用的机动时间；或紧后工作最早开始时间 $[ES(j, m)]$ 减该工作的最早开始时间 $[ES(i, j)]$ 减工作时间后的机动时间 $[T(i, j)]$。一般用 $FF(i, j)$ 表示自由时差，其计算公式为

$$FF(i,j) = ES(j,m) - ES(i,j) - T(i,j)$$

网络图标识如图 3-3 所示。

例 3-1 某工程由 8 项工作组成，各项工作的工作持续时间及紧后工作见表 3-5。

表 3-5　工作时间及工作相互关系

序　号	工作代号	工作持续时间/天	紧后工作
1	A	1	C、D
2	B	5	E、F
3	C	3	E、F
4	D	2	G、H
5	E	6	G、H
6	F	5	H
7	G	5	—
8	H	3	—

该例的网络及时间参数如图 3-4 所示。需要提示的是，计算最早开始时间及最早完成时间时，假设整个计划从零开始，并要从网络图上由左至右进行；而计算最迟完成时间及最迟开始时间时，要求由右至左进行，且要先确定最迟完成时间。

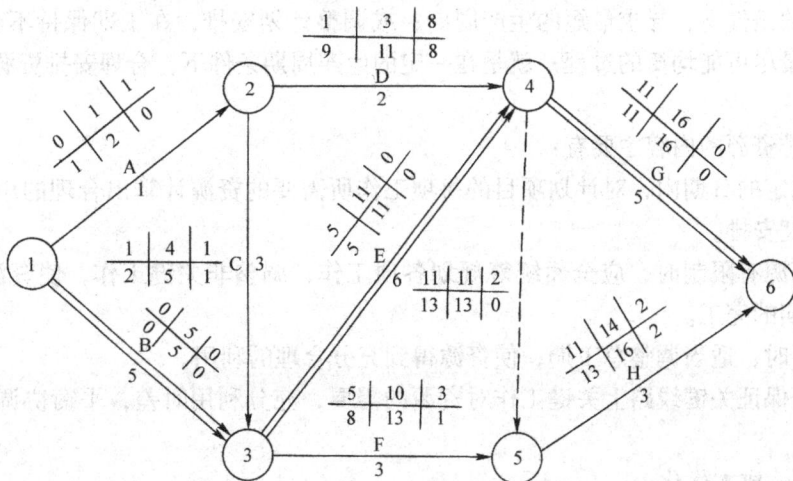

图 3-4　例 3-1 的网络图及时间参数

根据图3-4，将时差为零的工作连接起来便是关键线路：

①→③→④→⑥　即 B→E→G

其工期为

$$T = (5 + 6 + 5)天 = 16 天$$

（四）网络计划的优化

网络计划的优化即在一定约束条件下，按既定目标对网络计划进行不断检查、评比、调整和完善的过程。计算出各种时间参数和确定出关键线路后，如何应用网络图对计划进行有效的组织、协调和控制，必须解决三个问题：抓住主要矛盾，缩短关键线路和关键工作时间，加快计划进度；根据各项工作所需资源，统筹安排，综合平衡，提高资源利用率；在加快计划进度的同时，要做到经济上合理，使计划项目的成本最低。因此，网络计划的优化主要有三个方面：

1．工期优化

工期优化即压缩工期，或在一定约束条件下使工期最短的过程。就是要缩短工期，进行时间优化。

任何一项计划项目或产品生产，都要求合理地使用劳动时间以缩短总工期，如果长期不能完工，不仅积压大量资金，而且随着时间的延长，所支付的劳动和投资也会相应增加。因此，缩短工期能节约人、财、物等资源。工期优化就是在人、财、物等有保证的条件下寻求最短的时间。

网络图中，由于关键线路上各项工作的工作持续时间决定着整个计划的工期，因此，要缩短整个工期，就必须分析缩短关键线路上各关键工作的工作持续时间的可能性。如果在关键线路上缩短工期后仍不能达到缩短整个计算工期的要求，则必须从新的关键线路上再作第二次乃至几次缩短，直至达到要求为止。

2．时间—资源优化

资源是指为完成任务所需的人力、材料、机械设备和资金信息等的统称。在编制网络计划时要求在考虑工期的同时，也要尽量合理地安排人力、材料、设备和资金等有限的资源。时间—资源优化就是调整计划安排，以满足资源限制条件，并使工期拖延最少的过程；就是在一定资源的条件下，寻求最短的生产周期；或调整计划安排，在工期保持不变的条件下，使资源需要量尽可能均衡的过程；就是在一定的生产周期条件下，合理安排资源，使投入的资源量最小。

合理安排资源的内容主要有：

1）在规定的日期内，对计划项目的每项工作所需要的资源计算出合理的用量，并作出日程上的进度安排。

2）当资源有限制时，应全面统筹规划各项工作，调整非关键工作，使资源消耗降低，以保证总工期的完工。

3）必要时，适当调整总工期，使资源得到充分合理的利用。

4）优先保证关键线路上关键工作对资源的需要，充分利用时差，平衡协调各工作所需资源。

3．时间—成本优化

时间—成本优化就是寻求最低成本时的最佳工期安排，或按要求工期寻求最低成本的计划安排的过程。网络计划技术不仅要考虑总工期和资源优化，更重要的是考虑成本费用，从时间成本中寻求最佳方案，以取得最好的经济效益。

成本费用是由直接费用和间接费用所组成的。一般来说，缩短工期会引起直接费用的增加和间接费用的减少，而延长工期则会引起直接费用的减少和间接费用的增加。时间—费用优化就是要使总费用为最小，与之相适应的最短工期即为最佳工期。

【案例】

吉庆的万能计划

经过近九年的打拼，吉庆公司在模拟经营市场上逐渐成长起来，公司产品也已经进行了升级换代，由最初时只能生产附加值较低的 P1 产品发展到现在可以生产从 P1 到 P3 的一系列电子产品，并且 P4 产品的研发也正在有条不紊地进行当中，公司的产品畅销国内外。公司仅 P3 产品每年的销量就达到 8 000 件以上，占整个 P3 市场的 20% 以上，在业界树立起了自己的品牌，并且公司建立起了价值链管理体系，同顾客保持着良好的战略伙伴关系，开创了较好的局面。但新的管理层也非常清楚地认识到公司所取得的成绩只是暂时的，公司产品在市场上的份额地位将面临着来自竞争对手的强大挑战，与顾客的战略合作关系也并不牢不可破，加之他们公司生产的是电子产品，更新换代快，需要企业对市场有着非常灵敏的反应。这一切考验着新管理层的经营能力。

为应对来自市场的压力，确保公司的市场地位，公司管理层明确提出各部门工作必须具有超前的计划性和应对变化的柔性。为了完成公司的目标，生产部必须要制订出合理的十年生产计划，保证生产部既要能够满足市场的订单需求，同时也要保证生产部的设备资源、人力资源以及其他配套资源利用率得到保证。而要做到这一点，生产部经理胡军深知难度很大。因为根据过去的经验，顾客的订单经常带有很大的突然性，有时深更半夜突然接到一个大单，生产部不得不紧急安排人手，调配资源来配合顾客的需求，公司也为此付出了很多加班费用；而有时，正在生产中的产品却突然接到顾客的电话，要求暂停生产，弄得他在管理上非常为难。如果说上面的困难生产部还能应对的话，那么销售部与客户之间的马拉松式谈判就让生产部无所适从，因为经常是到了二三月份，销售部的同事居然还没开完年度订货会，当然也就没有正式订单了。市场上的这种异常变化使生产部要完成公司的成本控制目标存在巨大的困难，他感到生产部必须要有一个更为切实可行的长期生产计划。为此，胡军找到销售部经理李刚，希望销售部能同顾客进行更多的沟通，以便能提前知晓顾客的需求变化，生产部也好作出合理的安排。李刚告诉他说："说实在的，我们也非常希望客户能及时与我们签订合同，能保持订单的平稳，这样我们接单时就不会担心生产部是否能及时交货的问题了。你也知道，出现我们这样马拉松式谈判的不只我们电子一个行业，现在正进行的铁矿石供求谈判不也同我们一样吗，耗费多少个月都难谈成。当然，我们会经常同顾客保持紧密的联系，一有什么消息他们也会及时通知我，但面对市场的风云变幻，我们也不能给客户提太多的要求，毕竟我们公司还面临着其他公司的强大竞争，所以也只能辛苦你们生产部能制订出更为柔性的计划了。"胡军知道销售部不能为他的生产计划提供更多的帮助，生产部必须制定万全之策。

生产部为制订下一年度生产计划，召开了一个生产部高级管理人员会议商讨对策。有人提议道：我们生产部要完成公司提出的成本计划，就必须要进行均衡生产，制订均衡生产计划，以不变应万变，这样才能保证我们的资源利用效率。有人说：这一点我们作生产管理的人当然都非常清楚，问题是均衡生产计划是无法应对突然增加或减少的订单，我们当初所制订的均衡生产计划可能因订单的突然变化而被全部打乱，到时我们的资源效率更没办法保证了。效率与柔性取得均衡的问题让生产部最终制订出了一个他们称之为"万能计划"的生产计划。计划制订的依据主要是对过往年份的生产订单变化情况分析所得结果，以及对未来市场变化的一个简单预测。计划的主要内容是：第一，采用以周为单位的滚动生产计划，尽量将工作精细化，以增加生产线的柔性；第二，保持生产线的开工率为80%左右，这样进可攻，退可守，在应对订单的突然增加方面有余地。

【思考题】

通过对本案例的分析，你得到什么启示？

【复习题】

1. 什么是生产计划？生产计划中有哪些指标？
2. 如何用盈亏平衡分析法确定总产量？
3. 怎样核定企业的生产能力？生产能力有几种分类？
4. 什么是标准产品？什么是代表产品？什么是假定产品？
5. 某厂铣床组有铣床16台，每台铣床全年有效时间为3 787h，铣床组加工A、B、C、D四种结构和工艺相似的产品，其计划产量分别为160台、280台、50台、100台，单位产品台时定额分别为30h、50h、25h、70h，选定B为代表产品，试计算铣床组的生产能力。
6. 某个车床组有车床12台，每台车床全年有效时间为3 753h，车床组加工A、B、C、D四种结构、工艺不同的产品，其计划产量分别为150台、100台、120台、160台，单位产品台时定额分别为80h、60h、70h、100h，试用假定产品法计算车床组的生产能力。
7. 已知某项任务的工作和工作时间见表3-6。

表3-6　某项任务的工作和工作时间表

工　作	工作时间/天	紧前工作	工　作	工作时间/天	紧前工作
A	4	—	E	8	B、C
B	5	A	F	5	C
C	2	A	G	10	E、F
D	6	A	H	3	E

要求：绘制网络图，计算时间参数，标明关键路线。

【实训项目】

以小组为单位，在校园里搞一个…系列活动，成立"系列活动项目小组"，运用所学的网络计划方法安排系列活动，讨论哪些活动是关键活动，如何取得最优化？各组将讨论情况汇总后在课堂上汇报。

第四章　生产作业计划与控制

【学习目标】

1. 了解生产作业计划的任务和内容。
2. 掌握组成生产作业计划的有关期量标准及生产作业计划的编制。
3. 认识生产调度工作的基本内容。
4. 学会生产作业统计。
5. 掌握在制品管理。

【引导案例】

麦当劳的作业计划

美国一位经营麦当劳食品的企业主在马里兰州的坎伯兰市拥有四家麦当劳餐厅。他遇到一个常出现于小型商业中的运作问题：每周各餐厅的经理都得花费 8 个多小时为 150 个员工亲手准备作业计划流程。这项每周的例行工作包括预测每小时的销售量，再将这些销售量转变成每小时在烤肉间、柜台及各工作间的传送等岗位对人员的需求，然后将可用的兼职工人数及其工作技能与麦当劳每小时的需求相匹配。这种耗时很多的活动随着高离职率、员工在各饭店之间的自由流动及学生兼职人数不断变化等变得更为复杂。

该企业主意识到他需要一种既便宜又简单易用，以计算机为基础的排程系统，以大大减少经济和时间损失。借助于线性规划，他发现一个饭店有 3 个工作间、150 个员工和 30 个工作班次。要明确表达这个作业流程问题需要 100 ~ 1 000 个决策变量和 3 000 个限制条件。十分明显，这样一个庞大的问题在计算机上不可能很快解答出来。但把这个线性规划问题分解成许多简单的子问题时，排程可在短短 15min 内得到解决。

运用该计算机排程系统后，在安排员工作业流程方面所花时间减少了 80% ~ 90%。由于减少了过多的人员配备，成本直线下降，员工士气和效率也大大改善。

第一节　生产作业计划

一、生产作业计划的概念

生产作业计划是生产计划的继续和补充，并具体执行和落实生产计划，即把企业的年度季度生产计划中规定的月度生产任务以及临时的生产任务，具体分配到各车间、工段、班组以至每个工作地和个人，规定他们在月、旬、周、日、轮班以至小时内的具体任务，并按日历顺序安排生产进度。

生产作业计划的基本任务如下。

（1）落实生产计划　生产作业计划把企业生产计划的各项指标具体地分配到各车间、工段、班组以至每个工作地和工人，规定他们在月、旬、日以至轮班和小时内的具体任务，并组织实施，使生产计划落到实处，从而保证按品种、数量、质量、成本和期限完成企业生产任务。

（2）合理组织生产过程　任何产品的生产过程都由物质流、信息流、资金流所组成。生产作业计划的任务之一，就是要把生产过程中的物质流、信息流和资金流合理组织协调起来，用最少的投入获得最大的产出。

（3）实现均衡生产　均衡生产是指生产过程的各个环节做到有节奏的工作，按计划规定的品种、数量、质量和交货期的要求，均衡地出产产品。均衡生产有利于充分利用企业的生产能力，有利于保证产品质量，有利于有效利用生产资源，有利于改进企业的经营管理，有利于降低成本、提高效益。要实现均衡生产，就必须依靠生产作业计划来合理安排组织生产环节的生产活动，及时处理生产过程中出现的矛盾和问题，按计划规定的进度要求全面完成生产任务。

（4）提高经济效益　企业经济效益的高低，在很大程度上取决于产品的质量和成本，而产品的质量和成本都在生产技术准备和生产过程中形成的。生产作业计划的根本任务就是要在产品的生产过程中，严格保证产品质量达到规定的标准，努力减少产品生产过程中活劳动与物化劳动的消耗，最大限度降低生产成本，力求取得最高的经济效益。

二、生产作业计划的特点

1）计划期比较短，它规定月、旬、周、日、轮班、小时计划。

2）计划任务具体明确。

3）生产作业计划规定了各种产品及其所需资源的投入时间和产品出产日期与进度，是完成任务、利用资源或配置设施的一张时间表。

三、生产作业计划的编制依据

编制生产作业计划的主要依据是：年、季度生产计划和各项订货合同，前期生产作业计划的预计完成情况，前期在制品周转结存的预计，产品劳动定额及其完成情况，设计及工艺文件，其他的有关技术资料，产品的期量标准及其完成情况。

四、生产作业计划工作的内容

企业生产作业计划工作，一般包括制定生产作业计划期量标准，编制各级、各种生产作业计划，检查生产作业准备和生产作业控制等内容。

第二节　生产作业计划的编制

一、期量标准

期量标准又称作业计划标准或日历标准，是为合理地、科学地组织企业生产活动，在生产数量和生产期限上规定的标准数据。

期量标准是生产作业计划工作的基础，是组织均衡生产的有力工具。有了标准的"期"和"量"，就能正确地规定产品的投入和出产时间以及按多大的数量投入和出产最为有利，有了在制品占用量标准，就能有效地控制和调节生产的进行，并能取得良好的经济效果等，所以，合理地制定期量标准，对于提高生产作业计划的质量有重要作用。它有利于保证各生产环节之间的衔接，从而保证按期出产和交货；有利于建立企业正常生产秩序和工作秩序；有利于合理利用人力、物力、财力资源，提高生产的经济效益。

不同生产类型企业，期量标准是不同的。大批量生产的期量标准有节拍、流水线工作指示图表、在制品占用量定额；成批生产的期量标准有批量、生产间隔期、生产周期、提前期、在制品定额等；单件小批生产的期量标准有产品生产周期、产品装配指示图表等。

二、大批量生产作业计划的制订

大批量生产类型的特点是产品品种少，工作地负担的工序且负荷稳定，一般都可以组织流水线，因此，大批量生产作业计划所要解决的主要矛盾就在于保证整个生产过程及其各个环节能严格按规定的节拍生产。

（一）节拍、运送批量和节奏

节拍是流水生产最重要的工作参数，是大量流水生产期量标准中最基本的期量标准，其实质是反映流水线生产速度的快慢或生产率的高低。有关节拍、运送批量和节奏已在第二章阐述，此处不再赘述。

（二）流水线标准工作指示图表

间断流水线各工序的时间定额与流水线节拍不同步，各工序的生产率也不协调，因此制定标准工作指示图表的内容比较复杂，一般包括确定流水线的看管期，确定看管周期内各工作地的产量及工作地（设备）的负荷，计算看管周期内各工作地工作时间长度及工作的起止时间，确定各工作地工人人数及劳动组织形式等。因此，间断流水线的标准计划就是按看管期编制的标准工作指示图表。

（三）在制品占用量定额

在制品是指从原材料投入到成品入库为止，处于生产过程中尚未完工的所有毛坯、零件、部件、产品的总称。

在制品是企业生产过程连续进行的必然结果，也使生产过程连续进行的必要条件，保持一定数量的在制品是正常生产的客观需要，但是在制品是物化的价值量，在制品占用过多，就会影响资金的周转和生产经营的效果。因此，必须根据具体条件确定各种在制品占用量，合理解决保证生产需要和节约资金的矛盾。

在制品占用量定额是指在一定的生产技术组织条件下，各生产工序上为了保证有节奏地均衡生产所必需的在制品占用数量。它是在正确划分在制品种类的基础上，通过分析计算分别制定出来的。

在制品占用量，按存放地点可分为车间（或生产线）之间的占用量和车间（或生产线）内部的占用量；按性质和用途可分为公益占用量、运输占用量、流动占用量及保险占用量。

三、成批生产作业计划的编制

成批生产的特点是按一定时间间隔依次成批生产多种产品，因此，成批生产作业计划所要解决的主要问题是如何妥善安排产品的成批轮番，保证有节奏地均衡生产。为此，就要事先制定反映成批生产日期和数量关系的期量标准。这些标准主要有以下内容：

1. 批量和生产间隔期

批量是指用一次准备结束时间投入生产的同种制品的数量。准备结束时间是指在生产一批产品之前，用于熟悉图样、领取工具、调整设备工装、安装调整模具等所需的准备工作时间，以及在一批产品加工结束后，用于整理整顿所用的时间。

生产间隔期（又称生产重复期）是指前后两批产品（零件）投入或出产的时间间隔。在周期性重复生产的条件下，两者之间有着密切的关系。当生产任务确定以后，如果批量大了，生产间隔期就会相应延长；反之，批量小了，生产间隔期就相应缩短。其相互关系如下

$$批量 = 年生产间隔期 \times 平均日产量$$

$$平均日产量 = \frac{计划期产量}{计划期工作日数}$$

从上式可以看出,在生产任务一定的情况下,平均日产量不变时,批量与生产间隔期成正比。

确定批量可用最小费用法。最小费用法,又称经济批量计算法,是从经济原则综合考虑各种因素对费用的影响来确定批量的方法。它有简单的和比较复杂的方法。这里只介绍简单的最小费用法。其公式为

$$Q = \sqrt{2AN/C}$$

式中　Q——经济批量;

　　　N——年产量;

　　　A——每次设备调整费;

　　　C——每件单价或单位成本。

2. 生产周期

生产周期是指从原材料投入生产开始,到成品验收入库为止,所经过的整个生产过程的全部日历时间(或工作日数)。

在成批生产条件下,产品和零部件是一批一批投入或出产的,所以成批零件的生产周期就是一批零件从投入到出产的全部日历时间。而产品的生产周期则包括毛坯准备、零件加工、部件装配、成品总装、试验、油漆、包装入库为止的全部日历时间。

3. 生产提前期

生产提前期是指产品、零部件、毛坯等在各工艺阶段投入和出产的日期比成品出产的日期应提前的时间。前者称为投入提前期,后者称为出产提前期。投入(出产)提前期是编制生产作业计划时,确定产品及其零部件(毛坯)在各工艺阶段投入(出产)时间的依据。

制品在各工艺阶段的生产提前期,都是以产品装配出产时间为基准,按反工艺顺序方向确定的。即先确定装配阶段,其次是加工阶段,最后使毛坯准备阶段的生产提前期;在每一工艺阶段,先确定出产提前期,后确定投入提前期。计算生产提前期要利用生产周期和生间隔期等期量标准。

各工艺阶段生产间隔期相等时的生产提前期与生产周期之间关系如图 4-1 所示。由图示可列出各工艺阶段投入提前期和出产提前期的计算公式。

$$某车间投入提前期 = 该车间出产提前期 + 该车间的生产周期$$

$$某车间出产提前期 = 后车间投入提前期 + 车间之间的保险期$$

4. 在制品占用量

成批生产中的在制品分为车间内部在制品和库存在制品(又称半成品)两部分,后者又分流动在制品和保险在制品两种。由于成批生产那种在制品占用量是变动的,因此在制品占用量一般是指月末时的在制品数量。

车间内部在制品占用量是由于成批投入但未完工出产而形成的,它们是整批地停留在车间内,因此要通过批数和总量来确定。具体讲,车间内部在制品占用量的大小,是由批量、

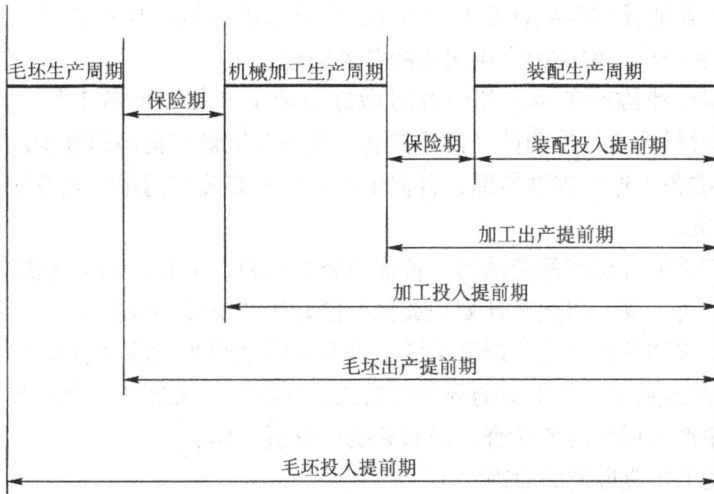

图 4-1　生产提前期与生产周期、保险期的关系示意图

生产周期、生产间隔三个因素确定的，其中与生产周期和生产隔期的比值有关。

　　库存流动在制品占用量又称库存半成品占用量，它是由于前后车间的批量、生产间隔不同而形成的，有周转半成品和保险半成品两部分组成。周转半成品占用量就是计划期末库存半成品占用量，它经常处于变动中。因前车间半成品入库与后车间半成品领用的情况不同，有多种形式，其占用量可用图解法结合计算法确定。保险半成品占用量是为防止意外原因而造成前后车间生产脱节而设置的在制品占用量，可用零件车间平均日产量乘以保险期来确定。保险期是根据以往统计资料经分析后确定。动用保险半成品占用量后，要迅速补足。

四、单件小批生产作业计划的编制

　　在单件生产的特点是产品品种多、数量少、价值大、结构复杂、生产周期长，一般是按用户订货要求组织生产，因此其作业计划所要解决的主要问题是控制好生产流程、按期交货。单件小批生产最基本的期量标准是产品生产周期图表，它规定了各工艺阶段的生产周期、投入出产提前期以及相互衔接关系等内容。

　　产品的生产周期图表是从装配开始按反工艺顺序编制的。首先要编制装配系统图，表明各种零部件装配成产品的各项工作顺序；其次是计算部件装配和总装配各道工序的装配时间，计算机加工、毛坯制造的主要零件各道工序的加工制造时间；然后以交货期为限制条件，确定毛坯制造、零件加工、组装、部装等工艺阶段的投入提前期和出产提前期；最后绘制出产品生产周期图表。

第三节　生产调度工作

一、生产调度工作的内容和原则

　　生产调度是指组织执行生产作业计划的工作。生产调度以生产作业计划为依据，生产作业计划要通过生产调度来实现，所以生产调度和生产作业计划有着密切的关系。

1. 生产调度工作的内容

生产调度工作包括以下主要内容。

1）按照生产作业计划组织日常生产活动，经常检查计划的执行情况，掌握在制品各个工艺阶段的投入和产出，解决生产中出现的各种问题。

2）检查、督促和协调各生产部门及时做好各项生产作业准备工作，如图样、工艺装备、工艺文件、材料毛坯、外购件、仪器仪表、设备及运输工具等的准备。调度部门必须经常检查各项作业准备工作的进度情况，督促生产单位和有关部门按时完成任务，发现问题及时协调并予以解决。

3）根据生产需要合理调配劳动力，督促检查原材料、工具、动力等供应工作。

4）对轮班、日、周、旬或月计划完成情况做好作业统计和分析工作。

5）组织好厂级和车间的生产调度会议，协调车间之间及工段（班组）之间的生产进度和衔接，研究和制定克服生产中薄弱环节的措施，并组织有关部门予以解决。

6）做好的生产完成情况的检查、记录和统计分析工作。

2. 生产调度工作应遵循的原则

为完成生产调度工作的任务，必须遵守以下几项原则。

（1）计划性　计划性是生产调度的最基本的原则。必须围绕完成计划任务开展调度业务，以计划指导生产，调度的灵活性应服从于计划的原则性。调度人员还应当不断总结经验，协助计划工作人员完善生产作业计划的编制工作。

（2）预见性　为了保证作业计划的完成，生产调度必须扭转忙于被动地抓缺件、堵漏洞的被动做法，而应该在缺件和漏洞发生之前，就预见到它的发生，并采取积极的措施加以防止，或缩小它的影响范围。

（3）集中性　各级调度人员是同级生产领导的助手，在生产副厂长统一领导下按各级人员的指示行使调度职权和发布调度命令，各级领导应维护调度职权，调度不能各行其是，应做到步调一致，指挥集中。

（4）及时性　在执行生产作业计划过程中，必然会出现新的情况、问题和矛盾，要求调度部门迅速地了解和掌握这些新的不平衡，机动灵活地采取有力措施解决问题，以免造成生产间断和不必要的损失。

（5）群众性　是指生产调度工作必须贯彻群众路线。生产调度要求高度集中统一、及时有效地解决问题。在生产调度工作中，必须充分发扬民主，贯彻执行群众路线，深入群众，倾听群众意见，做到集思广益。在进行调度时，一定要做好群众工作，向群众讲清完成这项任务的意义和作用以及采取某种措施的原因，依靠、调动广大职工的积极性来解决问题。

二、如何做好生产调度工作

（一）加强调度工作组织

调度工作组织一般采取三级管理，即厂部、车间和工段三级管理。

1. 厂部调度工作组织

厂部生产科下设调度组（或调度室），在主管科长（或生产组长）领导下，负责全厂的生产调度工作。规模较大的工厂也可成立生产调度科（室），专门负责此项工作。

2. 车间和工段的调度工作组织

车间内部调度工作往往与作业计划编制工作结合进行，调度员同时兼任计划员。

（二）建立日常工作制度

生产调度系统应建立日常的工作制度，这些制度有如下几种。

（1）值班制度　生产调度应当是对生产的全过程进行调度。如果只管日班，不管夜班，或者调度人员各干各的，无人全面掌握日常生产年情况，就很难综合分析，及时准确地处理问题。因此，厂级调度时应实行昼夜值班制，做到胸有全局，24小时指挥不中断。

（2）报告制度　各级调度人员应定期或经常将生产情况口头或书面向上级调度部门汇报，厂生产调度部门应通过编写生产日报等形式向生产厂长报告生产情况及存在的问题。

（3）调度会议　生产调度部门每周召开一次生产调度会议，调度会议着重解决生产中横向的衔接协作关系。会议要做好调查研究，准备解决问题的措施方案，以便于会上能及时统一意见，做出决定。调度会议无法解决的遗留问题，应整理汇总，提交厂生产会议解决。

（4）开好班前班后小组会　小组通过班前会布置任务，调整生产进度；通过班后会，检查生产完成情况，总结工作。

第四节　生产作业统计及在制品管理

一、生产作业统计

生产作业统计是实行生产作业监控的基础，也使企业重要的管理基础工作之一。

（一）生产作业统计的内容

生产作业的统计是从工作的角度检查生产作业计划的完成情况，同时，还要求对工人、工段、车间完成生产作业计划的情况进行统计。这种统计不仅是组织生产所需要的，而且也是开展劳动竞赛、评比奖励所需要的，其内容包括生产进度统计、库存在制品统计和生产作业计划完成情况统计。

对生产作业统计工作的要求是数据准确、资料完整、分析正确、上报及时。

（二）生产作业统计的原始凭证

生产作业统计的原始凭证是在一定形式的单、卡或票据上用数字和文字对生产活动所作的最初的直接记录。全部的生产作业统计工作都依赖原始凭证所提供的数据。对于应用计算机辅助管理的企业，原始凭证又是计算机原始输入的依据，所以对于原始凭证的填写要求十分严格，必须做到准确、清晰、完整、及时。

设计原始凭证包括设计原始凭证的种类，每种凭证的表格形式、项目内容，填写份数和传递路线，要根据企业生产管理的特点，保证统计口径一致。

不同生产类型所用的原始凭证形式和内容不同。成批生产和单件小批生产企业常用的原始凭证有加工路线单、单工序工票、废品通知单、返修品通知单、停工通知单等。

（三）生产作业统计台账和报表

生产作业统计台账和报表是以一定的格式，对生产作业原始记录的整理和汇总。台账的特点是通过逐日登账、汇总，把每日发生的生产作业活动情况，系统、完整地汇录在账本上。这对掌握生产进度，控制在制品流转，核算作业计划的完成情况十分有用。企业的生产管理部门，包括仓库，根据管理工作需要，常设置各种不同的台账，常见的有零件统计台账、零件工序统计台账、库存零件收发台账等。统计台账也可以采用图表的形式，看起来更直观方便。

生产作业统计报表是企业内生产管理部门间互通情报、传递信息的重要手段。常见的统计报表有生产日报、生产旬报、生产月报、在制品库存情况表等。需要哪些统计报表、报表内容、报表格式、填表日期等应根据管理工作的要求进行设计。报表内指标的内容、填写的方法等要作明确的规定，以保证统计口径一致。

二、在制品管理

搞好在制品管理，控制在制品流转，保持一定时间、一定条件下的必要的在制品占用量，是组织有节奏的均衡生产的重要前提，对于生产周期长的产品，要多次成套和组装，因此在制品管理的科学化尤为重要。如果在制品管理混乱，账物不符，流转不灵，或发生积压丢失、磕碰划伤、生锈变形等，给企业带来的危害是非常严重的。在制品管理包括在制品的实物管理和在制品的账卡管理，它们通常是通过作业统计，分车间和仓库进行管理的。

（1）车间在制品的管理和统计　车间在制品是指车间内部尚未完工的正在加工、检验、运输和停放的在制品，它的管理取决于车间生产类型和生产组织形式。

大量生产条件下，在制品数量比较稳定，在生产中移动是沿一定路线有节奏地进行的，企业对在制品还制定标准定额。因此，企业通常采用轮班任务报告方法，结合台账统计来控制在制品的数量及其流转。

在单件生产和成批生产条件下，由于产品品种以及投入和产出批量比较复杂，企业通常是采用加工路线单和工作票等凭证以及统计台账来掌握在制品的数量及其流转。

（2）库存半成品管理和统计　在大量流水生产条件下，相邻流水线按统一节拍协调地生产，通常零件可直接运转，不必设置中间仓库；在单件小批和成批生产条件下，就有必要在车间设置车间半成品库。

半成品库是车间之间在制品转运的枢纽，它不仅要做好为生产车间服务的工作，及时有效地收入、保管、配套和发送半成品，而且要严格按照计划和期量标准，监督和控制车间生产动态，及时向生产管理部门反映情况，提供信息，当好生产指挥系统的参谋和助手。在根据库存安排车间任务的情况下，仓库的作用尤为重要。

【案例】

忙碌，不代表有效率

史黛芬坐在会议桌旁，面前堆了一大堆文件，她手上拿着一张名单，似乎已经准备好应付围攻。她说："对，已经查出来了。事实上，昨天晚上我一直忙着追踪和查证这些资料。结果，我发现出问题的零件有30种。"

唐纳说："你确定材料都发出去了吗？"

"没错，"史黛芬说，"他们已经根据时间表，把材料发出去了，但是在最后装配部还看不到这些零件，零件卡在新瓶颈那里了。"

"等一等，你怎么知道那真的是瓶颈呢？"

她说："因为这些零件被耽搁了，我觉得一定是。"

"在下结论之前，我们先花半小时到工厂去，看看到底目前情况如何。"唐纳说。

于是，我们往工厂走，几分钟后，我们站在几部铣床的前面。一旁是叠得高高的零件，上面都贴着绿色标签，史黛芬站在那儿，指出最后装配部需要的是哪些零件。我们等着用的零件大部分都在这里，而且上面贴了绿色标签。唐纳凡把领班叫来，然后把这个叫杰克的大个子介绍给唐纳认识。

"对呀，这些零件全在这里等了两三个星期。"杰克说。

"但是我们需要这些零件，怎么没有人处理这批零件呢？"我说。

杰克耸耸肩，"假如你知道你需要的是哪些零件的话，我们会立刻动手。但是这样一来，就违背了你为优先顺序系统所订下的规矩。"

他指了指旁边另外一堆材料，"看到了吧，这些零件全都贴了红色标签，我们必须先把这批做完，才能碰贴了绿色标签的零件。你是这样告诉我们的，没错吧？"

哦，我慢慢明白这是怎么回事了。

【思考题】

工厂中存在的零件供应问题，原因是什么？对此问题，你有什么解决办法？

【复习题】

1. 什么是生产周期？如何计算？
2. 大量流水作业计划的期量标准有哪些？
3. 成批生产作业计划常用的期量标准有哪些？
4. 什么是生产调度？为什么需要生产调度？
5. 生产作业统计的主要内容有哪些？

【实训项目】

把全班同学（6~8人）分成几组，在教师指导下到有关企业进行生产管理情况调查。

1. 调查了解企业的生产管理组织结构、主要生产车间与生产流程。企业是如何制订生产作业计划的？
2. 调查了解企业是如何调整生产作业计划的？
3. 调查了解企业是如何开展生产调度工作？

调查回来后，写一份调查报告，谈谈该企业生产作业计划与控制中存在的问题与看法。

第五章 现场管理

【学习目标】

1. 了解现场管理的特点。
2. 熟知现场管理基本内容。
3. 熟悉"5S"活动内容。
4. 熟知物的定制三要素。
5. 掌握定置管理的工作内容。

【引导案例】

某注塑公司的5S活动

南方某注塑公司是2001年成立的外商独资公司。该公司总部在美国,是一家在手机外壳、充电器、鼠标、调制解调器、电信等产品的注塑、IMD/IML、自动化喷涂、丝印及装配方面拥有丰富经验的公司。公司的业务发展迅猛,从成立初的560多人,20多台注塑设备,只有手工喷油、5~10种产品发展到现在的员工800多人,70多台注塑设备,拥有4台机械手自动喷油机、1套自动拉喷油系统,有50个左右的产品系列。销售年收入从初期的几千万元,增加到目前的两亿多元。

公司成立之初就重视5S活动。公司推行5S活动的初衷是为了改善公司的办公与生产现场环境,改进工作流程,加快工作效率。为了推进5S活动与目视管理,公司于2004成立了专门的5S活动与目视管理小组,小组的成员来自各个部门。该公司5S活动与目视管理成员职责分工如下:

(1) 负责制定部门5S活动计划并监督实施;

(2) 负责本部门5S评估时间申请;

(3) 统筹本部门办公用品的购买和发放,确保不重复购买;

(4) 参加每周的5S检查小组。

该公司采用定期巡查与打分制,小组成员每周将对整个公司包括办公室和各车间现场进行例行检查,对做得不好的地方将拍照并红牌警告。根据检查结果每月将评出2个5S优秀部门和2个警示部门,并在宣传栏中公布。

第一节 现场管理的基本内容

企业现场是指企业进行生产经营作业活动的特定场所,包括生产现场、经营现场、办公现场、生活现场等。现场管理,就是运用科学的管理制度、标准、方法和手段,对现场的各种生产要素进行合理、有效的计划、组织、协调、控制,使它们处于良好的结合状态,以达到优质、低耗、高效、均衡、安全和文明生产的目的。

一、现场管理的特点

现场管理在本质上是生产作业系统管理或者说是一种综合性管理,具有鲜明的特点。

(1)综合性 生产现场是人、机、料、环和法等诸生产要素的结合点,也是生产、技术、质量、成本、物资、设备、安全、劳动和环境等各项专业管理的落脚点。因此,企业的现场管理具有十分鲜明的综合性,是一项综合管理,而且是一项纵横交叉的立体式的综合性管理。

(2)基础性 现场管理是以管理基础工作为依据,离不开标准、定额、计量、信息、原始记录、规章制度和教育等项基础工作。

(3)动态性 现场各生产要素的配置是在一定的生产技术组织条件下,在投入与产出的转换过程中实现的,是一个不断变化的动态过程。现场管理应根据变化了的现状,不断提高生产现场对环境变化的适应能力,从而不断提高企业的市场竞争能力。

(4)直观性 由于现场是企业各项专业管理的集结点,是从事生产活动的主要场所,因而它是一个开放性的系统,能够综合反映企业的素质,企业的各方面素质优劣都会在现场体现出来。

(5)全员性 现场管理的核心是人,现场的一切活动都要由人去掌握、操作和完成,这就要求与生产现场有关的所有员工参与管理,实行自我管理和自我控制。企业要积极开展各项民主管理活动,不断提高员工的素质,发挥广大员工的积极性和创造性。

二、现场管理基本内容

一般现场管理包括以下要素。

(1)"人" 包括现场管理的组织领导者、技术人员、管理人员以及操作工人、辅助工人。

(2)"机" 即生产现场的工具、设备,是组成现场生产力的重要因素。

(3)"料" 是指生产现场需用的各种原材料、辅料、配套件、在制品和半成品等,是组成现场生产力的重要要素。

(4)"物" 是指生产现场需用的其他辅助性物品和生活设施,如工具箱、更衣箱等,是现场管理中比较复杂、不可忽视的内容之一。

(5)"法" 是指组织现场生产所必需的各种制度、法规、标准和技术工艺等,也是现场管理必须具备的各种工艺规范和检测方法的制定及其实施。

(6)"环" 是指现场作业环境,包括厂房、场地、通道、作业区域的划分以及通风照明,也包括粉尘、噪声等安全和劳动卫生方面的管理。

(7)"资" 是指投入生产现场的固定资金和流动资金的总和。它要求加强成本控制,减少资金占用,降低生产成本,提高生产现场的经济效果。

(8)"能" 是指生产现场所需要的油、电、水及汽等动力资源,节约各类能源消耗、降低能耗成本也是现场管理的重要内容。

(9)"信" 是指生产现场经常进行的信息反馈,要求信息渠道畅通,信息反馈迅速,如实反映生产现场的实际状态。

另外,从系统管理的角度,现场管理应包括以下各个方面。

(1)现场生产组织管理 包括现场生产组织形式的确定及改善,生产作业计划的编制、现场生产调度,生产进度的统计分析等。

（2）现场技术工艺管理　包括技术图样、工艺文件及工艺规程执行情况的检查、考核，工艺流程的确定，工艺的改革以及技术改革等的管理。

（3）现场质量管理　包括现场质量把关、检测控制及质量保证体系运行、现场文明生产的组织实施等。

（4）现场设备管理　包括设备的维护、保养、修理和设备的合理利用、安全操作等。

（5）现场物资管理　包括一切生产用原材料、辅料、在制品、半成品和工具、夹具、工装模具、刃具等以及其他非生产用的物品的管理。

（6）现场劳动管理　包括劳动力的调度和安排，劳动定额的修订、实施，劳动技能的训练和提高，劳动纪律的执行等的管理。

（7）现场安全管理　包括安全纪律、安全设施、防尘防毒、防火防汛以及防暑降温等的管理。

（8）现场环境管理　包括厂房、场地、通道、作业区域、作业环境通风、照明和色标等的管理。

（9）现场成本管理　包括生产批量的确定，生产周转速度的加快，材料定额和工时定额的执行、控制、统计与分析，原材料的合理利用，节约节能工作的开展等管理。

可以看出，现场管理几乎包括了企业的各个部门，因此它也是一个全面的管理概念。

第二节　"5S"活动

一、"5S"活动的概念

"5S"活动是指员工对生产现场的各种生产要素（主要是物的要素）所处状态，不断地进行整理、整顿、清扫、清洁，从而提高素养的活动。由于整理、整顿、清扫、清洁、素养这五个词在日语的罗马拼音中的第一个字母都是"S"，所以上述活动简称为"5S"活动。

二、"5S"活动的内容

1. 整理

整理是将工作场所的任何物品区分为有必要与没有必要的。除了有必要的留下来以外，其他的都清除掉。

整理的目的：腾出空间，空间活用；通道顺畅，无杂物，减少磕碰，有利安全；防止误用、误送；库存合理，消除浪费，节约资金；创造良好的生产和工作环境。

2. 整顿

整顿是指对整理以后留下的物品进行科学、合理的布置和摆放。

整顿的要求：物品都有固定位置，不需要花时间去寻找，随手就可以拿到；物品摆放有规则，实行定量化、规格化、统一化，让管理者、使用者、生产者一目了然，心中有数；物品便于取出与放回，做到先进先出等。

3. 清扫

清扫是将工作场所内看得见、看不见的地方清扫干净，保持工作场所干净、亮丽。

清扫的要求：明确分工，自己用的东西及辖区，自己清扫；专职清扫人员清扫公共部分；擦拭、清扫的同时，要检查设备有无异常和故障，清扫也是设备的点检；同时，加强对设备润滑、维护、保养工作，保持设备的良好状态。

清扫的过程是一个发现问题的过程，如在生产现场检查到的跑、冒、滴和漏问题，要抓住事故、问题苗头，及时查明原因，迅速采取相应措施，防患于未然，所以清扫也是一种改善活动。

4. 清洁

清洁是对经过整理、整顿、清扫以后的现场状态进行保持，做到持之以恒，不变、不倒退。

清洁的要求：现场环境整齐、清洁、美观；设备、工具、物品干净整齐；现场各类人员着装、仪表清洁、整齐、大方，使人一看就感觉训练有素，并要做到精神美、语言美、行为美，形成一种团结向上、朝气蓬勃、相互尊重、互助友爱、催人奋进的气氛。

5. 素养

素养是使员工在上述活动基础上逐步形成良好的作业习惯和行为规范，自觉执行各项规章制度，营造团队精神和养成主动积极的做事风格。

素养的要求：现场工作中，不要别人督促、提醒；不要领导检查；不用专门思考；形成条件反射。

整理、整顿、清扫、清洁、素养之间是相互关联，密不可分的。它们之间的关系可用图 5-1 形象地表现。

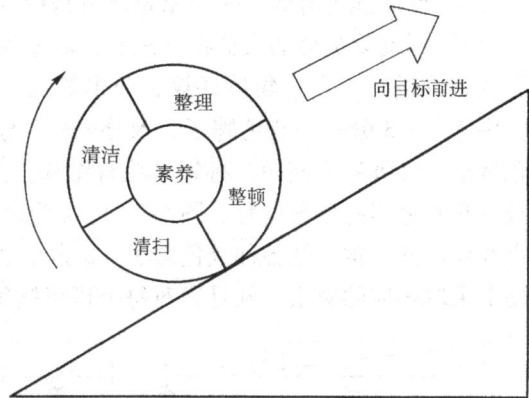

图 5-1 "5S"关系图

从图 5-1 可以清楚地看到以下几点。

1）"5S"活动是依次进行的，不可省略或跨越某个活动，否则达不到目的。

2）"5S"活动是不断循环的过程，不是搞一次就成功，要朝着既定的目标不断前进。每完成一个循环，会登上一个新高度。

3）"5S"活动的核心和精髓是素养的提高。员工素养没提高，"5S"活动就难以开展和坚持。

三、如何开展"5S"活动

1. 消除意识障碍

"5S"容易做，却不易彻底或持久，究其原因，主要是人们对它的认知有障碍，所以要顺利推行"5S"，第一步就得先消除有关人员意识上的障碍：①不了解的人，认为"5S"简单，没什么意义；②虽然工作上问题多多，但与"5S"无关；③工作已经够忙的了，哪有时间再做"5S"？④现在比以前已经好很多了，有必要吗？⑤"5S"既然很简单，却要劳师动众，有必要吗？⑥就算我想做好，别人呢？⑦做好了有没有好处？⑧多一事不如少一事，搞多了又会流于形式等。这一系列的意识障碍（存疑），应事先利用训练的机会，先予消除，才易于推行"5S"。

2. 设立推行组织

在提高认识、统一思想的基础上，要建立组织，如多层次的"5S"活动推行委员会、"5S"活动委员会、"5S"活动小组，有职、有权、有责地去开展工作。组织确定后，首先要明确工作目标，然后，就要针对目标去详细制定实施步骤，明确每个岗位、每个人干什么，怎么干，达到什么标准。同时狠抓教育、培训，在培训中让每个员工不断加深对"5S"活动的认识，明确每个员工在"5S"活动中的位置、工作内容、检查标准和奖惩办法，总之要有明确的岗位责任。

3. 开展宣传造势活动

将推行"5S"的目的、目标、宣传口号和竞赛办法进行宣传，做好鼓动工作。

4. 实施

推行初期可先选择某一部门做示范，然后渐次推广，活动中要与改善的手法结合，活动成果要标准化。

5. 检查

"5S"活动能否有效，一个重要环节是检查。检查要每天进行，由车间主任、工会负责人、"5S"活动委员会的人员在下班前，对车间、班组进行"5S"检查。检查项目以"日清扫"为标准进行，大家集体评议，分出等级。一般等级划分为：良好——4 分——绿色牌子；中等——3 分——蓝色牌子；及格——2 分——黄色牌子，黄牌警告；差——1 分——红色牌子，红牌停工整顿。将每日检查结果，显示在"5S"活动竞赛评比栏内，这个评比栏挂在车间适当的显著位置。图 5-2 中，a 为每个班、组每日经检查评比后的结果，其中的黑点为绿、蓝、黄、红各种颜色牌子。b 为每个班、组的累计分数的甘特图。平时针对得分牌情况采取相应的对策。到月底对每个班组按预先规定的标准进行奖惩。

班组名　　日期	1	2	……	30	31	备　注
××班	●	●	……	●	●	
××班	●	●	……	●	●	
……	……	……	……	……	……	

a)

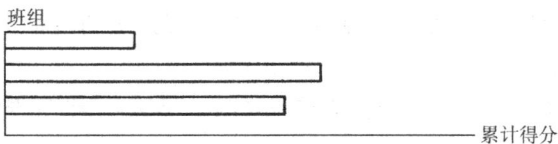

b)

图 5-2　"5S"活动评比栏

第三节　定　置　管　理

定置管理这门学科起源于日本，在日本称之为"科学的整理整顿"，是企业管理的一种实用价值很高的科学理论和方法。定置管理是对生产现场物品的定置进行设计、组织实施、调整、协调与控制的全部过程的管理，是工作研究方法的具体运用。

一、定置管理的基本原理

定置管理主要研究构成一个生产系统及单位的人、物、场所，目的是使之达到最佳结合状态。它从研究现场中人与物的结合关系入手，引申出物的定置的概念，突出建立完善有效的信息系统，以保持物流通畅，使需要之物唾手可得。简言之，定置管理是以物在场所的科学定置为前提，以完善的信息系统为媒介，以实现人和物的有效结合为目的，从而使生产现场管理文明化、科学化、经常化、规范化、制度化，达到高效、优质、安全的生产效果。

二、定置管理的推行

定置管理作为一个较高层次的管理活动，具有综合性、针对性、系统性和艰巨性四个显著特征，推行它不是一件容易的事，企业只有循序渐进地开展这项工作，才能使之卓有成效，达到预期效果。推行定置管理可以分为三个阶段。

（一）整理整顿阶段

这是推行定置管理的基础阶段，它的中心内容是清除现场中一切不需要与人结合之物。大体上可以分为八个步骤。

1）成立推行定置管理小组，由生产部门牵头，要求工艺、质量、工具、设备和物资等部门参加。

2）全厂动员，讲解定置管理的基本原理和主要内容，提高全厂职工的参与意识，提高推行定置管理的自觉性。

3）制定规划，选择试点，针对企业现场管理存在的主要问题，制定推行定置管理的总体规划。由于开展定置管理工作难度大，工作复杂，涉及面广，短期内不能奏效，只有经过艰苦努力，才可以达到预定目标，在总体规划的指导下，企业应首先选择投资少、见效快的车间为试点单位，先行一步，而后以点带面，逐步铺开。

4）现场情况调查，对物品进行区分。这一工作实际上是开展定置管理的前期准备工作，也是实行定置管理的关键步骤。企业应组织领导干部、管理人员、工人三结合的队伍，按照事先准备好的调查表格等进行现场调查，将生产现场中所有物品清查登记入册，并按标准规定区分，主要分为"必需品"、"保留品"、"不要品"。对于保留品要明确存放场所、保留期限和最终由谁判定的责任者，对于不要品及时地进行清除。

5）彻底清扫现场，消灭死角，企业要全范围地发动全体员工，大力清除与现场无关的物品以及各种垃圾，拆除私改、滥盖的建筑物，清理报废的闲置设备，确定统一的垃圾存放地点。

6）对机械加工设备进行保养和调整。

7）解决好切屑的处理。各车间要规定切屑箱的摆放位置和清除切屑用的手推车停放位置，确定统一的垃圾存放地点。

8）调整工具箱，增添和修理必要的工位器具。

（二）物的定置阶段

物的定置有三要素，即物的存放场所、物的存放姿态和现场标示。物的定置过程也就是确定定置的三要素的过程。这大体上可以分为五个步骤。

（1）划分场所并进行标示　这项工作是非常重要的。要在遵循确立场所划分的基本原则（即整体优化的原则、有限的空间得到充分利用的原则、物流最短方便操作的原则）的基础上，确定场所划分的类型是按照自然形成的区域划分，还是按照经纬度的方法划分。

（2）完成定置管理图，明确指示出物品存放场所的具体位置　图和场所中的位置要一一对应，并将图放在醒目之处。定置管理图主要有车间定置总图、区域定置图、库房定置图、工具箱定置图、工位器具定置图和办公室办公桌定置图等几种。将所有物品、设备等按类就位，科学合理地表现在定置图上，并作为定置后考核定置率的依据。定置管理图设计之后，在进行现场清理清除的基础上，对各种物品工具、零件、材料、文件资料等分别按照定置管理图上规定的位置摆放，做到以物对号，以号对图，图、号、物"三一致"。

（3）进行货物标示　注意货物标示牌的设计和摆放，标示牌上要有货物本身的名称、质量、数量、存放时间、存放目的和存放人的名字等，并用不同颜色的字区分不同类型的货物。

（4）选择位置系统，建立位置台账　无论选择固定位置系统还是自由位置系统，均应建立位置台账。一般地，原材料、毛坯、半成品采用自由位置系统，以有效地利用场所空间，调整物流；而工具箱、工卡量刃具、工位器具、机床附件和运输器具采用固定位置系统。在台账中，要明确标注场所的位置序号，并表示物品的名称、规格、数量和出入时间等，并且要尽量让台账和已在车间使用的各种工序流转卡、调度传票等合并使用。

（5）规定物的存放姿态　一般的在制品，尽量选用工位器具。在确定物品的存放姿态时应考虑以下因素。

1）安全——物的摆放要考虑人在取出、搬运过程中的人身安全。

2）质量——防止磕碰划伤，尽量以非加工面作为与他物的接触面，以便对已加工面进行隔离保护。

3）空间利用率——在满足工位器具稳固的条件下，尽量使工位器具向空中发展，提高利用率。

4）工作效率——使操作者在取放品时最方便、最省力，所用辅助时间最少，以提高工作效率。

（三）定置的管理阶段

1. 工作内容

开展定置管理，是为了达到优质、安全、高效的生产效果。企业的生产过程是不间断的，已经定置物会在整个生产过程中，按照不同的规律和需要进行运行，而形成加工对象物流和加工手段物流。各种物在流动过程中，又不断与新的场所和新的人进行结合，这就需要补充和建立新的结合信息，并对物进行持久的、动态的控制和管理。这一阶段工作大致分为以下六项内容。

1）明确和落实物流运动及信息变更的责任者和任务，并且按照规定的要求，依据物的不断变化而及时补充、完善各种信息和填写位置台账，变更货物标示，修正各种物品卡片内容等工作，保持信息媒介的齐全和完善。

2）及时清除不断产生的不要品。

3）及时纠正"偏离"规定标准要求之物，使之及时恢复原标准位置和放置状态，满足规定的"三要素"。

4）不断设计和补充完善工位器具，调整自由位置系统，提高定置水平。

5）不断提出和实施新的科学整理整顿措施和内容。

6）进行定值的检查和考核，促进工作的开展和保持，是定置管理阶段的工作重点。

2. 考核方法

为了使定置管理工作坚持经常化、标准化、制度化，应制定管理考核制度，并纳入经济责任制中严格考核，实行每月进行检查、考核、评价、奖惩。

$$定置率 = \frac{已被定置物品数}{必须定置物品数} \times 100\% \tag{5-1}$$

它用来评价企业或部门推行定置管理工作目标的实现程度。

$$有效定置率 = \frac{保持定置物品数}{已被定置物品数} \times 100\% \tag{5-2}$$

它用来评价企业或部门定置状态保持的效果。

$$实际（综合）定置率 = 定置率 \times 有效定置率 \tag{5-3}$$

它用来评价企业或部门推行定置管理工作的实际水平。

定置管理是一个循环过程，需要通过不断地开展定置管理，使生产现场管理水平得到不断提高。

【案例】

华强水泵厂实行生产现场定置管理

华强水泵厂是以潜水电泵、污水电泵为主导产品的生产企业，有职工302人，固定资产1 980万元，设有6个生产车间。该厂多年来注意狠抓技术进步，及时调整产品结构，开发出了一批适销对路的新产品，使企业得到较快发展。但也存在不少问题，如产品成本高，质量不稳定，生产周期长，资金周转慢等，这些问题严重影响了企业信誉与发展。

通过分析诊断，发现问题主要出在生产现场管理上，具体表现在以下几方面。

（1）工艺流程欠合理，有些设备布局不当。

（2）生产现场物品存放混乱，既没有标志也没有固定位置，脏、乱、差的情况比较严重。

（3）工位器具少，且不合要求，在制品存放和运输过程中发生磕划碰伤。

（4）生产现场作业方法不规范，执行工艺纪律不严，甚至存在"野蛮操作"。

针对以上情况，企业决定以实施定置管理为突破口，全面改进生产现场管理。

首先，成立由厂长任组长的厂级定置管理领导小组，生产副厂长、总工任副组长，有关职能部门负责人参加，下设定置管理办公室。各车间也成立定置管理小组，由车间主任任组长，技术员、调度员、班组长等参加。

其次，进行广泛的思想发动。不少干部、职工对定置管理不了解，认为就是打扫卫生、摆摆工件，只要完成生产任务，搞不搞定置管理无所谓。对此，企业认真组织广大干部职工学习定置管理知识，派人到无锡威孚集团等定置管理先进单位学习，统一思想。此外，还利用黑板报、宣传栏、广播、闭路电视等宣传工具广泛宣传。

在做好一系列组织思想准备的基础上，他们根据实际情况，确定在污水泵车间进行试点。该车间约3 500m²，厂房较新，但设备布置较乱，工位器具不全，青工多。通过学习，他们自己找问题，制定了严密的定置管理计划方案。

（1）优化工艺流程，调整设备布局，使物流合理化。他们调整了15台设备的位置，使整个车间主要设备和生产班组的布局趋于合理。

（2）确定物品类别，划分定置区域，制订定置平面图，使物品摆放有序。根据生产现场特点，将物品分为4类，分别规定定置区域、定置要求及标识，将车间内所有设备、物品按类就位的情况，科学合理地表现在车间定置图上，车间定置图用0号图纸绘制，挂在车间显要位置。

(3) 改进和增设工位器具，改善车间环境，设计制作各种工位器具112套（件），工具箱35个，更衣柜12个。

(4) 严格验收，制定定置管理考核办法，使定置管理制度化，该厂的定置管理考核内容主要有：①定置率，定置率＝实际定置物的个数/定置图上定置物的个数×100%；②将定置率的考核纳入内部责任制考核；③做好定置管理考核记录，及时上报有关部门。

通过试点，全公司职工看到了推行定置管理的优越性，各部门主动在本部门开展定置管理工作，大大改善了生产现场管理工作，主要表现为以下几方面。

(1) 提高了安全文明生产水平，良好的作业环境使操作者心情舒畅，物品合理存放，道路畅通，实行安全文明操作，最大限度地清除了事故隐患。

(2) 提高了产品质量和生产率，企业产品合格率由89%提高到93%。

(3) 促进了职工传统思想观念的转变，为进一步系统优化生产现场管理打下了基础。

【思考题】

1. 你对华强水泵厂推行定置管理，促进生产现场管理全面整顿优化的做法有何评价？

2. 从本案例中或你所了解的企业中，你认为实施定置管理应注意哪些问题？

【复习题】

1. 何谓现场管理？为什么要进行现场管理？

2. 现场管理包括哪些基本内容？

3. 何谓"5S"活动？

4. 简述定置管理的工作内容。

【实训项目】

走进某服务企业，比如超市、银行、餐饮店等，与有关人员座谈与交流，了解该服务企业的现场管理做法，使用了哪些定置管理方法，并现场采访有关客户，了解客户对该企业的现场管理满意程度，回来后，以小组为单位，写一份报告，提出改善现场的建议在课堂上汇报。

第六章　物流管理

【学习目标】

1. 掌握物流的基本概念。
2. 了解物流管理的任务。
3. 学会制定物料消耗定额和经常储备定额和保险储备定额。
4. 掌握物料供应计划的方法。
5. 了解物料需求计划（MRP）的基本内容。
6. 学会库存控制的方法。

【引导案例】

库存物品的分类

斯蒂芬与父亲一同经营着家族企业，进行船业的部件批发和零售。公司的仓库由大约12 000种不同的物品组成。这些物品可以卖给附近的造船厂、经销商和五金商店。

由于经营有方，公司业务不断增长，已经超出了负责追踪记录库存情况的存货管理员的能力范围，需要大量加班工作才能清点库存和订货物品。管理员们根本没有时间将物品适当存放及保持准确的记录，通常是每周清点一次所有的物品。

斯蒂芬发现被清点的很多物料的商品并不需要订货，因为这些物品在一周内根本没有销售额，但是某些物料的商品却需要大批量进货，于是斯蒂芬和父亲将物品按 ABC 法进行了分类，将高速运转的物品，确定为 A 类，需要每周进行清点；将中速运转的物品，确定为 B 类，需要每两周进行一次清点；将低速运转的物品，确定为 C 类，需要每三周进行一次清点；这样不仅盘活了存货管理员的工作，以确保他们工作的精确度更高，并减少了加班工作的成本。

第一节　物流概述

一、企业物流

物流是为满足用户的需要对物质资料（包括原材料、半成品、产成品和商品等）从产地到用户地的高效、低成本流动和储存而进行的规划、实施和控制过程。它包括交换关系和实物流通过程。在工业企业内，物流是指物料、产品在空间上的占用、转移的总和。企业物流环节主要包括运输、储存、包装、装卸、配送、流通、加工和信息处理等活动。

企业物流包括企业内部的物流和由企业组织的外部物流活动。按物流运动过程，又可分为供应物流、生产物流和销售物流。供应物流即企业为组织物料供应商而进行的物流活动，包括组织物料从生产者送达本企业的外部物流，以及物料从本企业的仓库送达生产线的企业内部物流。生产物流是指企业按生产流程的要求，组织和安排物料在生产环节之间进行的内部物流。销售物流是指企业为实现产品销售，组织产品送达用户和市场经销网点的外部物流。现代信息技术的飞速发展使人们能够以信息为纽带将上述所有的物流连接为一个整体，形成企业与外部供应商和顾客相连的一个物流，如图6-1所示。企业物流系统是一个开放的系统，与外部有资金流、信息流和物流的交换。

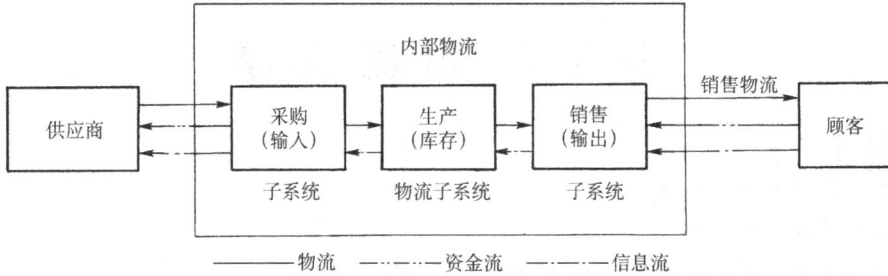

图6-1 企业物流示意图

从事物流活动的，除了制造型企业外，还包括一些非制造型、从事专门物流服务的企业，就是通常所说的第三方物流企业（The Third Purchase Logistics，3PL）。这类企业大多从事专业的物流配送，拥有专门的装运和存储设备。在我国，这类企业成长迅速，并逐渐成为物流行业的主流企业。

二、物流管理的任务

物流管理的基本任务是保持生产过程中物流最佳状态，要求达到以下几点。

（1）降低物料消耗　企业的生产过程，是原材料转化为产品的过程，是物料消耗的过程，制定科学合理的物料消耗定额，实行集中下料和限额发料，充分搞好综合利用和修旧利废，降低产品成本，是物流管理的最本质目的。

（2）减少原材料、在制品的占用量　在确保生产正常进行，各生产环节、工序间不等待的前提下，通过加强物流管理，加速物料周转，最小限度地占用流动资产。

（3）缩短物流路线，提高搬运效率　通过研究改善和调整工艺布局、工艺路线流程，缩短物流路线，减少物料搬运量，从而达到提高生产率、缩短生产周期、减少资金占用、减少辅助时间消耗的目的。

三、物料分类

企业所需的物料量大、面广、品种多、规格复杂、多变化，各种不同的物料在供应渠道、计划管理、定额制定、使用保管上有着不同的特点和要求。为了便于进行管理，可按照不同的标志对企业物料进行分类，常用的分类标志有以下三种。

（1）按物料在生产中的作用分类　分为主要原材料、辅助材料、燃料、动力、工具和包装物。这种分类方法的特点是便于制定各种定额，计算物料需要量和产品成本。

（2）按物料的自然属性分类　可分为金属材料、非金属材料、机电产品。这种分类方法的特点是便于企业编制材料目录，以及根据物料的物理、化学性能进行不同的采购、运输和保管。

（3）按物料使用范围分类　可分为生产产品用料、基本建设用料、经营维修用料、科研试制用料、技术措施用料、工艺装备和非标准设备用料。这种分类方法的特点是便于企业进行物料核算和平衡，以及资金的预算和控制。

第二节　物料定额与供应计划

一、物料消耗定额

（一）物料消耗定额的概念

物料消耗定额是指在一定的生产技术组织条件下，制造单位产品（或完工单位工作量）所必须消耗的物料数量的标准。

一定的生产技术组织条件，是指执行该定额时期的具体生产管理水平与条件。单位产品、单位工作量表明物料消耗定额以完成单位生产任务为计量标志。

（二）物料消耗定额的作用

制定科学合理的物料消耗定额，对于加强企业管理，提高经济效益，降低产品成本起着重要作用。

1）物料消耗定额是企业编制物料供应计划的重要依据。

2）物料消耗定额是物料供应管理的基础。

3）科学合理的物料消耗定额可以促进企业生产技术管理水平的提高。

4）物料消耗定额是组织劳动竞赛、考核评比和实行奖励的重要手段。

（三）主要原材料消耗的构成

主要原材料消耗由以下三部分构成。

（1）物料消耗　构成产品净重的物料消耗是物料消耗中最重要的部分。

（2）工艺性损耗　其是指在生产加工过程中，为改变产品或零件的形状、尺寸和性能而产生的不可避免的损耗。

（3）非工艺性损耗　其是指由于生产中产生废品，运输保管不善，供应条件不合要求，以及其他非工艺上的原因所产生的损耗。

（四）物料消耗定额的制定

1. 物料消耗定额制定的原则

物料消耗定额的制定以保证产品质量为前提，以国内供应为前提，要采用生产率高、损耗少的材料，要考虑材料的综合套裁，定额应以实用、合理、先进、完整为原则。

2. 物料消耗定额制定的依据

物料消耗定额制定的依据主要是产品、零件设计图样及有关技术资料，加工工艺规程文件，加工余量标准，下料公差标准等技术参数；物料的国家标准，部颁标准，工厂技术标准和有关材料目录；历年材料消耗定额及执行情况的统计分析资料。

3. 物料消耗定额的制定方法

（1）计算分析法　计算分析法是以技术图样和工艺卡片等技术文件为依据，并以相应的技术措施为基础，经过精确的计算而制定的。

为了保证定额的先进性，采用计算分析法制定物料消耗定额之前，必须对产品图样、工艺文件和生产条件进行深入的分析，找出目前生产中存在的物料消耗不合理的原因和问题，研究和参考国内外先进的经验和方法，然后再考虑本企业的条件和可能，制定出既先进又切实可行的物料消耗定额。

用计算分析法制定物料消耗定额，虽然比较准确可靠，但计算的工作量比较大，而且要求具备完整的技术文件和资料。

（2）实验测定法　这种方法是在生产现场或实验室条件下，对单位产品或其他工作任务的物料消耗进行实际测定，并以此来制定物料消耗定额。

实验测定法适用于那些用计算分析法难以确定物料消耗定额的产品及其零部件，如尚缺少技术文件的新产品，外形复杂的毛坯和零件等。

（3）统计分析法　统计分析法是根据过去生产实际物料消耗的近期统计资料，结合当前生产情况，考虑各种生产技术变化因素来确定物料消耗的一种方法。

统计分析法简单，工作量小；但用这种方法制定消耗定额有较大的缺点，定额的准确性、可靠性差。该方法适用于单件小批生产的产品物料消耗定额的制定。

4. 主要原材料消耗定额的制定

原材料消耗定额是根据设计图样和有关技术文件来计算的。不同材料按照不同的工艺要求，有不同的计算方法。

（1）棒材及管材消耗定额的制定　棒材及管材是直接进入机械加工阶段常用的原材料。这种材料的消耗定额通常先分别计算出总消耗长度而后再换算成重量单位而求得。

$$\begin{array}{l}\text{零件棒材}\\\text{消耗定额}\end{array}=\begin{array}{l}\text{零件毛坯}\\\text{重量}\end{array}+\begin{array}{l}\text{锯口}\\\text{重量}\end{array}+\begin{array}{l}\text{夹头}\\\text{重量}\end{array}+\begin{array}{l}\text{分摊到的}\\\text{参料重量}\end{array}$$

（2）锻件消耗定额的制定　锻件是机械加工件的毛坯，它是经过下料、锻造而成。锻件经机械加工才能制造成为零件，每个工艺阶段都存在工艺性损耗。

$$\begin{array}{l}\text{锻件材料}\\\text{消耗定额}\end{array}=\begin{array}{l}\text{锻件毛}\\\text{坯重量}\end{array}+\begin{array}{l}\text{锻造切割}\\\text{损耗重量}\end{array}+\begin{array}{l}\text{烧损}\\\text{重量}\end{array}+\begin{array}{l}\text{锯口}\\\text{重量}\end{array}+\begin{array}{l}\text{夹头}\\\text{重量}\end{array}+\begin{array}{l}\text{残料}\\\text{重量}\end{array}$$

（3）冶金、铸造、化工原材料消耗定额的确定　在冶金、铸造、化工、炼油等企业中，应根据工艺流程特点和预定的配料比，用一系列的技术经济指标来计算主要原材料消耗定额。因为这类企业生产过程是流程式的，把几种原材料按一定比例关系混合在一起，经过物理、化学作用，最后出产品。

上述计算的消耗定额是工艺消耗定额，物资供应部门还应在工艺消耗定额的基础上，计算物料供应定额，其计算公式为

$$\text{物料供应定额}=\text{工艺消耗定额}\times（1+\text{材料供应系数}）$$

$$\text{材料供应系数}=\frac{\text{单位产品非工艺性损耗}}{\text{工艺消耗定额}}$$

式中，单位产品非工艺性损耗，一般是根据有关的统计资料分析确定的。

二、物料储备定额

物料储备定额是指在一定生产技术组织条件下，为保证生产经营活动正常进行，取得预期经济效果而制定的必需的、经济合理的物料储备数量标准。企业的物料储备既不能过多，也不能过少，必须制定一个经济合理的物料储备定额。

物料储备定额，按使用期限分类，可分为经常储备定额、保险储备定额、季节储备定额。

（一）经常储备定额

经常储备定额是企业在前后两批物料进厂的供应间隔内，保证生产正常进行所必需的储备数量。其确定方法主要有以期定量法和经济订购批量法两种。

1. 以期定量法

以期定量法是一种先确定物料的供应间隔天数，然后再确定物料经常储备量的一种方法，其计算公式为

$$\text{经常储备定额}=（\text{供货间隔天数}+\text{物料准备天数}）\times\text{平均每日需要量}$$

供货间隔天数，是指前后两批到货的间隔时间，其确定方法有加权平均法和订货限额法

两种。

（1）加权平均法　加权平均法是指根据历史统计资料，考虑到每次交货期有一定差异影响的一种平均计算方法，其公式为

$$平均供货间隔天数 = \frac{\sum (每次入库量 \times 每次进货间隔天数)}{\sum 每次入库数量}$$

（2）订货限额法　该方法在供需双方根据互利原则签订了长期合同，并明确规定了每次订货（发货）限额条件时采用，其计算公式为

$$供货间隔天数 = \frac{订货限额}{平均每天需用量}$$

2. 经济订购批量法

经济订购批量法是指采购费用和保管费用之和，即总费用最小的批量，其计算公式为

$$经济订购批量 = \sqrt{\frac{2 \times 每次订购费用 \times 物料年需用量}{单位物料年度保管费用}}$$

（二）保险储备定额

保险储备定额也称最低储备定额，是指为了预防物料在供应过程中，因运输误期、拖期、质量、品种、规格不合标准以及计划超产等不正常情况下，能保证生产连续进行所必须储备的物料数量，其计算公式为

$$保险储备定额 = 保险储备天数 \times 平均每天需要量$$

保险储备天数一般根据以往统计资料中平均误期天数或按实际情况来决定。

$$保险储\\备天数 = \frac{\sum (每次误期时入库量 \times 每次误期天数)}{\sum 每次误期时的入库数量}$$

（三）季节储备定额

季节储备定额是指企业为了克服某些物料供应的季节性因素影响，保证生产正常进行而建立的物料储备量，其计算公式为

$$季节储备定额 = 季节性储备天数 \times 平均每天需要量$$

季节性储备天数一般是根据生产需要和供应中断天数决定的。凡是已建立季节性储备的物料，不再考虑经常储备定额和保险储备定额。

三、物料供应计划

物料供应计划是企业年度综合计划的有机组成部分，是为满足企业内部需要而筹措供应物资的安排，是物资采购、保管和供应的依据。物料供应计划的内容，主要包括：物料需求计划和物料采购计划。

（一）物料需用量的确定

物料需用量是指企业在计划期内为保证生产正常进行所必须消耗的经济合理的物料数量。它的确定是按照每一类物料的具体品种、规格分别计算的，而且不同用途、不同种类的物料，其需用量的计算方法也不同，其方法为两种。

1. 直接计算法

直接计算法是根据计划任务数量和物料消耗定额及回收利用来计算。其计算公式为

$$\begin{array}{c}某种物料\\的需用量\end{array} = \left(\begin{array}{c}计划\\产量\end{array} + \begin{array}{c}废品\\数量\end{array}\right) \times \begin{array}{c}物资消\\耗定额\end{array} - \begin{array}{c}计划回收\\废料数量\end{array}$$

2. 间接计算法

间接计算法又称经验预计分析法，有三种方法：

（1）动态分析法　其计算公式为

$$\text{某种物料的需用量} = \frac{\text{本期计划任务量}}{\text{上期实际完成任务量}} \times \text{上期某种物料实际消耗量} \times \text{增减系数}$$

（2）类比计算法　其计算公式为

$$\text{某类物料的需用量} = \text{产品计划产量} \times \text{类似产品物料消耗定额} \times \text{调整系数}$$

（3）比例计算法　其计算公式为

$$\text{某种物料的需用量} = \text{计划期计划总产值} \times \text{每万元产值某种物料消耗量}$$

（二）物料采购量确定

物料供应计划中，对于市场采购的物料，企业应编制物料采购量计划。物料采购量公式为

$$\text{某种物料采购量} = \text{该种物料需用量} + \text{计划期末库存量} - \text{计划期初库存量} - \text{企业内部可利用资源}$$

（三）物料需求计划（MRP）

MRP 是物料需求计划（Materials Requirement Planning）的缩写，它是在订货点法基础上发展形成的一种新的库存计划与控制方法，是以计算机为基础的生产计划与库存控制的系统管理方法；是在按生产调度计划生产所规定的产品类目的过程中，对所需部件制定的采购或生产计划，其中列明所需的零部件的数量以及何时制造或采购，是对采购和生产活动进行直接控制的计划。

MRP 系统的基本原理是：根据产品生产量自动计算采购产品零部件与材料需求量的时间，并根据物料需求的时间和生产（订货）周期确定各零部件的生产订货时间。当计划的执行情况有变化时能够根据新情况分清轻重缓急，及时调整生产优先顺序，重新编制出符合新情况的作业计划。如在缺乏物料会耽误总的生产进度时，就修正计划加快这些物料的供应；而当进度落后且推迟需要时就可放慢供应。

MRP 系统主要的工作内容如下：根据固定和随机顾客的需求制定出主生产进度表，此表说明在特定的生产周期内应生产的数量；物料清单文件用来确认用于制造每个项目所需的具体物料及其确切数量；存储记录文件包括现有的和已订购件数的资料。这三个原始资料（主生产进度表、物料清单文件和存储记录文件成为物料需求程序的数据资料来源，这个程序把生产进度具体化为整个生产顺序中的详细的订货进度计划。整个 MRP 系统的基本输入和输出结构如图6-2 所示。

图中的产品来自两个方面：有规律的顾客订货和随机发生的订货。在正常经营情况下，企业常常从顾客处收到订货单，指明订货的具体项目和数量。这些订货常常由销售人员接办，包括约定交货日期。这些有规律的顾客订货组成了企业的主要订货，它们的数量只需根据经验稍作调整。

MRP 的详细程度很高，一般是在制造各产品类目的过程中需要零部件时，才制定物料需求计划。MRP 的计划期必须产于采购与制造的提前期，通常与主生产调度计划一致，大

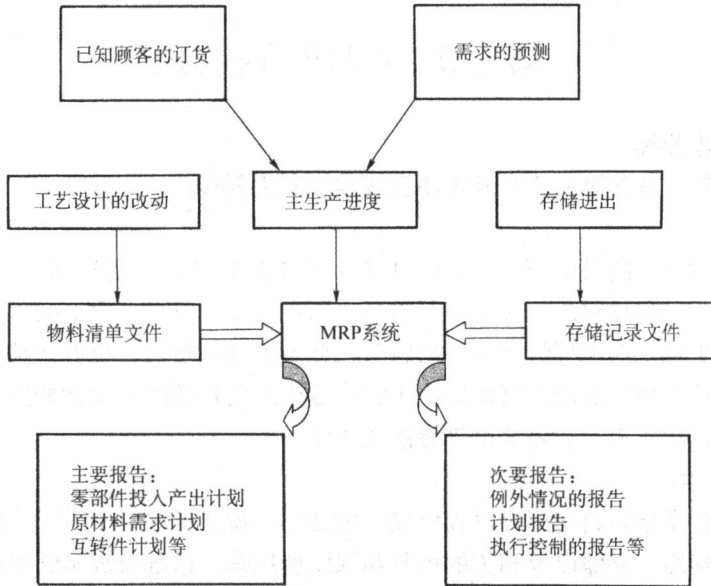

图 6-2 MRP 系统的基本输入与输出

在 3～18 个月。

到了 20 世纪 80 年代，为了适应更加激烈的市场竞争，人们又将生产活动中的其他主要环节，如销售、财务、采购、成本、工程技术，在 MRP 的基础上有机地集成为一个综合性的计划系统，即制造资源计划——MRP Ⅱ（Manufacturing Resources Planning Ⅱ）。MRP Ⅱ是以 MRP 为核心，覆盖企业生产制造活动所有领域、有效利用制造资源的运营管理思想的人/机应用系统。它可以在周密的计划下（甚至可以对执行结果进行事先模拟）有效地利用各种制造资源，控制资金占有，缩短生产周期，实现企业制造资源的整体优化。MRP Ⅱ的特点是：具有计划的一致性、管理的系统性、数据的共享性和动态应变性。MRP Ⅱ实现了物料同资金的信息集成，其主要作用是：减少了产品库存时间；提高客户满意度；减少了库存量，降低产品成本；提高生产劳动率；提高设备利用率；减少运输成本。

在 MRP Ⅱ的有效应用下，一个企业的内部制造资源计划可以说是比较完善了，但事实是，任何一个企业在完成生产时，都不能够避免受到供货企业的影响，为了获取竞争优势，保持和扩大市场份额，在拥有相对稳定的销售渠道和客户的前提条件下，维持产品的质量和技术含量，必须有相对稳定的原材料和配套件以及协作件的供应商。企业组织一个由特定的供应和销售渠道组成的短期或一次性的供需链，形成"动态联盟"（或称"虚拟工厂"），把供应和协作单位（包括产品研究开发）虚拟在同一个生产集团中，运用"同步工程"，用最短时间将新产品推向市场，真正实现"敏捷制造"。这就需要形成一个更加宽广的同一协作系统，即企业资源计划系统——ERP 系统。ERP 系统是在 MRP Ⅱ系统的基础上发展起来的，增加了支持物料流通体系、支持生产保障体系、支持跨国经营体系、支持工作动态模型变化与信息处理程序命令及其他与企业相关的资本运营体系等，可以使得企业管理更加规范化、应变能力更强和企业文化更加鲜明。从现实来看，ERP 系统的建立，一方面，需要强大的软件开发技术的支撑；另一方面，更需要企业决策层的意志来支撑项目的实现。

第三节　物料库存控制

一、库存成本分类

选择库存控制方法的第一步是确定库存成本。其主要包括以下几类。

（一）订货成本

订货成本是指由于向供应商发出采购订单物料或由于向工厂（车间）发出（计划）订单而发生的成本。采购物料时，必须书写物料申请单与采购订单，收进的货物必须检查并送交存储室或加工工地。向工厂订制一批物料时，要发生管理费用、机器调整费用、新调整后首次生产带来的开工报废品以及其他取决于订货或生产的批数的一次性费用。所有这些费用之和就是该批的订货成本。它主要由订货次数决定。

（二）保管成本

保管成本主要是指物料在库存过程中发生的成本。除了物资占用资金发生的成本之外，通常包括报废、损坏、存储以及相关的税收和保险费用等。这部分成本随库存储备的数量与时间的增加而增加，一般先核算出单件的保管成本，再按平均储备量计算出保管成本。

（三）购置成本

购置成本是指购置物资所花的成本，按物资的单价与需求量计算。一般物资的购置成本不受批量大小的影响。因此，在库存控制决策中可不考虑这项成本。但当采购批量影响物资价格时，如供货商对购货量大的物资给予优惠价格，则要考虑此项成本。

（四）缺货成本

缺货成本是指由于无法满足用户需要而产生的损失。由两部分组成：一是由于赶工处理一些误期任务而追加的生产与采购费用；二是由于丧失用户而对企业的销售与信誉所造成的损失，也包括误期的赔偿费用损失。缺货成本随缺货量的增加而增加。

二、物料库存控制的模式

物料的库存控制是对物料库存量动态变化的掌握和调整，是实现物料计划和控制流动资产的重要环节。库存控制必须从系统的观点出发，建立系统的库存控制模型，并从定性与定量两方面进行综合分析研究，以求得经济效益最佳的库存方案。

物料库存控制的一般模式如图6-3所示。

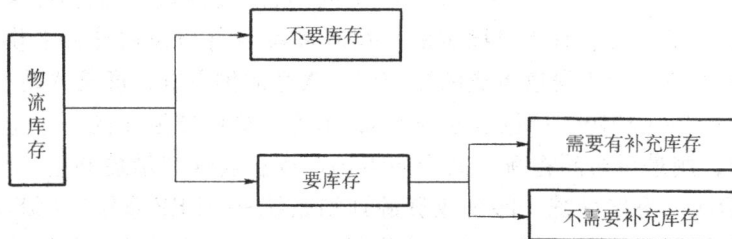

图6-3　物料库存控制的一般模式

三、库存控制的方法

物料库存控制的方法主要有：定期库存控制法、定量库存控制法、经济批量法和ABC

分类控制法等。

（一）定期库存控制法

定期库存控制法是以固定盘点和订购周期为基础的一种库存量控制方法。它按规定时间检查库存量并随时提出订购，补充至库存储备定额。物料订购的时间是预先固定的，每次订购批量是可变的，其计算公式为

$$订购量 = \frac{平均每天}{需用量} \times \left(\frac{订购}{周期} + \frac{订购间}{隔期}\right) + \frac{保险储}{备量} - \frac{现有库}{存量} - \frac{已订购}{未交量}$$

式中，订购周期是指提出订货到该物料入库所需的时间；

订购间隔期是指相临两次订购之间的时间间隔；

现有库存量是指提出订购时盘点的数量；

已订购未交量是指已订购，能在下一次订货前到货的数量。

（二）定量库存控制法

定量库存控制法是以固定订购点和订购批量为基础的库存控制方法。即当实际库存量将至订购点时提出订购，每次订购数量相同，而订购时间不固定，由物料需用量的变化来决定。其计算公式为

$$订购点 = 平均每日需用量 \times 备用天数 + 保险储备量$$

定量库存控制法还有一种简单的形式，称为双堆法或分存控制法。实行这种方法，是先将库存物料分成两堆，先用第一堆，当第一堆用完时立即组织采购订货，在第二批物料进厂前，继续使用第二堆，这样第二堆物料就是订购点。

（三）经济批量控制法

经济批量控制法是侧重企业本身经济效益来综合分析物料订购和库存保管费用的一种科学方法。经济批量模型一般有以下三种。

1. 不允许缺货的经济批量

它是研究物料和保管费用、保管次数和订购数量之间关系的。企业在一定时间内对所需物料的订购次数越少，用于订购的费用就越少，同时，每次订购批量就越大，支出的保管费用也就越多；若每次订购批量越小，一定时间内的订购次数就越多，用于订购的费用就多，但保管费就相应减少。在保证企业生产需要条件下，使订购的费用和保管费用之和最小的订购批量，即为经济批量，其计算公式为

$$经济批量 = \sqrt{\frac{2 \times 每次订购费用 \times 年需用量}{物料单价 \times 年保管费用率}}$$

2. 不允许缺货，一次订购分批进货的经济批量

企业在经营过程中，往往有不少物料是一次订货分批进货的。这样就形成一边进货入库，一边耗用出库的状态。入库速度大于出库速，一批进货订货全部入库后，库存只出不进，经常储备降到零时，下一批订货又陆续分批入库，其计算公式为

$$经济批量 = \sqrt{\frac{2 \times 每次订购费用 \times 年需用量}{物料单价 \times 年保管费用率\left(1 - \dfrac{每日耗用量}{每日进货量}\right)}}$$

3. 允许缺货的进货批量

如果生产均衡，供货又没有绝对保证，发生缺货不可避免；加大保险储备的代价又大于

因缺货造成的损失，这就要确定允许缺货的经济订购批量。这种批量是指订购费用、保管费用、缺货损失费用三者之和总费用最小的批量。允许缺货的库存模型如图6-4所示。

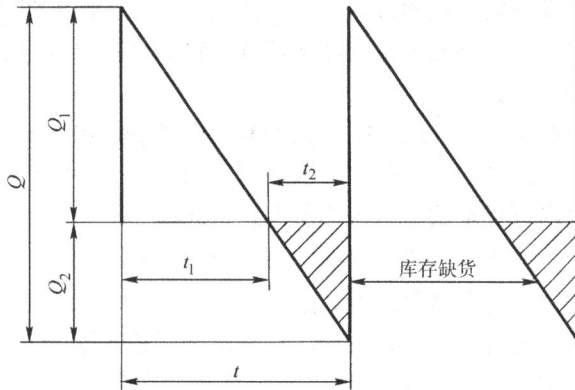

图6-4 允许缺货的库存模型

由图6-4可知 Q 为经济批量，按期入库 Q_1，只能保证 t_1 时间内消耗，t_2 时间缺货，库存缺货为 Q_2，平均库存为 $Q_1/2$。允许缺货的经济批量和按期入库量的计算公式为

$$经济批量 = \sqrt{\frac{2 \times 每次订购费用 \times 单位时间物料需用量}{单位物料单位时间保管费用}} \times$$

$$\sqrt{\frac{单位物料单位时间保管费用 + 单位物料单位时间缺货损失费用}{单位物料单位时间缺货损失费用}}$$

$$按期入库量 = \sqrt{\frac{2 \times 每次订购费用 \times 单位时间物料需用量}{单位物料单位时间保管费用}} \times$$

$$\sqrt{\frac{单位物料单位时间缺货损失费用}{单位物料费用单位时间保管费用 + 单位物料单位时间缺货损失费用}}$$

（四）库存重点控制法——ABC 分类控制法

在库存控制中，库存量与资金占用量之间存在着这样一种关系：少数库存项目占有大部分的库存资金，相反大多数的库存物资仅占全部库存资金的小部分。根据这一特点，采取重点管理少数价值高的物料策略，可以收到很好的效果。ABC 分类法就是充分体现这个思想，方法十分简便，且非常有效。

ABC 分类控制法，就是把企业需用的品种繁多的物料，按其重要程度、消耗数量、价值大小和资金占用等情况，分成 A、B、C 三大类，如图6-5所示。在全部库存中，占库存资金75%左右，而其品种数却占库存项目总数的20%左右的物料被定义为 A 类物料；占库存资金15%左右，而其品种数却占库存项目总数的30%左右的物料被定义为 B 类物料；占库存资金10%左右，而品种数却占库存项目总数的50%左右的物料被定义为 C 类物料。ABC 分类意味着对 A 类物料实行重点管理，对 B 类物料进行一般管理，对 C 类实行次要管理。A 类物料是工作重点，应该严格控制其库存储备量、订货量、订货时间，在保证生产的前提下，尽可能地减少库存，节约流动资金；B 类物料可以适当控制，在力所能及的范围内，适度地减少 B 类库存；C 类物料可以放宽控制。在不影响库存控制整体效果的同时，减少库存管理工作的工作量。

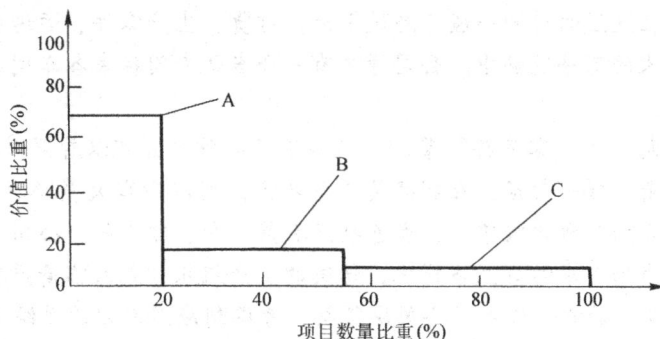

图 6-5   ABC 分类法示意图

另外，因为 ABC 分类法主要是以库存资金数量为基础进行分类的，没有反映库存品种对利润的贡献，供货的紧迫性等方面的指标，在某种情况下，因 C 类库存造成的缺货带来的后果也可能是很严重的。

【案例】

一汽大众的"零库存"

一汽大众汽车有限公司目前仅捷达车就有七八十个品种，而每辆车都有两千多种零部件需要外购。从 1999 年到 2000 年末，公司的捷达车销量从 43 947 辆飙升至 94 150 辆，增量达 114%。与这些心跳的数字形成鲜明对比的是公司的零部件居然基本处于"零库存"状态，而制造这一巨大反差的就是一整套较为完善的物流控制系统。

下面结合具体的操作实例来看看进货"零库存"的处理流程。只要我们走进一汽大众一个标有"整车捷达入口处"牌子的房间，就能看见上千平方米的房间内零零星星摆着几箱汽车玻璃和小零件，四五个工作人员在有条不紊地用电动叉车往整车车间磅零件。在入口处旁边的一个小亭子里，一位小伙子正坐在计算机前用扫描枪扫描着一张张纸单上的条形码——他正在把订货单发往供货厂。

一辆满载着保险杠的货车开了进来，两个工作人员见状立即开着叉车跟了上去。几分钟后，这批保险杠就被陆续送进了车间。据保管员讲，一汽大众的零部件的送货形式有三种。

第一种是电子看板，即公司每月把生产信息用扫描的方式通过计算机网络传递到各供货厂，对方根据这一信息安排自己的生产，然后公司按照生产情况发出供货信息，对方则马上用自备车辆将零部件送到公司各车间的入口处，再由入口处分配到车间的工位上。刚才看到的保险杠就采取了这种形式。

第二种叫做"准时化"（Just in time），即公司按整车顺序把配货单传送到供货厂，对方也按顺序装货并直接把零部件送到工位上，从而取消了中间仓库环节。

第三种是批量进货，供货厂对于那些不影响大局又没有变化的小零件每月分批量地送货 1~2 次。

过去这个房间是整车车间的仓库，当时库里堆放着大量的零部件，货架之间只有供叉车勉强往来的过道，大货车根本开不进来。不仅每天上架、下架、维护、倒运需要消耗大量的人力、物力和财力，而且储存、运送过程中总要造成一定的货损货差。现在每天平均2h要一次货，零部件放在这里的时间一般不超过1天。订货、生产零件、运送和组装等全过程都处于小批量、多批次的有序流动中。公司原先有一个车队专门往来各车间送货，现在车队已经解散了。

公司很注重在制品的"零库存"管理，从以下的运作中就可以看得出来。

在该公司流行着这样一句话：在制品是万恶之源，用以形容大量库存带来的种种弊端。在生产初期，捷达车的品种比较单一，颜色也只有蓝、白、红三种。公司的生产全靠大量的库存来保证。随着市场需求的日益多样化，传统的生产组织方式面临着严峻的挑战。

1997年，"物流"的概念进入了公司决策层。考虑到应用德方的系统不仅要一次性投入1 500万美元，每年的咨询和维护费用需要数百万美元，中方决定自己组织技术人员和外国专家进行物流管理系统的研究开发。

1998年初，公司开发建立了与自身情况相适应的物流信息系统，该物流控制系统获得成功并正式投入使用。如今，投资不足300万元人民币的系统已经经受了生产十几万辆车的考验。在整车车间记者看到，生产线上每辆车的车身上都贴着一张生产指令表，零部件的种类及装配顺序一目了然。计划部门控装车顺序通过计算机网络向各供货厂下计划，供货厂按照顺序生产、装货，生产线上的工人按顺序组装，一伸手拿到的零部件保证就是他正在操作的车上的，物流管理就这样使原本复杂的生产变成了简单而高效率的"傻子工程"。令人称奇的是，整车车间的一条生产线过去仅生产一种车型，生产现场尚且拥挤不堪，如今在一条生产线上同时组装2~3种车型的混流生产线，不仅做到了及时、准确，而且生产现场比原先节约了近10%。此外，零部件的存储减少了，公司每年因此节约的成本达六七亿元人民币。同时，供货厂也减少了30%~50%的在制品及成品储备。先进的管理带来了实实在在的效益，也引发了一场深刻的管理革命。

透过"零库存"，我们看到，对于一个企业来说，进行物流管理，领导们的超前意识、一批兢兢业业的专业技术人员和企业较强的开发能力是必不可少的前提。

【思考题】

我国的制造业企业应如何利用现代物流方式，实现低库存和"零库存"？

【复习题】

1. 物流管理的任务是什么？
2. 什么是物料消耗定额？怎样制定物料消耗？
3. 怎样编制物料供应计划？
4. 简述物料需求计划的主要内容。
5. 叙述ABC分类法的工作原理与分类的具体方法。

【实训项目】

以小组为单位（6~8人）到附近的一家超市去了解该超市的商品库存管理经验。

了解内容包括如下几点。

1. 以其中某几类商品为例，了解主要商品的库存管理是采用什么订货策略？如果是固定订货量库存补给系统，了解其每次订货量与订货点是什么，是如何确定的？如果是采用定期库存补给策略，订货的间隔期是多少，每次订货量是如何确定的？

2. 该商店的商品安全库存如何确定？用所学的理论帮助企业分析，确定最经济的安全库存点。

3. 该商店有无采用物品分类管理——ABC 分类管理的做法，如果有，了解它们是怎么样分类的，对不同类别的商品的库存管理有什么不同；如果没有采用分类管理，用本章的理论知识，探讨该商店的商品分类管理的可能性。

调查结束，写出一份调查报告，然后在课堂上汇报，谈谈自己对企业的库存管理认识与理论上的不同点，及如何在现实中运用库存理论。

第七章 质量管理

【学习目标】

1. 掌握质量、质量管理的概念。
2. 了解提高质量的意义、质量管理的基础工作和工作程序。
3. 懂得全面质量管理的含义和特点。
4. 学会常用的统计分析方法。
5. 了解 ISO 9000 系列标准和质量认证体系。

【引导案例】

开关装配工序质量难题的解决

1961 年，日本质量管理专家新江滋生在松下公司的山田电器厂帮助解决一个开关装配质量问题。这个工厂里有一道工序总是发生质量问题，质量管理部门想了许多办法也没有解决。为此，厂长很是头痛。这道工序是这样的：装配工人在流水线前操作，负责开关的组装。装配中工人只要从一盒子弹簧中取出两个装入开关，然后装上按钮即可。问题是操作工人总是会偶尔少装入一个弹簧，因此产生质量问题。新江滋生到现场观察了以后，建议他们改变一下操作的程序：在操作工人面前增加一个小盘子，每次从盒中拿出两个弹簧先放入这个盘子，再从小盘中取弹簧装入开关。这样一来，若开关装配完成后盘内仍有一个弹簧，工人会立即意识到发生漏装，马上可以纠正错误。结果，从此彻底解决了弹簧漏装的问题。

事后，该厂厂长问新江滋生："你怎么会想到这么一个办法呢？我们为什么就想不到呢？"新江滋生的回答很有意思：这是一个管理观念的问题。真正明白其中的奥妙，你的管理观念会提高一大步。

第一节 质量管理概述

一、质量的概念

质量是指产品、过程或服务满足规定或潜在要求的特征和特性的总和。质量有狭义和广义两个概念。狭义的质量，指单纯的产品质量；广义的质量不但指产品的质量，而且还包括工序质量和工作质量。

1. 产品质量

产品质量就是指产品适合于规定用途，满足社会和人们一定需要的特征。这些能够满足产品使用要求的特征叫做质量特性。质量特性又分为内在的质量特性，如产品的结构、性能、精度和纯度、物理性能和化学性能等；外在的质量特性，如产品外观、形状、色泽、手感、气味和表面粗糙度等。质量特性可以概括为：性能、寿命、可靠性、安全性、经济性五个方面。

2. 工序质量

工序质量是指操作者、设备、原材料、工艺操作方法和生产环境等因素在产品生产过程中，同时起作用所形成的能够满足产品质量要求的程度。由此可见，工序质量决定产品质量。

3. 工作质量

工作质量就是企业的管理工作、技术工作、组织工作、服务工作和其他方面工作所能达到的对产品质量的保证程度。工作质量表明工作的好坏、工作的效率和效果。企业的工作质量反映企业为了满足用户要求而达到产品质量标准所做管理工作的水平、工作效果和组织完善程度。工作质量是保证工序、产品质量的条件，所以工作质量远比产品质量的含义广泛。

工序、工作质量与产品质量既相互区别又相互联系，工作质量的对象是工作，产品质量的对象是产品。工作质量指标是反映企业生产技术和经营管理水平的重要指标，如品级率、平均等级率、合格品率等；而衡量产品质量的是产品质量标准。企业为了提高产品质量，执行新的质量标准，可能造成一段时间内品级率、平均等级率、合格品率下降，但不能说这是企业产品质量下降了。

工作质量不像产品质量那样直观具体，但它却体现于企业的一切生产技术经营活动之中，并通过企业的工作效率、工作成果，最终通过产品质量及经济效益集中表现出来。用工作质量保证工序质量，用工序质量保证产品质量，是企业质量管理的基本思想。

二、提高产品质量的意义

（1）产品质量与人们生活息息相关　在现代社会中，质量已经成为保障人们日常生活幸福与安全的"大堤"，社会上任何人都时时刻刻离不开质量，产品质量优劣会直接影响到人们的生活状况与工作成效，甚至会影响人们的生命财产安全。因此，优质的产品能给人们生活带来方便、舒适，而劣质产品带给人们的则是伤害和隐患。

（2）质量是企业的生命　几乎所有的企业都有一个共识：质量是企业的生命。随着改革开放的深入进行，我国企业面临着严峻的挑战，国内外产品竞争的焦点是质量的竞争，产品质量好的企业在竞争中就会不断发展，而产品质量差的企业则会在竞争中被淘汰，这已被无数的事实所证实。

（3）质量是国民经济的基础　一个国家国民经济水平的提高有赖于企业的发展和经济效益的提高，企业经济效益的直接体现就是产品适销对路，为社会提供物美价廉的商品，为企业赚取利润，这两者之间是相辅相成的。如果企业生产的产品质次价高则无人购买，不仅使企业的利益受到直接影响，而且对整个社会资源来说也是一种浪费，从而影响整个国民经济水平的提高。

三、质量管理的概念

质量管理是对确定和达到质量要求所必须的职能和活动的管理，它包括质量政策的制定，质量目标的确定，以及企业内部或外部有关质量保证和质量控制的组织和措施等内容。

1. 管理的要点

质量管理的要点归纳起来有以下几点。

（1）质量管理是为了生产能够满足买方即消费者要求的产品而进行的　有一种误解：只要符合国家标准或说明书就可以了，实际这是不够的。不论是哪个国家的标准，还是国际标准，都不可能是完善的，通常都有各种各样的缺点。有很多东西，即使符合国家或国际的标准，作为消费者还是不能满意，而且消费者的要求是随着生活质量的变化、时间的变化而逐渐变化的，通常，标准的修订很难跟上这一变化。

（2）面向消费者进行质量管理　以往，生产者把生产出来的产品硬性推销给消费者（强加型做法），而今后则是消费者的要求最优先（买方市场）。具体地说，就是设计、生产和销售产品时必须认真调查并充分采纳消费者的意见和要求，然后制订质量计划。"消费者是上帝"，产品的选择权在消费者。

（3）对质量进行管理，不仅是对产品质量进行管理，更主要的是对工作过程的质量进行管理　在质量管理活动中，工作的质量、服务的质量、信息的质量、工序的质量、部门的质量，操作人员、技术人员、管理人员、经营者的质量——人的质量，体制的质量、公司的质量、方针的质量等，都对产品质量的形成有重要的影响，对所有这些质量进行管理是质量管理的基本要求。

（4）给质量下定义还应考虑价格　产品不论质量多么好，如果价格过高，就无法让消费者满意，也不能得到消费者的认可。这在质量经营决策、质量设计时是很重要的，即质量管理不能无视成本价格、利润。为了进行充分的质量管理，必须要有充分的成本管理。而且，在进行产量管理时，若不良品率不稳定，或大量出现不合格品，就无法搞好产量管理。企业应当以适当的价格，适当的数量提供质量适当的产品。

因而，在进行公司的所有部门、全体员工都参加的全员性的质量管理时，必须在对前面谈到的广义的质量进行管理的同时也进行成本管理、产量管理。

2. 质量的职能

为了确保产品质量，企业必须进行一系列的质量管理活动，这些活动统称为"质量职能"。质量职能主要包括以下 8 大职能。

（1）市场调查研究　摸清用户对产品质量的要求。

（2）产品研制　研制和开发符合用户质量要求的产品。

（3）工艺和设备　编制符合设计质量要求的作业规程和操作规程，选择达到质量要求的设备和工具。

（4）供应　根据产品生产的质量要求，选择材料，做好供应工作。

（5）生产　坚持按质量要求生产，搞好工序控制，坚持以预防为主。

（6）检验　搞好产品质量的检查验收工作，把好产品质量关。

（7）销售　将符合用户要求的产品销售给用户。

（8）服务　坚持为用户搞好售前和售后服务。

质量管理就是对上述八大职能进行调查、分析、检验、保证、控制和监督。

四、质量管理的发展

质量管理的发展，同科学技术和生产的发展，以及管理科学化、管理现代化的发展是密切相联的。质量管理的发展变化大致经历了质量检验、统计质量控制和全面质量管理三个发展阶段。

1. 质量检验阶段

20 世纪初，美国人泰勒提出了"科学管理"理论，在美国出现了"泰勒制度"，实行了生产的科学管理。使生产和检验分开，有了"检验"这一个环节，提高了劳动生产率。在这一阶段，工业产品单纯依靠检验方法，剔出废品来保证产品质量。它的特点是全数检查和事后检查，其任务是"把关"，即不让不合格品出厂或流入下道工序。由于是"事后检查"，等到检查出废品之时，产品的质量问题实际上已成定局了，所以是个"事后诸葛亮"的办法，还不能做到"事先预防"。

2. 统计质量控制阶段

20 世纪 20 年代，概率与数理统计理论应用到生产中，形成了质量管理的数理统计方法，使质量管理提高到一个新的水平。首先是美国人休哈特（W. A. She whart）设计出一种管理图，将统计方法应用于生产过程之中，后来的一些学者又将概率论和数理统计学应用于工业质量管理。经过在大批量生产的企业中推广实验，不断总结改进，方法越来越完善。

这一阶段的特点，一是在生产过程中进行系统的抽样检查，不是进行事后全检，因而检验工作量小，有利于降低生产费用；二是将得来的数据记录在管理图上，可以及时观察和分析生产过程中的质量情况，当生产过程中发生质量不稳定时能及时分析原因，采取措施，消除隐患，使生产处于稳定状态，防止废品的再发生，把合格率控制在预期的合理范围之内，以达到保证产品质量的目的。

3. 全面质量管理阶段

这个阶段开始于 20 世纪 50～60 年代，它的特点是把行政、技术和数理统计方法密切结合起来，也就是说把专业技术和管理技术、工作质量结合起来，形成质量管理体系。在这一阶段，人们只是把数理统计方法作为质量管理的工具和方法。这一阶段的特点是：由单纯的质量管理变成经营的质量管理；部门的质量管理发展为全员参加的质量管理；由狭义的质量管理扩展为广义的质量管理。这个质量管理体系包括了产品的市场调查、研究、设计、试制、检验、销售和用户服务等各个环节，并通过用户意见的反馈，使设计、制造部门获得改进质量的源泉，质量的形成和发展过程不断循环，周而复始，每经过一次循环，产品质量就提高一步。全面质量管理就是组织和管理这些环节的活动，采用全面质量管理办法生产出来的产品，质量高，成本低，交货准时，服务质量好，因此它是一种科学的质量管理。此外，它还运用自然科学和工程技术的最新成果，以及优选法、统筹法、系统工程和价值工程等方法，作为质量管理的技术手段，使这个系统的质量管理工作更加科学化。

自从提出质量管理问题以来，经过几十年的实践，它的理论、技术和方法都得到不断的发展和补充，各国的全面质量管理体系也日益完善，各有特色，如在日本实行的 QC 小组，在质量管理活动中发挥了很大作用。

五、质量管理的基础工作

企业推行全面质量管理，必须做好基础工作，如标准化工作、测试与计量工作、质量情报工作、质量教育工作以及质量计划工作等。做好这些基础工作，是企业实行全面质量管理的先决条件。

1. 标准化工作

标准化是指工业生产中，工业产品的尺寸、质量和性能的统一化和规则化。标准化是现代化大生产的产物，它是伴随着机器大生产和生产现代化的发展而发展起来的。

在生产社会化的条件下，标准化贯穿于整个生产过程，标准化在质量管理中占有重要的地位。标准化是为了实现质量保证，把有关产品质量的各种问题和工作统一协调起来的一种科学方法，标准化是质量管理的基础，加强标准化可以减少重复多余的品种，简化生产组织，扩大生产批量，提高企业生产的专业化程度。因此，加强标准化工作，对于加强质量管理、提高产品质量，具有极为重要的意义。

2. 计量工作

计量工作（包括测试、化验、分析工作）是工业生产的重要环节，是质量管理的一项基础工作。搞好计量管理的主要要求是：需要的量具、仪器要配备齐整，仪器的示值要准确一致，并选择正确的测试计量方法。如果计量或分析不准，就可能会出现原料不合格或产品不合格却检测不出来的情况，会直接影响企业的产品质量。所以说，计量工作的好坏直接关系到产品质量的高低。

3. 质量信息工作

质量信息是指反映产品质量和产、供、销各环节工作质量的信息、基本数据、原始记录及产品使用过程中反映出来的各种情报资料。

质量信息是企业进行产品质量调查研究的第一手材料，它的作用是及时反映影响产品质量的各方面因素和生产技术经营活动的原始动态，产品的使用情况，改善各个环节工程质量最直接的原始资料和信息来源，是掌握和提高产品质量规律性的基本手段。

质量信息的来源主要有四个方面。

（1）收集用户对产品质量的评价　企业通过关于产品质量问题的来信来访，收集各种批评意见和信息资料，找出产品质量存在的主要缺陷，提高产品的适用性、可靠性和经济性。

（2）掌握产品试验、使用过程的质量信息　产品的可靠性是表明其质量高低的一个重要标志，认真调查和收集实际使用过程中产品的寿命、质量稳定性、性能持久性，是了解企业产品质量状况的重要方面。

（3）从制造过程中收集有关产品质量方面的记录、数据和其他信息资料　制造过程中的信息收集包括购进材料的检测结果、工艺操作记录、设备等验证和检修记录等。对这些信息随时整理、及时分析，发现问题，提出建议。

（4）收集国内外同行业的产品质量信息　在收集企业内部有关质量信息的同时，要注意搜集和研究国内外同行业企业在产品质量方面的信息，收集他们在设计、工艺装备、测试和管理方面的先进成就和研究动向，使有关人员及时了解国内外产品质量发展的新技术、新动向和新水平。

4. 质量教育工作

要搞好质量管理，只靠少数管理人员是不行的，而要依靠广大职工的积极性和创造性。只有通过教育，使广大职工自觉参与质量管理，才能提高产品质量。所以，国外有"质量管理始于教育，终于教育"之说。

质量教育的内容主要有两个方面：一是一般的技术教育与训练；二是关于全面质量管理知识的宣传普及和教育。

5. 质量计划工作

保证和提高产品质量是全面质量管理的总目标，我们要通过质量计划工作使目标具体化。

质量计划按其目标内容分为三种。

（1）质量指标计划　质量指标计划包括品种抽查合格率、废品率和一等品率等。

（2）产品质量升级计划　这是企业针对某一产品而制定的计划，是企业要实现的目标。

（3）质量攻关计划或质量改进措施计划　这是企业针对某一产品质量的薄弱环节制

定的。

计划只是工作的开始，实施计划，见到效果才是计划的最终目的。为保证产品质量计划的全面实施，必须应用 PDCA 循环方法进行管理。

六、质量管理的工作程序

质量管理具有很强的系统性。实行质量管理，必须建立一个全厂性的质量管理工作体系，全厂上下要为保证和提高产品质量互通情报、协同动作，形成质量管理的厂内外两个信息反馈系统。厂内反馈，如生产部门把发现的质量问题反馈给设计、工艺部门，装配车间把发现的工艺加工质量问题反馈给加工车间，销售部门把发现的质量问题反馈给设计、制造各部门等。厂外反馈是指用户在使用过程中发现的质量问题反馈给企业。这些质量反馈信息，是各部门、各环节改进产品质量和质量管理工作的重要依据。全面质量管理的整个过程，就是这两个反馈不断循环运动的过程。

各项管理工作一般都要求做到有计划、有执行、有检查、有总结。质量管理专家把这套办法加以总结概括，运用到质量管理工作中去，形成一套体现质量管理工作客观规律性的思想方法和工作步骤，这就是著名的 PDCA（计划、执行、检查、总结处理）管理循环。这个循环是质量管理体系运转的工作程序和基本方式。

（一）PDCA 循环的内容

这个管理循环包括质量管理工作必须经过的 4 个阶段，8 个步骤。

1. P（Plan）阶段——定计划

拟定计划，包括方针、目标、活动计划书、管理项目等。如制订某产品质量升级计划，就要调查用户要求，提出进行设计、试制、试验工作的目标和要求。这个阶段又可具体化为以下四个步骤。

（1）找出问题。

（2）分析原因。

（3）找出主要原因（主要矛盾）。

（4）研究措施，提出计划目标和执行计划。

2. D（Do）阶段——实施

要进行扎实的工作，如根据提高产品质量计划，制定质量标准、操作规程和作业标准等，并实地组织实施。这是管理循环的第五个工作步骤。

3. C（Check）阶段——检查

把实际工作结果与计划对比，检查是否按计划规定的要求去做了，哪些做对了，哪些做错了，哪些有效果，哪些没有效果。通过检查，了解效果如何，找出问题及其产生原因。这是管理循环的第六个工作步骤。

4. A（Action）阶段——总结处理

这一阶段包括以下两个工作步骤。

（1）总结经验，并使之标准化　根据检查结果，把执行中取得的成功经验加以肯定，形成标准，纳入标准规程，制定作业指导书、管理标准等，以便以后再进行同样的工作和业务活动，可照此办理。对于失败的教训，也要加以总结，将数据资料记录在案，形成另一种性质的标准，以后引以为戒，防止错误重演。

（2）把遗留问题转入下一管理再循环　经过一个管理循环，解决了一批问题。但是，总会有些问题解决不了，也可能是解决了主要问题之后，一些原来次要的问题提到日程上来了。对这些问题，都要查明原因，作为遗留问题转到下一循环计划中去，通过再循环求得解决。这是管理循环的第七、第八工作步骤。

PDCA 4 个阶段是周而复始地循环。原有矛盾解决了，又会产生新的矛盾。矛盾不断产生不断克服，如此川流不息，循环不止。这就是质量管理的前进过程和质量管理体系运转的基本方式。这种管理循环的原理，不仅适用于质量管理，也适用于其他管理工作、生产活动、科学研究，以至我们日常的生活、工作、学习。

（二）PDCA 循环的特点

（1）大环套小环，一环扣一环；小环保大环，推动大循环　PDCA 管理循环作为质量管理的一种科学方法，适用于企业各个环节各个方面的质量管理工作。整个企业的质量管理体系的活动构成一个大的管理循环，而各级各部门又都有各自的管理循环，各级各部门内部又有更小的管理循环，直至具体落实到班组和个人。如全厂有总的质量计划目标，下面的车间或科室就根据全厂计划制定各自的计划，工段或小组再根据车间计划分解提出自己的计划，直至落实到每位工人。上一级的循环是下一级循环的根据，下一级循环是上一级循环的组成部分和具体保证，如图 7-1 所示。

（2）管理循环每转动一周就提高一步（图 7-2）　管理循环如同一个转动着的车轮，转动一周，前进一步，不停地转动就不断地提高。就像上楼梯一样，逐级上升。这样循环往复，质量问题不断得到解决，管理水平、工作质量和产品质量就步步提高。

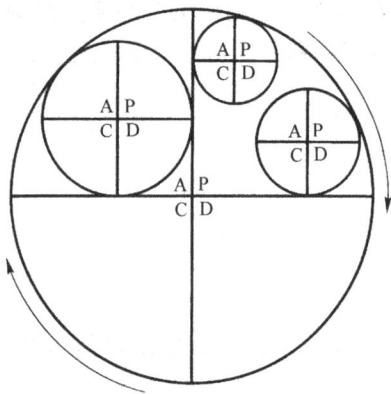

图 7-1　大循环套小循环

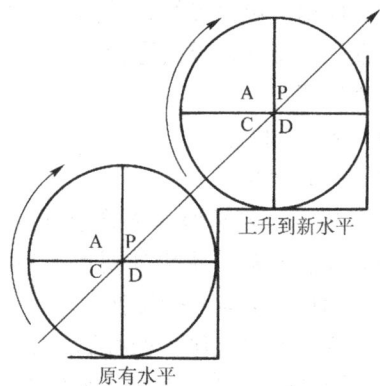

图 7-2　每循环一次就上升一个台阶

（3）PDCA 管理循环是统一的　把管理工作划分为阶段、步骤是相对的，不能完全割裂、截然分开。它们紧密衔接连成一体，各个阶段之间又存在一定的交叉。在实际工作中，边计划边执行，边执行边检查，边检查边总结，边总结边改进的情况是经常存在的。

第二节　全面质量管理和质量成本

一、全面质量管理及其特点

据前所述，产品质量受企业生产经营管理活动多种因素的影响，是企业各项工作的综合反映。保证和提高产品质量，必须把影响质量的因素全面地管起来，全面质量管理就是适应这一要求而形成的科学的、现代化的质量管理。

（一）全面质量管理的概念

全面质量管理的概念是由美国通用电器公司的费根堡姆和朱兰于 20 世纪 50 年代末和 60 年代初提出的。经过多年的实践、运用、总结和提高，全面质量管理的内容和方法得到了很大的发展，在我国企业中也得到了普遍的推广。

全面质量管理是企业为保证和提高产品质量，综合运用一整套质量管理体系、手段和方法所进行的系统管理方法。具体来说，就是组织企业全体职工参加，综合运用现代科学和管理技术成果，控制影响产品质量的全过程和各因素，经济地研制、生产和提供用户满意的产品的系统管理活动。

（二）全面质量管理的基本观点

全面质量管理要求企业全体成员牢固树立"质量第一"的思想。这个思想的具体体现，就是"一切为用户服务"、"一切以预防为主"、"一切用数据说话"和"一切按 PDCA 循环办事"（简称四个一切）。

1. 一切为用户服务

一切为用户服务是企业的宗旨，也是全面质量管理工作的宗旨。一切为用户服务包括两方面内容：一是就企业内部而言，下道工序就是上道工序的"用户"，上道工序要为下道工序服务。也就是说每道工序的产品质量和工作质量都要保证下道工序满意；二是就企业外部而言，企业产品的使用单位或个人就是"用户"，企业不仅要在产品的设计、制造等过程中生产出优质产品，而且要在销售过程中和销售后的使用过程中，努力为用户做好技术服务工作，并鼓励用户对企业的产品质量进行监督。

2. 一切以预防为主

一切以预防为主就是把质量管理工作的重点从过去的"事后把关"转移到现在的"事前预防"，也就是把设计、工艺、设备、操作、环境等方面可能出现的不良因素控制起来，随时发现问题，随时解决，把不合格品消灭在产品质量的形成过程中。以预防为主是一种积极的管理方法，是全面质量管理工作的核心。

3. 一切用数据和事实说话

评价产品质量的好坏，要有一个客观的标准和明确的数据概念，单凭表面印象和主观臆断是不行的。因此，全面质量管理工作要求把所有反映产品质量的事实"数据化"，即任何时候、任何地点、一切质量问题都用数据反映出来，使质量工作逐步定量化。

4. 一切按 PDCA 循环办事

PDCA 循环是全面质量管理工作的重要特征。

5. 全面质量管理是每个职工的本职工作

质量不仅是检验部门和技术部门的事情，而且是企业全体职工的事情。

（三）全面质量管理的特点

全面质量管理的特点可以概括为"三全一多"。

1. 全员的质量管理

产品质量是企业各方面、各部门、各环节全部工作的综合反映。企业中任何一个环节，任何一个人的工作质量都会不同程度的直接或间接地影响着产品质量，因此，产品质量人人有责。必须把企业所有人员的积极性和创造性充分调动起来，不断提高人的素质，上至厂长

（经理），下至工人，人人关心产品质量，人人做好本职工作，全体参加质量管理活动，经过全体人员的努力，才能生产出顾客满意的产品。

2. 全过程的质量管理

全过程的质量管理包括了从市场调查、产品设计开发、生产、销售直到服务的全过程的质量管理。把产品质量形成全过程的各个环节和有关因素控制起来，做到以预防为主，防检结合，重在提高。为此，全面质量管理必须体现如下两种思想：一是预防为主，不断改进的思想；二是为顾客服务的思想。

3. 全企业的质量管理

全企业的质量管理可以从两个方面来理解。

（1）从组织的角度来看　企业的质量管理可划分成上层、中层、基层管理，"全企业的质量管理"就是要求企业各个管理层次都有明确的质量管理活动内容，当然，各层次活动的侧重点不同。上层管理侧重质量决策，制定出企业的质量方针、质量目标、质量政策和质量计划，并统一组织、协调企业各部门、各环节、各类人员的质量管理活动，保证实现企业经营目标；中层管理侧重贯彻落实上层管理的质量决策，更好地执行各自的质量职能，并对基层工作进行具体的管理；基层管理则要求每个职工要严格地按标准、按规程进行生产，相互间进行分工合作，并结合本职工作，开展合理化建议和质量管理小组活动，不断进行作业改善。

（2）从质量职能角度看　产品质量职能是分散在企业的有关部门中的，要保证和提高产品质量，就必须把分散到企业各部门的质量职能充分发挥出来。但由于各都门的职责和作用不同，其质量管理的内容也是不一样的。为了有效地进行全面质量管理，就必须加强各部门的组织协调。为了从组织上、制度上保证企业长期稳定地生产出符合规定要求、满足顾客需要的产品，企业应该建立健全质量体系，使企业所研制、维持和改进的质量活动构成为一个有效的整体。

可见，全企业的质量管理就是要"以质量为中心，领导重视，组织落实，体系完善"。

4. 多方法的质量管理

随着现代科学技术的发展，顾客对产品质量的要求越来越高，影响产品质量的因素也越来越复杂：既有物的因素，又有人的因素；既有技术因素，又有管理因素；既有企业内部的因素，又有企业外部的因素。要把这一系列因素系统地控制起来，全面管好，就必须根据不同的情况，区别不同的影响因素，广泛、灵活地运用多种多样的现代化管理方法来解决质量问题，其中要特别注意运用统计方法。

（四）全面质量管理的内容

全面质量管理，从生产到使用，大致划分为三个过程，就是设计过程、制造过程和使用过程的质量管理。

1. 设计过程的质量管理

广义的设计过程，包括调查研究，制定方案，产品设计，工艺设计，试制，试验，鉴定等内容，即指产品正式投产前的全部技术准备过程。设计过程的好坏，直接影响到产品性能的好坏，它包括两方面内容。

1）根据用户的使用要求进行实地调查，试验研究，创造新产品或者改造老产品。

2）在满足用户的使用要求前提下，根据企业发展的可能和条件，采取先进工艺，保证企业产品质量目标的实现。

2. 制造过程的质量管理

制造过程的质量管理，包括两个方面，即生产准备过程的质量管理和生产过程的质量管理。

（1）生产准备过程的质量管理　生产准备工作是指直接为生产服务的辅助生产部门的一切工作，例如物资供应、设备的技术准备、经营销售市场的调查等。

生产准备过程的质量管理包括两个方面：一是本身的质量管理要做得好，才能为生产过程质量管理提供良好条件；二是要搞好服务质量，及时进行设备修理，减少生产停工时间，保障修理的设备能达到规定的质量标准。

（2）生产过程的质量管理　生产过程质量管理的工作大多在生产车间进行。生产过程的质量管理具体任务有两项：一是组织对生产过程的各个环节的质量检验工作；二是贯彻执行预防为主的方针。

3. 使用过程的质量管理

产品的使用过程是考验产品设计质量和制造质量的过程。它既是企业质量管理的归宿点，又是企业质量管理的出发点。因为它可将用户的意见反馈到设计、改进和制造过程中去，以进一步改进和提高产品质量。

使用过程的质量管理主要有以下两方面的内容。

（1）开展技术服务工作，要求迅速、及时服务到用户　对用户的技术服务工作因产品的特点和复杂程度不同而有所差别，一般包括传授安装、使用和维修技术；设立维修网点和技术服务队，做到服务上门；随机供应必要的备品、配件等。

（2）开展使用效果与使用要求的调查　主要了解下列情况：出厂的产品在实际使用中是否达到规定的质量标准；与用户的检修部门建立经常的联系，请他们提供本厂产品的质量情况和使用中的损坏规律；在使用现场进行实地测试；积累用户来信来访所提供的质量情况；了解用户的使用要求和改进意见。

（五）质量保证体系

1. 质量保证的含义

质量保证是指为使人们确信某产品、过程或服务质量能满足规定的要求所必须进行的有计划、有系统的全部活动。质量保证是全面质量管理的核心。质量保证由需方的技术标准、产品的技术标准、安全法规、性能试验标准及质量管理体系等要素构成。

质量保证，实质上体现了生产单位和用户间的关系及上下工序之间的关系。它通过质量保证的有关文件或担保条件把生产者和用户联系起来，取得用户的信任，使用户对生产者所提供的产品或服务的质量确认可靠；而生产者也可以借此提高产品的竞争能力，赢得更多的用户。质量保证包括两方面的内容：一是在产品出厂前，要加强企业内部各环节、各工序的质量控制和监督，并向有关部门或人员提供质量保证，证明质量符合规定标准，从而保证最终出厂产品的质量；另一方面在产品出厂进入流通领域和使用过程中，企业坚持售后服务，对属于企业生产过程中出现的质量问题，及时采取措施进行修复，对发生的质量事故要负责补偿，对用户在规定期限内的产品使用要负责到底，加强质量信息的反馈工作。

2. 质量保证体系及其作用

质量保证体系是指企业以保证和提高产品质量为目标，运用系统的概念和方法，把质量管理的各阶段、各环节的质量管理职能组织起来，形成一个有明确责任、职责、权限，互相协调、互相促进的有机整体。质量保证体系是系统工程的理论和方法在全面质量管理中的具体应用，是实现全面质量管理的重要组成部分。它具有以下几方面的作用。

1）通过质量保证体系，可将企业各部门的质量管理职能纳入体系之中，使全体职工都积极行动起来，为确保产品质量而作出贡献。

2）把企业的工作质量和产品质量有机地联系起来，对出现的质量问题，能迅速及时地查明原因，采取措施加以解决，确保质量目标的实现。

3）把企业内部的质量管理活动和流通、使用过程中的质量信息反馈沟通起来，使质量管理工作标准化、程序化、制度化和高效化。

3. 质量保证体系的内容

质量保证体系的内容主要包括以下 7 个方面。

1）牢固树立"质量为本"的思想。

2）必须有明确的质量方针、质量目标和质量计划。

3）明确规定各部门、每名职工在质量方面的责任、权限、任务和利益。

4）建立专职的质量管理机构，组织、协调各部门、外协厂的质量保证活动。

5）建立起一套高效、灵敏的质量信息反馈系统，提高质量管理的自我调节和自我控制能力。

6）积极组织开展群众性的质量管理小组活动，使质量保证具有广泛的群众基础。

7）实现管理业务标准化、管理流程程序化。

二、质量成本

（一）质量成本的概念及意义

20 世纪 50 年代以前，质量成本的概念还未在企业中出现，当时一切与产品质量有关的费用分别计入各个不同部门或相应的成本项目之中，如设计成本、销售成本等。后来，随着对产品的质量与可靠性的要求越来越高，相应的成本也不断增加，迫使企业有必要对那些与产品的功能或适用性有关的费用进行单独核算。以便找到降低成本、提高质量管理效益的途径，于是逐渐出现了计算和分析质量成本的要求。计算和分析质量成本的意义如下：

1. 明确企业各部门在质量方面的经济责任

由于建立了质量成本，就可以更好地明确在质量问题上的经济责任。例如，当发现产品质量低劣，被检验部门评为不合格品时，经分析证明责任单位是某工序或某车间时，就可以将损失费用转账。这样可以激励责任单位采取有力的改进措施，提高产品质量；同时也有利于领导部门对各单位的质量管理工作进行考核和评价。

2. 促进企业采取提高产品质量的措施

通过质量成本的计算和分析，可使企业明确由于质量问题所造成的损失以及造成这些损失的原因和责任单位，促使企业深入挖掘内部潜力，寻求和采取提高产品质量和降低质量成本的有效措施。

3. 有效地控制质量成本的费用

对于试验或检测费用、企业的废品损失、返修、折价、停工等各项费用，可以通过质量成本分别或综合地进行控制，保证质量成本的完整性和真实性，并把质量成本降低到某一水平，将其作为实施某一质量改善措施的前提，以便合理地选择控制目标。

4. 评价全面质量管理的经济效益

要有效地推行全面质量管理，就必须分析全面质量管理的经济效益，因而需要有质量成本的资料。

5. 为执行优质优价的方针提供依据

为执行优质优价的方针，就必须有质量成本的资料。特别是在市场竞争中，有的用户可能要求对提高产品的可靠性而支付的费用进行单项核算，在某些情况下，有的用户提出要审查报价单位的质量成本，为此，企业都必须提供完整的质量成本资料。

（二）质量成本的构成及分析

产品质量好就是用户满意、感到他所支付的货币与他所得到的满足相称，而不能片面追求质量最优。

作为质量成本的标准通常可以这样认为：如果生产中一件不合格品也没有，则一切属于质量管理职能的成本就随之消失。但是具体地要把质量成本的项目划分出来，仍然是一件困难的事。通常，产品质量的经济分析把产品的质量成本分解为预防与检查费用、废品费用两个部分，从两者的平衡中选择最适宜的质量等级。预防费用是事先进行质量控制，保证各工序生产合格品所需费用，包括质量控制管理费用、技术费用和训练费用等；检查费用是用于把关的，如检验费、试验费、检验设备费、材料验收费等费用。预防与检查费用随着产品质量要求的提高而增加，费用越多，质量就越有保证。但是，增加预防与检查费用，就要增加产品成本。

生产过程中出现废品，并且让废品混在合格品中，是个破坏性因素，但要求过高，完全不出废品，也是不现实的。如果让生产过程中和产品中的废品保持在允许的范围内，并为此付出一定的费用，从而节省较多的预防、检查费用，经济效益则更好。废品费用通常包括返修费、材料损失费、赔偿费、废品分析费等。

总的来说，质量成本可以归纳为以下具体项目与内容。

1. 内部故障成本

在制造过程中，由于产品本身的缺陷所带来的经济损失以及处理缺陷品所花费的一切费用的总和，称为内部故障成本。其中包括：

1）废品损失（包括工费及料费）。

2）返修损失。

3）复验费，即反修品的再检费用。

4）由于质量事故而造成的停工损失。

5）不合格品的处理费用。

2. 外部故障成本

产品出厂后，在用户使用中，由于产品的缺陷或故障所发生的一切费用总和，称为外部故障成本。其中包括：

1）用户申诉的处理费。为证明用户的申诉是否属于产品本身的缺陷或者由于安装质量低劣和违反操作造成，需派人去用户处调查处理所支付的一切费用。

2）退货费用。

3）折价损失。由于产品质量不符合标准，经过一定折价后用户才同意接收，由此造成的损失称为折价损失。

4）保修费。在保修期内，按合同支付的一切修理费称为保修费。

3. 鉴定成本

鉴定成本是指产品在第一次验收合格的情况下对原材料、零部件和成品进行质量检验的费用。其中包括：

1）进货检验费。即对原材料、外协件、外购件进厂时的检验费用。例如由供货厂送交到本厂后的检验，或者派人去供货厂检验等所发生的一切费用均属于这一项。

2）工序检验费。即对制造过程中的零部件或产品所进行的检验或试验费用。

3）产品质量评审费用。即确定出厂产品质量等级的评审费用。

4）对于测试和检验设备进行维护、校准的费用。

5）材料消耗和劳务费。即进行破坏性试验时消耗的材料费及劳务费。

6）测定库存产品的费用。即审核或检查库存产品是否有损坏变质或需降价处理所需的试验或检查费用。

4. 预防成本

预防成本是指企业为了保证产品质量达到规定的标准，或提高质量水平所进行的各项管理活动的费用。其目的是使故障成本最小和鉴定成本最低。预防成本主要包括：

1）建立质量保证体系、制订质量计划所需的费用。

2）新产品的评审费，包括新产品的设计评审、编制试验规划以及其他有关开展新产品设计的质量管理活动所需的费用。

3）工序控制费，包括制定工序控制方案、工序能力的查定、工序诊断与分析等活动所需的费用。这项费用主要是为了达到产品的适用性，它与为了提高劳动生产率和保证安全所需的费用是有区别的，但有时它们又往往难以区分得很清楚。

4）培训费，即为达到产品质量要求和改进质量特性而进行人员培训所需的一切费用。

5）质量信息的收集、整理、分析和反馈所需的费用。

6）开展质量管理的报告、奖励及其他有关活动的经费等。

上述成本，从控制的角度考查，预防费用属于可控成本，它的增减变动将直接影响内外部故障成本的大小；内外部故障成本属于结果成本，是由于质量达不到要求而产生的厂内和厂外损失，它受可控成本的影响。通过研究这些成本变动的规律及其相互影响，适当增加可控成本支出，就可以减少结果成本的发生，实现预防为主的要求，同时还要达到总成本最低的目标。

第三节 全面质量管理常用的统计分析方法

质量管理中的统计方法，是以数理统计原理为基础，应用测试数据、统计图表等手段，管理生产过程中产品质量的方法。目前常用的统计分析方法有 7 种，即分层法、排列图法、因果分析图法、相关图法、统计调查表法、直方图法和控制图法。

一、分层法

分层法又称分类法，是把收集来的数据，依照使用目的和使用要求，按其性质、来源、影响因素等进行分层（类），把性质相同、在同一生产条件下得到的数据归并在一起，以分析影响质量原因的一种方法。

分层法的标志，运用分层法时，要根据分层的目的，按照一定的标志，把性质相同、在同一生产条件下收集的数据进行分层、集中，使同一层中的数据波动幅度尽可能小，而层与层之间的差别应尽可能大，这是应用分层法的关键。一般按以下标志对数据进行分层。

（1）按操作者分层　如按不同工龄、年龄、性别、文化程度、技术等级或操作技术水平等分层。

（2）按机器设备分层　如按不同类别、不同型号、不同设备役龄或新旧程度、不同的生产线、不同的工艺装备等分层。

（3）按操作方法分层　如按不同工序或工作条件、操作规程、工艺参数（切削用量、强度、压力、温度）等分层。

（4）按原材料分层　如按不同供应厂商，不同进货时间、批次、规模、成分等分层。

（5）按检验手段分层　如按不同检查人员、检查设备、仪器、检测方法等分层。

（6）按时间分层　如按不同季节、日期、班次等分层。

（7）按环境因素分层　如按不同地区、气候条件，不同的生产单位或顾客，不同的使用条件等分层。

（8）按质量缺陷分层　如按铸件的砂眼、白口，纺织品的疵点、断头，钢、铁制品的偏析等分层。

二、排列图法

排列图又叫帕雷托（Pareto）图。它是由意大利经济学家帕雷托发明的。后来，美国质量管理专家朱兰（J. M. Juran）把这一原理应用于产品质量，作为质量管理中找出关键问题的一种工具。朱兰也发现大多数不合格产品是由少数原因造成的，即关键的少数和次要的多数。因此，它是用来找出影响产品质量主要因素的一种有效而简便的方法。

（一）排列图的作法

下面以实例说明排列图的制作和分析方法。

例 7-1　某机械厂对轴承车间的 36 206 件轴承进行抽查，发现其中内径不合格的有 213 件，经过对抽样数据的整理归类，按各因素对质量的影响程度由大到小汇总于表 7-1。

表 7-1　某机械厂轴承内径质量问题统计表

序号	影响因素	频数	频率（%）	累计频率（%）
1	内径	153	71.8	71.8
2	外沟	20	9.4	81.2
3	内沟	18	8.5	89.7
4	外径	15	7.0	96.7
5	其他	7	3.3	100
合计		213	100	100

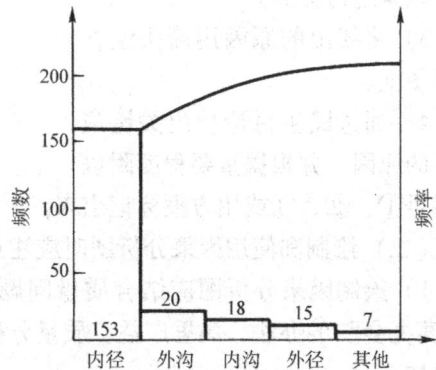

图 7-3　内径质量问题排列图

解： 如图 7-3 所示，作两个纵坐标、一个横坐标，将数据按原因分层，按频数的大小不同，从大到小依次排在横轴上；左边的纵轴表示频数，即实物或价值指标；右边纵轴表示频率，即相对百分数；每个矩形的高度表示该因素影响大小的数量；由矩形端点的累积数连成的线即为帕雷托曲线。

绘制排列图时，通常把影响因素按其频率高低分为三类：将包括在累计频率 0 ~ 80% 内的有关因素称为主要因素，也可称为 A 类因素，其项目个数一般为 1 ~ 2 个；将累计频率在 80% ~ 95% 内的有关因素称为较次要因素，也可称为 B 类因素；其他为 C 类因素，称为次要因素。

（二）绘制排列图的注意事项

（1）应正确进行影响因素的分类　进行影响因素分类的目的，是为了找出影响质量特性的主要因素。为便于作图，使横坐标不要太长，可将某些一般因素进行合并并列入"其他"项下，但其包含的频数（率）不能太多。"其他"项必须列在横坐标的最右端。如果"其他"项下包含的频数（率）接近或超过 B 类因素，则应重新分类，以简化计算和作图，使问题重点突出。

（2）应有足够的数据　数据不足将影响对质量问题的正确分析。

（3）应注意循序渐进，逐步深入　应用排列图，应注意循序渐进，逐步深入。当找出原因并采取措施解决了主要因素后，原来的次要因素会变得突出。此时应针对原为次要因素，现上升为主要因素的项目再次绘制排列图，使影响质量特性的"主要"因素再次减小或消失，使产品质量不断地得到改进和提高。

三、因果分析图

因果分析图也称特性因素图、鱼刺图或树枝图（图 7-4）。它是分析、寻找质量问题产生的根本原因的一种质量分析方法，即分析质量问题的产生原因与结果之间关系的图形。

（一）因果分析图的绘图步骤

1）明确分析研究对象，即要明白解决什么样的质量问题。

2）把所要分析的质量问题产生的原因按生产工艺过程中的几大质量因素进行分类。

3）将找出的原因用箭头绘在因果图上。

4）通过民主讨论找出关键或重要的原因，并根据重要程度附以顺序号①、②、③或用方框标记出来。

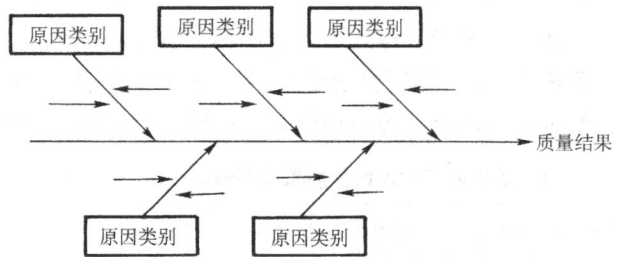

图 7-4　因果分析图

（二）绘制和使用因果分析图时应注意的事项

1）绘制因果分析图应结合质量问题分析会进行，一边开会，一边绘图。可以采用开"诸葛亮会"的办法，集思广益。质量分析会应该邀请有经验的工人、技术人员、管理人员等参加。

2）充分发挥民主，广开言路，畅所欲言，对不同意见在充分讨论的基础上再进行统一，对分歧较大的，暂时无法讨论的意见，暂不作定论，待实践中鉴别。

3）要分析的质量问题，必须提得具体，提出每个细小问题的症结所在，一个质量问题作一张图。

4）在列出各种原因后，一定要刨根问底，找出根子，不能只罗列一堆表面现象，仅就人、设备、材料、方法等略作肤浅分析，简单地画出几根枝干就算完事，细小的易被人忽视的问题往往是质量改善的起点。

5）因果图是生产中常用的分析问题的一种方法，应用时一定要讲究实用，要反对只追求图形的形式美观，把图当成展品长期挂在墙上只供人参观的做法。

质量原因一般是由 5 大因素（人、设备、材料、环境、检测）构成，但往往可能只是其中一个质量因素的各个方面构成。作图时要从实际出发，如果有的的确不是大原因，就不勉强画上。

四、直方图法和工程能力指数

（一）直方图法

直方图法是用来整理质量数据，从中找出质量运动规律和预测工序质量好坏的一种常用方法。直方图的绘制是以数据为依据的，因此，要绘制直方图，首先要将测得的数据进行分组并整理成频数表，然后据此绘制直方图。下面结合实例说明直方图的作法和使用方法。

1. 作图步骤

（1）收集数据 一般为 100 个左右，表 7-2 为某企业生产 φ19mm 轴的抽查测量的 60 个数据。

表 7-2 轴的测量数据   （单位：0.1mm）

一组	一组	一组	一组	一组	一组	一组	一组	一组	一组
1.0	1.4	1.7	1.7	1.5	1.9	1.1	1.8	1.8	1.4
1.2	1.3	1.6	1.7	1.6	1.7	1.9	1.5	1.1	1.6
1.4	1.7	1.7	1.6	2.0	1.6	1.7	1.4	1.7	1.5
1.7	1.5	1.5	1.3	1.6	1.7	1.3	1.3	1.6	1.5
1.6	1.2	1.4	1.5	1.4	1.9	1.8	1.3	1.7	1.6
1.6	1.4	1.7	1.8	1.7	1.4	1.4	1.3	1.7	1.2

（2）找出全部数据中的最大值和最小值（以 X 代表每个数据） 本例：最大值 $a = 2.0$，最小值 $b = 1.0$。

（3）将全部数据分组 分组时可参考表 7-3 中的经验数值确定组数，组数用 k 表示，n 为数据个数。本例 k 取 10 组。

表 7-3 分组经验数据表

n	50 以下	50~100	100~250	250 以上
k	5~7	6~10	7~12	10~20

（4）计算组距 h 即计算组与组间的距离，一般用下列公式计算

$$h = \frac{a - b}{k}$$

本例中

$$h = \frac{2.0 - 1.0}{10} = 0.1$$

将 h 值修正为 0.11，目的是使所有质量数据都能被包括到某个组内。

（5）计算第一组上、下界限值 其计算公式为 $b \pm \dfrac{h}{2}$。

本例下界为 $1.0 - 0.11/2 = 0.945$，上界为 $1.0 + 0.11/2 = 1.055$。

（6）计算其余各组的上、下界限值　由于直方图是连续的，则第一组的上界限就是第二组的下界限；将第二组的下界限加上组距就是第二组的上界限。依此类推。

（7）计算各组的中心值 x_i

$$x_i = \frac{某组上界限 + 同组下界限}{2}$$

本例：第一组中心值 $x_1 = （0.945 + 1.055）/2 = 1.00$

第二组中心值 $x_2 = （1.055 + 1.165）/2 = 1.11$

以此类推。频数最大的一组中心值用 x_0 表示。

（8）列出频数分布表　见表7-4。

表7-4　频数分布表

组　号	组　间　隔 h	中　心　值 x_i	频　数 f_i
1	0.945 ~ 1.055	1.00	1
2	1.055 ~ 1.165	1.11	2
3	1.165 ~ 1.275	1.22	3
4	1.275 ~ 1.385	1.33	6
5	1.385 ~ 1.495	1.44	9
6	1.495 ~ 1.605	1.55 (x_0)	17
7	1.605 ~ 1.715	1.66	14
8	1.715 ~ 1.825	1.77	4
9	1.825 ~ 1.935	1.88	3
10	1.935 ~ 2.045	1.99	1
合计			60

（9）绘制直方图　以纵坐标为频数，横坐标为组距，以频数为高，以组距为底，画出 k 个矩形。这就是直方图，如图7-5所示。

2. 直方图的观察分析

直方图画好之后，要检查其分布情况及与标准的差异情况，从而判断生产过程是否处于稳定状态。

（1）看分布形状　一般地说，直方图以中间为顶峰，左右对称地分散呈正态分布

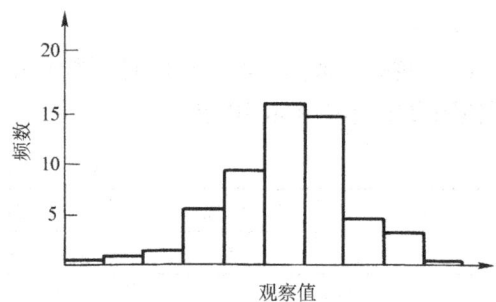

图7-5　直方图

时，说明生产过程较正常（图7-6）。当出现图7-7至图7-11所示的各种情况时，说明生产过程为异常，就要分析原因，采取改进措施，以控制生产过程。

直方图常见的几种情况如下。

① 正常型，又称对称型，如图7-6所示。它的特点是中间高，两边低，呈左右基本对称，说明工序处于稳定状态。

② 孤岛型，在远离主分布中心的地方出现小的直方，形成孤岛，如图7-7所示。孤岛

的存在向我们揭示短时间内有异常因素在起作用，使加工条件起了变化，如原料混杂、操作疏忽、有不熟练的工人替班或测量工具有误差等。

③ 偏向型，直方的顶峰偏向一侧，所以也叫偏坡形，如图 7-8 所示。计数值或计量值只控制一侧界限时，常出现此形状；有时也因加工习惯造成这样的分布，如孔加工往往偏小，而轴加工往往偏大等。

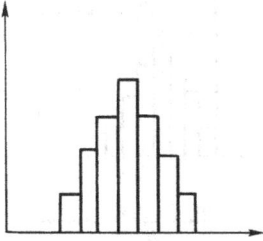

图 7-6 正常型直方图   图 7-7 孤岛型直方图   图 7-8 偏向型直方图

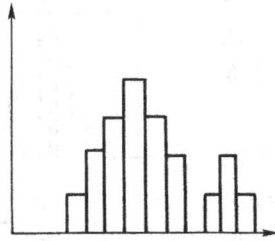

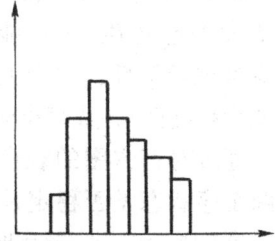

④ 双峰型，如图 7-9 所示。这往往是由于把来自两个总体的数据混在一起作图所致。例如把两个人加工的产品或两台设备加工的产品混为一批等。这种情况应分别作图后再进行分析。

⑤ 平顶型，直方图呈平顶形，如图 7-10 所示。往往是由于生产过程中有缓慢变化的因素在起作用所造成，如刀具的磨损、操作者疲劳等，应采取措施，控制该因素稳定地处于良好的水平上。

⑥ 锯齿型，如图 7-11 所示。这类型的直方图，大量出现参差不齐，但整个图形的整体看起来还是中间高、两边低、左右基本对称，造成这种情况不是生产上的问题，可能是分组过多或测量仪器精度不够，读数有误等原因所致。

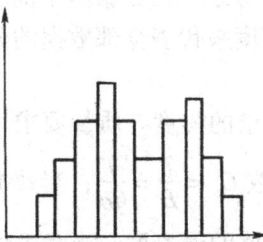

图 7-9 双峰型直方图   图 7-10 平顶型直方图   图 7-11 锯齿型直方图

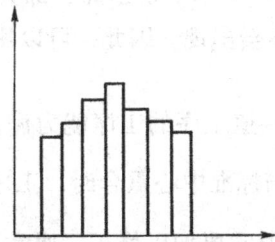

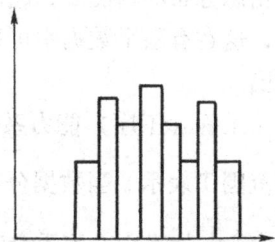

（2）用直方图与标准（或公差、或规格）进行比较 比较的目的在于看直方图是否都落在标准之中，从而判断生产过程是否出现异常。一般可能出现图 7-12 中所示的几种情况。

图 7-12a 中，（图中 T 代表标准，B 代表产品质量的实际分布范围，下同），B 在 T 之中，两侧有适当的余量，这样的工序是不会出现不合格产品的，是理想状态。

图 7-12b 中，B 在 T 之中，但偏向一侧，有出现不合格品的可能。因此，应及时查明原因，采取措施，使直方图移到中间来。

图 7-12c 中，B 在 T 之中，但完全没有余量，一不小心，就会出现不合格品。因此，必

须采取措施，以缩小分散性，设法提高工序能力或放宽标准。

图 7-12d 中，产品质量偏离标准中心，造成超差而出现了不合格品，应采取措施将其纠正过来。

图 7-12e 中，B 太大（即直方的分散性太大），出现了不合格品，应采取措施，减少分散，或者放宽标准。

图 7-12f 中，B 不仅在 T 之中，而且 T 大大超过 B，工序能力过大，此时应考虑经济性，改变工艺（由精度高变为精度低），或缩小公差。

通过对直方图的观察分析，可以判断工序状态是否稳定及质量数据出现异常的原因，并与标准比较，大致判断产品质量是否满足标准要求。此外，分类作直方图，可以区分不同原材料、机器、工人、时间等因素对产品质量的影响，还可以利用直方图作定量分析、计算工序能力系数。

（二）工程能力测算

工程能力也称工序能力，是指工序在一定的生产技术组织条件下，能够满足产品质量要求的能力。工序能力（B）是以 6 倍的工序标准差（σ）来度量的，即工序能力 $B = 6\sigma$，因为，

图 7-12　直方图与标准的比较

在正态分布的情况下，超出 6σ 的概率小于 0.27%，即只有不到千分之三的数据落于范围之外，这在有限个数据中可以认为不会出现。因此，可以用 6σ 的宽度来代表全部数据的分散范围。

工程（工序）能力系数表示一道工序的工序能力满足质量要求的程度。质量要求用标准范围 T 表示。当数据分布中心与标准中心重合时，工序能力系数 $C_p = \dfrac{T}{B} = \dfrac{T}{6\sigma}$；当数据分布中心与标准中心不重合时，$C_p$ 值需要加以修正，通常要考虑均值的偏离度，当考虑偏离度时，计算公式为

$$C_{PK} = (1 - K)C_P = (1 - K)\frac{T}{6\sigma} = \left(1 - \frac{2\varepsilon}{T}\right)\frac{T}{6\sigma}$$

式中　C_{PK}——考虑偏离度时的工序能力指数；

　　　K——偏移系数，等于 $\left(1 - \dfrac{2\varepsilon}{T}\right)$；

　　　ε——实际分布中心与标准中心的绝对偏移量。

对工序进行 C_P 值的计算，主要用于判断工序能力并指导工序调整、质量管理，指导制

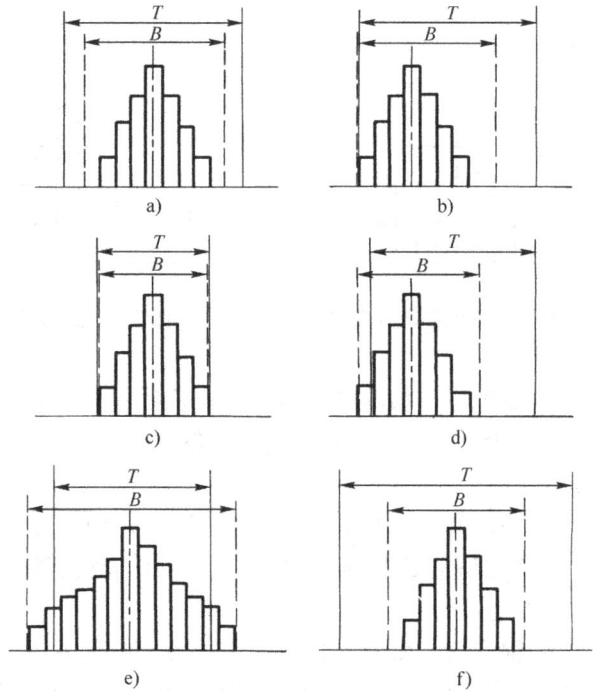

定合理的标准，用作考核设备维修质量、生产操作质量的指标，并用以调查企业各工序的质量状况，以便发现问题，采取对策措施。通常根据工序能力系数 C_P 值的大小，把每个工序能力分为 5 个等级。当通过调查已知工序能力等级时，就可以对现在生产和将要生产的产品质量状况进行判断。工序能力等级，见表 7-5。

表 7-5　工序能力等级表

C_P 值大小	等　级	判　断
$C_P > 1.67$	特级	工序能力过高
$1.67 > C_P \geqslant 1.33$	一级	工序能力足够
$1.33 > C_P \geqslant 1.00$	二级	工序能力尚可
$1.00 > C_P \geqslant 0.67$	三级	工序能力不足
$C_P < 0.67$	四级	工序能力严重不足

五、控制图法

（一）控制图的基本原理

控制图又称管理图，是一种标有控制界限值的、按照规定时间记录控制质量特性值随时间推移发生波动情况的统计图。利用控制图可以监视控制产品质量波动的动态，判别与区分正常质量波动和异常质量波动，分析工序是否处于控制状态，预报和消除工序失控。此外，还可为进行质量评定、改进产品设计和工艺设计积累数据。控制图的基本格式如图 7-13 所示。

画图时将收集的质量特性值变为点子描在图上，并把各点用线段连接起来，如果点子落在上、下控制界限内，而且点子排列正常，那么就判断

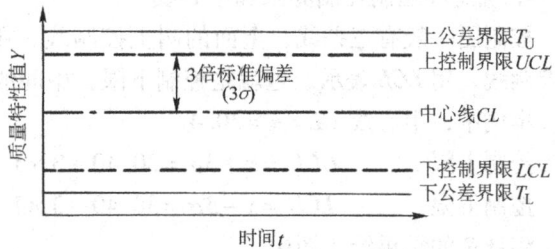

图 7-13　控制图的基本格式

生产过程处于控制状态，否则，生产过程中就存在着异常因素。因此，控制图中的控制界限就是判断生产过程是否存在异常因素的判断基准。

（二）控制图的种类

控制图的种类很多，基本上可分为两大类：一类是计量值控制图，属于这类控制图的主要有：单值控制图（x 图）、平均值和极差控制图（$\bar{x}$—R 图）、中位数和极差控制图（$\tilde{x}$—R 图）；另一类是计数值控制图，属于这类控制图的主要有：不合格品数控制图（P_n）、不合格品率控制图（P 图）、缺陷数控制图（C 图）、单位缺陷控制图（U 图）。

尽管控制图有很多种，但其基本原理、基本格式、作图方法和判断规则是基本一致的。计量值控制图中常用单值控制图，它方法简便，适用于现场工序管理。

（三）单值控制图的制作方法

下面通过实例说明单值控制图的制作步骤。

1. 收集数据

某企业生产长度 1 000mm，标准为 +0.25 ~ +0.36mm。对 10 个小时内生产轴的长度抽查测量数据见表 7-6。

2. 求平均值 $\bar{x}$ 和标准偏差 σ

$$\bar{x} = \sum \frac{x}{n} = 911.98/30 = 30.40$$

$$\sigma = \sqrt{\frac{\sum (x - \bar{x})^2}{n}} = \sqrt{\frac{66.69}{30}} = 1.49$$

表 7-6　长度特性值数据（数据值为：测得值 ×100）

1	29. 79	33. 92	27. 31	6	30. 83	32. 79	28. 87
2	32. 3	28. 02	31. 59	7	31. 07	31. 07	30. 93
3	31. 18	31. 88	29. 29	8	28. 94	30. 21	31. 61
4	27. 9	31. 00	31. 68	9	30. 09	30. 36	29. 89
5	29. 84	29. 48	29. 47	10	31. 84	29. 2	28. 7

3. 建立直角坐标系

纵轴表示测得的质量特性数据值或统计量，横轴表示取样时间或子样序号。本例中，纵轴表示长度，横轴表示日期。

4. 确定和绘制控制界限和中心线

控制图一般有三条线，上面的叫上控制线，用 UCL 表示，也就是控制上限；下面的叫下控制线，用 LCL 表示，也就是控制下限；中间的叫中心线，用 CL 表示。

本例中，中心线 $CL = \bar{x} = 30.4$

控制上限　　　$UCL = \bar{x} + 3\sigma = 30.40 + 3 \times 1.49 = 34.87$

控制下限　　　$LCL = \bar{x} - 3\sigma = 30.40 - 3 \times 1.49 = 25.93$

将计算的结果绘于图中。

5. 描点并连接各点

将所有的特征值点描在图上，并用折线将它们画成特性曲线。本例如图 7-14 所示。

经过多次抽样，检验所作控制图的正确性后，方可正式作为控制图来判断工序状态。

（四）控制图的观察分析

点子全部落在控制界限以内，而且排列正常，可以判定该生产过

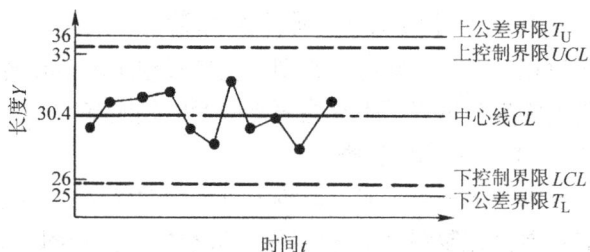

图 7-14　轴长度控制图

程正常，处于控制状态下。一般来说，控制图上的点子反映出生产过程的稳定程度。但是，有的控制图上的点子分布反映得比较明显，有的控制图上的点子分布反映得不明显。因此，为了判断生产过程是否处于稳定状态，需要制定出一定的判断规则。在理论上和实践上一般认为控制图必须同时满足以下两个条件，才能认为生产过程基本上处于控制状态，否则，就认为生产过程发生了异常，必须把引起这种变化的异常原因找出来，排除掉。这两个条件是：

1）点子未越出控制界限。

2）点子在控制界限内随机正态排列，没有缺陷。

关于第一个条件，我们知道，将测量结果在控制图上打点，不外乎点子出界（包括点子恰好落在控制线上）或落在控制界限之内两种可能。原则上可根据打点出界或不出界来判断生产过程是否处于控制状态。但是，由于控制界限采用3σ标准，依据数理统计的基本规律，在生产正常的情况下，打点出界的可能性为0.27%左右，因此，如果一有打点出界就判断生产为异常，可能所会出现将正常判为不正常的错误（数学上称为"第一种错误"）。为此，有下列判断准则，即在点子基本是随机排列的情况下，符合下列条件时，判断生产过程仍然是正常，但对点子出界必须查明原因。

1）连续有25个以上的点子落在控制界限之内。

2）连续35个点，点于出界不超过一点。

3）连续100个点，点子出界不超过两点。

关于第二个条件，生产过程虽然出现了异常，但某些产品质量特性值在控制图上却处在控制界限之内，这时，如果判断生产过程正常，则会出现将不正常判为正常的错误（数学上称为"第二种错误"）。为此，有下列判断规则。

（1）链　点子连续出现在中心线一侧的现象称作链。有若干个点子连续出现在中心线一侧的情况：当出现5点链时，应密切注意工序发展；当出现6点链时，应引起警惕；当出现7点及以上链时，即判断生产过程有异常。

有较多的点子间断地出现在中心线一侧的情况。出现以下情况，就可判断生产过程出现异常：连续11点中至少有10点在中心线一侧；连续14点中至少有12点在中心线一侧；连续17点中至少有14点在中心线一例；连续20点至少有16点在中心线一侧。

（2）倾向(趋势)　倾向是指点子连续上升或下降的现象，当7个以上的点子连续上升或下降时，即判断生产过程有异常。

（3）极限　极限是指有较多的点子接近控制界限（即处于边缘状态），此时也判断为异常。例如，连续3点中有2点接近控制界限；连续7点中有3点接近控制界限；连续10点中有4点接近控制界限。

（4）周期　周期是指有若干个点子出现周期性变化情况，或所有的点子都集中在中心线附近，均属异常。

六、相关图法

相关图法（又称散布图），在生产过程中，常遇到这种情况，同处于一个统一体内的两个因素之间互相制约、互为因果，但它们的关系又不是确定型关系，而是相关关系，即这些变量（因素）之间既有关系但又不能由一个变量的数值精确地求出另一个变量的数值。把这些说明相关关系的数据，用点子填布在坐标纸上，就能得到一个散布图。因为它说明两者的相关关系，所以也叫做相关图或相关分布图。

相关图以直角坐标表示，以横轴X代表相关原因，纵轴Y代表相关结果。相关可分为两类，即线性相关和非线性相关。线性相关是相关原因和相关结果大体呈线性关系，这种线性关系按原因和结果的变化可分为正相关和负相关（图7-15a和图7-15b）；按结果分布的宽度又可分为强相关和弱相关。非线性相关是指相关结果与相关原因大体成指数函数分布（图7-15c）；此外，还可能出现不相关的情况（图7-15d），这种不相关现象说明原因与结果之间不存在某种内在的联系，或者说明原来判断为相关的关系并不存在，即判断失误。在这种情况下，就应改进相应的方法和手段，重新检测，以便如实地反映事物本来存在的关系，保证和提高产品质量。

相关图可以用来控制产品及工程质量，它能使诸多复杂的相关关系图形化、简单化，从而找出物质运动的内在规律性。如果散布图在图上呈线性分布，可用 $f(x) = a + bx$ 的直线方程来描述它们的相关关系。

七、统计调查表法

统计调查表又叫检查表，是一种统计图表，利用这种统计图表可以进行数据的收集、整理和原因调查，并在此基础上进行粗略的分析。在应用时，可根据调查项目的不同和所调查质量特性要求的不同，采用不同的模式。企业常用的调查表有废品项目调查表、缺陷位置调查表、质量分布调查表等。

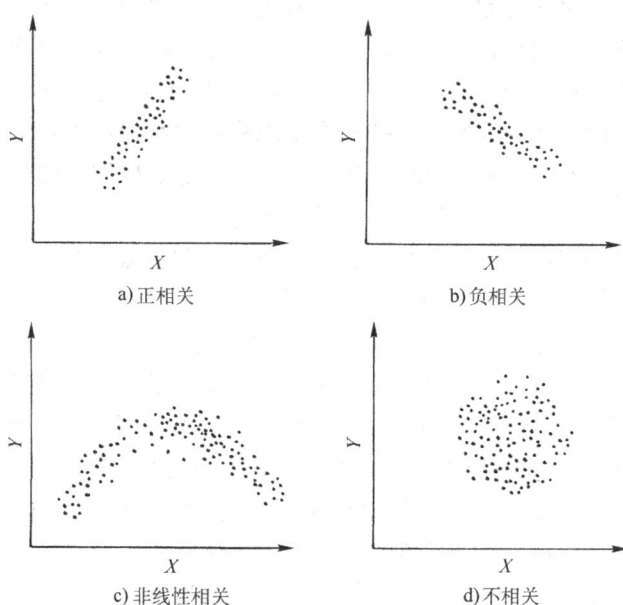

a) 正相关   b) 负相关

c) 非线性相关   d) 不相关

图 7-15 散布图的各种情况

下面介绍应用比较广泛的废品项目调查表。企业对生产中出现的废品（或不合格品），需要调查造成废品的项目及这些项目占的比率大小，如把预先设计好的表格放在现场，让工人随时在相应栏里画上记号，填上数据，下班时再做个统计，就可以及时地掌握情况。表7-7是一张废品项目调查表的表格。

表 7-7 废品项目调查表

日 期	操作者	投料量	产量	废品量	废品率 (%)	废 品 项 目								
						①	②	③	④	⑤	⑥	⑦	…	其他
×月×日 …														
合计														

废品项目经过分门别类的填写，然后整理就对造成废品的原因进行了粗略的分析。

第四节　ISO 9000 质量标准和质量认证

一、ISO 9000 系列标准

ISO 9000 系列标准是在总结工业发达国家质量管理经验的基础上，为适应发展国际贸易的需要，于1987年3月正式发布的一整套国际性质量标准系列，具有较强的指导性和实用性。国际标准化组织的总部设在瑞士日内瓦，在它的推动下，已有50多个国家和地区全部采用了这套标准，并制定了相当于 ISO 9000 系列标准的国家标准。如欧洲共同体的 EN 2900 标准，美国的 ANSI/ASQOQ 90 标准，英国的 BS 5750 标准，我国的 GB/T1 9000 系列标准。

ISO 9000 系列标准是通用的、得到世界各国普遍承认的一种较完备的规范。它是一种综合的、符合逻辑、注重实际，并被评估者唯一承认的质量保证体系。ISO 9000 系列标准共分 ISO 9000、ISO 9001、ISO 9002、ISO 9003 和 ISO 9004 五个部分。

ISO 9000 是该系列标准的选用指南，并为 ISO 9001、ISO 9002、ISO 9003 和 ISO 9004 的应用建立了准则。它主要阐明了几个质量术语的基本概念之间的关系、质量体系环境的特点、质量体系国际标准的分类，以及在质量管理与合同环境（所谓合同环境是指供需双方之间依据合同，按一定质量要求进行产品或服务的购买和生产，并且双方在合同中确定对供方质量保证能力的要求）中质量体系国际标准的应用。

ISO 9001 是开发、设计、生产、安装和服务的质量保证模式标准。它包括涉及企业全部活动的总的质量标准。

ISO 9002 是生产和安装的质量保证模式标准。

ISO 9003 是最终检验和试验的质量保证模式标准。

ISO 9004 是质量管理和质量体系要素的指南，是非合同环境（所谓非合同环境是指供需双方没有建立合同关系，或在合同中没有对供方提出质量保证能力的要求）中用于指导企业管理的标准。对于企业内部质量管理来说，ISO 9004 是 ISO 9000 系列中最适用的一个标准。

（一）ISO 9000 系列标准的基本内容

该系列标准阐述了五个关键术语的概念及其相互关系。这五个术语是质量方针、质量管理、质量体系、质量控制和质量保证。

1. 质量方针

质量方针是由组织的最高管理者正式颁布的该组织总的质量宗旨和质量方向。

2. 质量管理

质量管理是制定和实施质量方针的全部管理职能。

3. 质量保证

质量保证是对某一产品或服务能满足规定质量要求，提供适当信任所必需的全部有计划、有系统的活动。

4. 质量控制

质量控制是为达到质量要求所采取的作业技术和活动。

5. 质量体系

质量体系是实施质量管理的组织结构、职责、程序、过程和资源。

同时，该系列标准阐述了一个组织应力求达到的质量目标、质量体系的环境特点和质量体系标准的类型。一个组织应力求达到的质量目标如下。

1）应实现并保证其产品或服务的质量，以不断满足需方明确的或隐含的需要。

2）应使自己的管理者相信正在实现并能保持所期望的质量。

3）对所交付的产品或服务，应使需方相信正在实现或将要实现所期望的质量。当有合同要求时，这种信任可包括经双方同意程序的证实要求。

此外，该系列标准还规定了质量体系标准的应用范围、三种质量保证模式的选择程序和选择因素；规定了质量体系证实和质量文件的内容、供需双方在签订合同前应作的准备。

（二）ISO 9001—ISO 9003 基本内容

1）ISO 9001 适用于要求供方质量体系提供从合同评审、设计直到售后服务都能进行严格控制能力的足够证据，以保证从设计到售后服务各阶段都符合规定的要求，并强调对设计质量的控制。

2）ISO 9002 适用于要求供方质量体系提供具有对生产过程进行严格控制能力的足够证据，以保证在生产和安装阶段符合规定要求，防止和发生生产、安装过程中的任何不合格现象，强调预防为主，质量控制和质量检验相结合。

3）ISO 9003 适用于要求供方质量体系提供具有对产品最终检验和试验进行严格控制的能力的足够证据，强调检验把关。

（三）ISO 9004 的基本内容

该标准阐述了企业建立质量体系的原则，质量体系应包含的基本要素，各基本要素的含义，要素的目标，要素间的接口及所要求的文件、记录等，是指导企业建立质量体系的标准文件。

ISO 9000 系列标准与全面质量管理的理论依据和指导原则都是一致的，方法可以互相兼容。通过实施 ISO 9000 系列标准，可以进一步推进全面质量管理，并使它更加规范化，还可以与国际伙伴进行双边和多边认可，促进国际合作和国际贸易的发展。

（四）实施 ISO 9000 系列标准的意义

我国已贯彻实施 ISO 9000 系列标准，对于 ISO 9000 系列标准，仅作了一些编辑性、技术性修改，相应地制定了国标——GB/T 19000 系列标准。这对我国参与国际经济活动，消除不必要的技术壁垒，促进我国全面质量管理深入发展，提高企业质量管理水平，起到了良好的作用。

（1）它能促进我国质量管理水平进一步提高　ISO 9000 系列标准是从标准的角度，对质量管理、质量保证理论和方法进行了系统性的提炼、概括和总结，并使其系统化、规范化。它与全面质量管理（TQC）的理论依据是一致的，在方法上可以互相兼容。因此，推行 ISO 9000 系列标准，可以促进我国质量管理工作水平向纵深发展和提高。

（2）有利于发展社会主义市场经济，提高企业竞争能力　随着我国社会主义市场经济体制的建立，企业必须转换经营机制，搞活经营，参与国际市场竞争，这就要求企业依靠技术进步，加快技术改造步伐，及时引进先进的技术和装备，搞好新产品开发和老产品的升级换代，以增强产品在国际市场上的竞争能力。在国际交往中，采用 ISO 9000 系列标准，用它来对企业的产品质量和质量保证体系进行评审，才符合国际惯例。如果不采取措施去适应这种国际惯例和发展趋势，必将使我们在国际经济活动、进出口贸易中处于不利地位，甚至可能阻碍我国商品进入国际市场，也难以打开进口国所设置的贸易壁垒。

（3）有利于保护消费者的权益　随着现代科学技术的进步，应用新原理、新结构和新材料制造的产品不断出现。在这些产品中，大都具有安全性好、可靠性高、价值高的特点，如果这些产品在质量上存在某种缺陷，会给用户带来较大的损害或损失。消费者在选购或使用这些产品时，因无检测仪器而无法在技术上对产品加以鉴别。即使生产厂家按技术要求进行生产，但技术规范本身不完善或质量管理不健全，产品质量也无法达到标准要求。所以，只有实施 ISO 9000 系列标准，企业健全相应的质量保证体系，才能稳定地生产出满足用户需要的产品，从而有效地保护消费者的利益。

（五）ISO 9000 系列标准的选择使用

企业在实施系列标准时，首先必须正确地选择使用系列标准，才能有效地建立并实施企业的质量体系。ISO 9000 标准中提出，一个企业的质量体系应包括本企业的目标、产品或服务项目以及自己的实际经验来决定。系列标准的选择使用也应遵循这一原则。

1. 内部质量管理标准的选择使用

ISO 9004 标准对企业建立和实施质量体系提供了指南。企业无论处于合同环境还是非合同环境，都应按照 ISO 9004 标准提供的指导，确定采用哪些要素以及采用的程度，以建立质量体系并使其有效运行。

企业应在寻求风险、费用和利益最佳点的基础上实现质量控制最佳化，否则，或是风险增加，或是影响供需双方的实际利益。因此，企业在选择使用 ISO 9000 标准时，既不能照搬标准中推荐的要求，无论是否需要都一概进行控制，势必增加企业的质量保证费用，影响企业利益；也不能不顾实际需要，放弃必需要素的控制，给用户和企业都带来风险，影响双方的利益。

在选择使用质量管理标准时，还应考虑到本企业产品的类型。对于生产硬件类产品或两个以上类型产品的企业，在应用 ISO 9004 的标准时，还应选择使用 ISO 9004 补充的有关标准，依据产品类型的特点建立并实施质量体系。

2. 外部质量保证模式标准的选择使用

ISO 9001、ISO 9002、ISO 9003 标准的一个最大特点是在合同环境下选择使用，即需方和供方在合同中确定符合质量保证模式的质量保证要求，或者是在某种模式基础上进行一些增减。

与用于内部质量管理标准的选择原则一样，用于外部质量保证模式标准的选择原则也是寻求供需双方风险、费用和利益的最佳点，使选定的质量保证模式对双方都有利。

三种质量保证模式标准运用于三种不同的典型合同环境。在选择使用时还应考虑以下 6 个因素。

（1）设计复杂性　指产品设计的难易程度，包括产品设计的难度，涉及专业范围的广度、设计工作量的多少等。

（2）设计成熟程度　指已规范化的以及经过性能试验或现场使用过的设计所占设计工作量的比例。

（3）制造复杂性　包括现行制造工艺的可用性，是否需要开发新工艺，所需工艺的种类和难易程度，各工艺对产品性能的影响等。

（4）产品或服务的特性　指产品或服务的复杂性、相关特性的数量和各特性对产品功能的影响程度等。

（5）产品的安全性　指发生故障的风险和后果。

（6）经济性　指权衡上述五方面因素给供需双方所带来的费用和产品中不合格项带来费用的对比。

特别需要指出的是，随着企业开展贸易时对质量保证要求日益严格，特别是随着第三方质量体系认证制度的开展，客观上要求企业具有必要的外部质量保证能力，因此，即使是目前处于非合同环境下的企业，在按照 ISO 9004 标准建立或完善质量保证体系时，也应依据上述 6 个因素，选择一种质量保证模式，来充实和验证自身质量体系的保证能力。

二、质量认证

（一）质量认证的由来

质量认证是随着现代工业的发展作为一种外部质量保证的手段逐步发展起来的。在现代质量认证产生之前，供方为了推销产品，往往采取"合格声明"的方式，以取得买方对产品质量的信任。所谓"合格声明"就是供方单方面通过有关的产品说明或文件或"合格"标记等形式，表明所供产品的全部特性能够符合买方的要求。当然，这对于质量特性比较简单的产品而言，不失为一种增强买方购买信心的有效手段。但随着科学技术的发展，产品的结构和性能日趋复杂，仅凭买方的知识和经验很难判断产品是否符合要求，加之供方的"合格声明"并不总是可信，于是供方单方面的"合格声明"的作用逐渐下降。在这种情况下，顺应供方树立其产品信誉、社会保障、消费者利益以及安全和立法的需要，由第三方证实产品质量的现代质量认证制度便应运而生。

随着时间的推移，质量认证制度本身也有了较大的发展。起初，各认证机构只对产品本身进行检验和试验，仅能证明供方的产品设计符合规范的要求，并不能担保供方以后继续遵守技术规范。后来，认证机构增加了对供方质量保证能力的检查和评定，以及获证后的定期监督，从而证明供方生产的产品持续符合标准。至 20 世纪 70 年代，质量认证制度又有了新的发展，出现了单独对供方质量体系进行评定的认证形式。

（二）质量认证的概念

认证的原意是由授权机构出具的证明。这个机构必须是独立的技术权威机构，它站在国家立场上，既能代表供需双方利益，又与双方无经济上的利害关系，故又称为有权威性的第三方认证。认证的依据是技术标准，认证所采用的标准是国际水平的；认证的对象是产品和服务；认证合格的证明是合格证书和合格标志。

按国际标准化组织所下定义，质量认证是由可以充分信任的第三方证实某一经鉴定的产品或服务符合特定标准或其他技术规范的活动。一般包括两个方面的内容：产品和质量体系的认证和认证机构的认可。

1. 产品认证和质量体系认证

当今世界各国实行的质量认证，主要对象是产品，因此通常称为产品质量认证。我国的产品质量认证管理条例规定，产品质量认证（简称认证）是指依据产品标准和相应的技术要求，经认证机构确认并通过颁发认证证书和认证标志，证明某一产品符合相应标准和相应技术要求的活动。

质量体系认证是指依据国际通用的《质量管理和质量保证》系列标准，经过认证机构对企业的质量体系进行审核，并以颁发认证证书的形式，证明企业的质量体系和质量保证能力符合相应要求，授予合格证书并予以注册的全部活动，又称质量体系注册。

产品或质量体系认证普遍称为第三方认证。它是由一个认证机构直接管理或监督的认证制度。认证机构通常是政府或非政府的公共团体，它具有可靠地执行认证制度的必要的能力，并且在认证过程中能代表与认证制度有关各方的利益。认证机构必须独立于制造厂、销售商和使用者（消费者）的权威机构，并且应具有独立的法人资格。

2. 认可

认可是由权威性组织依据程序对某一团体或个人具有从事特定任务能够予以正式承认。

为了确保产品认证和体系认证的客观性、公正性和科学性，应对认证机构的资格进行评价和认可。需认可的认证机构包括：产品认证机构；体系认证机构；检验、鉴定机构；培训机构，还包括审核员的资格注册等。

（三）实行质量认证的作用

（1）帮助消费者选购商品，维护消费者利益　普通消费者一般总是凭借自己的经验和有限的知识去选购商品的。在现代科学技术突飞猛进的今天，由于商品种类越来越多，结构越来越复杂，许多商品的电子化、自动化水平越来越高，这就会使消费者显得缺乏必要的选购知识和检测手段，处于茫然被动的地位，有时甚至受骗上当。实行认证制度后，凡是认证合格的产品均有"认证标志"，这就向消费者表明，该商品是经过认证机构鉴定过的、符合国家规定的技术标准的合格产品，因此，消费者可以放心地购买，这就有效地维护了消费者的利益。

（2）推动先进标准的贯彻，实现扶优限劣的政策　技术标准是认证制度的基础，标准水平越高，被认证的产品的质量水平就越高。我国认证制度的基本政策之一，是凡申请认证的产品必须采用具有国际水平的标准或国外先进标准，这就能推动国家标准的贯彻执行，实现国家的扶优限劣政策，促进技术进步。国外有一些国家根据认证所采用的标准水平不同，将认证分为不同的等级，例如国际一般水平级和世界先进水平级的认证，并分别使用不同的认证标志，对世界先进水平级认证合格的产品，实行鼓励政策。

（3）帮助企业建立健全质量体系，促进企业提高质量管理水平　质量体系是全面质量管理的基础，只有建立和健全质量体系，才能保证企业持续稳定地生产合格的产品。一个科学的认证制度，在批准认证之前，应对企业质量体系的有效性作出审查和评价。只有当质量体系符合认证机构规定的要求时，才能取得产品认证资格，这是批准认证的基本条件之一。另外，产品取得认证证书和认证标志后，要想经得起认证后的监督检验，使产品长期稳定地保持认证合格时的质量，甚至还有所提高，也必须有一个有效运行的质量体系。认证机构组织专家对申请认证的企业的质量体系进行审核和评价，实质上是帮助企业建立和健全质量体系的过程，是促进企业提高质量管理水平的重要手段。

（4）促进国家计量水平的提高　凡是申请认证的产品，都必须由国家认可的检验机构对其进行型式试验。这就促使这种检验机构不断采用和开发最先进的计量器具、测试设备，把自身建设成为一个具有公正性、科学性和权威性的检验机构，真正发挥第三方的作用。

（5）减少社会的重复检验和试验，节省大量的试验费用　在社会化大生产的今天，每个企业既是生产者，又是消费者和顾客。当它作为消费者和顾客购买大量原材料、零部件和元器件时，往往需要对其进行质量检验，以保证本企业的产品质量。如果产品经过认证，取得认证标志后，企业或有往来的国家信任这种认证，那么就可以将购买到的带有认证标志的元器件、零部件和产品不经检验而直接使用。这样就可以减少大量重复检验和试验的工作量，为企业和国家节省了这方面的支出。

（6）提高产品在国际上的竞争能力　实行认证制度是当今国际上保证产品质量的一种颇受欢迎的制度，取得认证标志的产品不仅在本国受欢迎，而且在国外也享有很高的声誉。不少国家之间签订了双边认证合作协议，相互承认对方出口产品的检测数据和结论。特别是通过国际认证的产品，将得到各成员国的普遍承认，出口时可以享受一定的优惠待遇，甚至可以在国际市场上适当地提高销售价格。

（7）给销售者带来信誉和经济利益　这里的销售者可以是生产企业，也可以是经销企业。由于带有认证标志的产品是经过第三方检验机构严格检验和使用过的，而且还要接受日常的监督检验，因此消费者对这种产品比较信赖，愿意购买。这样就能提高这种产品的市场占有率，为销售者带来了较大的经济利益。

（8）实现国家对产品质量的宏观控制　为了在我国有计划地实行认证制度，对有关国计民生的产品、关系人生安全和健康的产品实行强制性认证，详细规划其适合的认证标准水平、标准的制定期和实施期，以及认证结束期，并编制实施认证的产品目录。通过认证，企业向社会提供符合规定要求的产品。

（9）降低承担产品责任的风险　按照《产品质量法》的规定，产品存在缺陷，致使消费者和用户遭受人身损害或财产损失，生产者要承担产品侵权损害赔偿的严格责任。企业经过质量体系认证提高企业质量管理水平，建立健全了质量管理制度，因此降低了产品出现缺陷以致承担产品侵权赔偿责任的风险。

（四）质量认证的要素和类型

1. 质量认证的要素

认证的基本要素包括型式试验、质量体系检查、监督检验和监督检查。

"型式试验"是指为了证明产品质量符合产品标准的全面要求而对产品进行的抽样检验，它是构成许多类型认证的基础。

"质量体系检查"是指对产品生产企业的质量保证能力进行的检查和评定。

"监督检验"是对获取认证后的产品进行的一项监督措施，它是从企业最终产品中或市场上抽取样品，由认可的独立检验机构进行检验。如果检验结果证明继续符合标准的要求，则允许继续使用认证标志；如果不符合，则要采取必要的措施。

"监督检查"是对取得认证资格的生产企业的质量保证能力进行定期复查，这是保证产品的质量持续符合标准的又一项监督措施。

2. 认证的分类

（1）按认证的性质分类　有自愿性认证和强制性认证。自愿性认证是企业自愿申请接受认证。它适用于一般性产品。强制性认证是必须接受指定机构认证，它适用于有关人身安全、身心健康和具有重大经济价值、关系国计民生的产品。产品未经认证，不许销售，否则依法惩处。

（2）按认证范围分类　有国家认证、区域认证和国际认证。国家认证是以本国批准颁布的技术标准为基础。区域认证是以一个地区的参加国共同制定的标准为依据，例如欧洲标准化委员会认证委员会有自己的标准和认证标志。国际认证是以国际标准（ISO 或 IEC 标准）为基础。

（3）按认证标志分类　有合格标志认证和安全标志认证。合格认证是以技术标志为基础的自愿性认证，认证合格后，发给"合格认证标志"；安全认证标志是以安全标准为基础的强制性认证，认证合格后发给"安全认证标志"。

（4）按认证的制度分类　有型式试验（又称为典型试验、样品实验）、型式试验加市场抽样检验、型式试验加工厂抽样检验、型式试验加认证后监督（市场和工厂抽样检验）、型式试验加工厂质量体系评定加认证后监督（质量体系复查、市场和工厂抽样检验）、工厂质量体系评定、批量抽样检验、百分之百检验8种类型。

（五）其他认证形式——SA 8000 和 ISO 14000 认证

1. SA 8000 认证

SA 8000 即"社会责任标准"，是 Social Accoutability 8000 的英文简称，是全球首个道德规范国际标准。其宗旨是确保供应商所供应的产品，符合社会责任标准的要求。它是一个国际性社会责任验证标准。SA 8000 于 1997 年 8 月由 CEPAA（Council on Economic Priorities Accreditation Agency）依据《国际劳工组织公约》、《世界人权宣言》及《联合国儿童权利公约》的内容而发起制定的。CEPAA 为 CEP（Council on Economic Priorities）的分支机构，CEP 主要任务是评估企业的社会责任表现，提供给消费者及投资者。CEPAA 负责 SA 8000 国际标准的制定及认可委员会，其标准内容与 ISO 9000 或 ISO 14000 有相同的验证体系。实施 SA 8000 是企业重视社会责任、推动社会责任、落实社会责任管理的最佳保证。对已实施 ISO 9000 或 ISO 14000 的厂商而言，建立 SA 8000 将不致造成管理上的负担，甚可提升全方位的管理效率，因 SA 8000 系统架构可与 ISO 9000 或 ISO 14000 相结合。

SA 8000 标准适用于世界各地，任何行业，不同规模的公司，其依据与 ISO 9000 质量管理体系及 ISO 14000 环境管理体系一样，皆为一套可被第三方认证机构审核的国际标准。

（1）SA 8000 标准的要求　包括：①童工；②强迫性劳工；③健康与安全；④组织工会的自由与集体谈判的权利；⑤歧视；⑥惩戒性措施；⑦工作时间；⑧工资；⑨管理体系。

（2）SA 8000 认证的作用

1）减少国外客户对供应商的第二方审核。

2）节省费用。

3）更大程度的符合当地法规要求。

4）建立国际公信力。

5）使消费者对产品建立正面情感。

6）使合作伙伴对本企业建立长期信心。

（3）SA 8000 社会责任管理系统的优点

1）满足客户强制性要求。

2）确保与改善客户与供货商长期合作关系。

3）增进企业竞争能力。

4）改善现有社会责任管理。

5）尊重员工生命，提升企业形象。

6）提升员工向心力。

7）改善与工会及利害相关者的关系。

8）取得社会责任管理系统证书。

9）品质、环境及社会责任管理系统的全面整合。

10）顺应国际趋势，追求企业永续经营。

2. ISO 14000 认证

（1）ISO 14000 概述　ISO 14000 是国际标准化组织（ISO）第 207 技术委员会（TC207）从 1993 年开始制定的系列环境管理国际标准的总称，它同以往各国自定的环境排放标准和产品的技术标准不同，是一个国际性标准，对全世界工业、商业、政府等所有组织改善环境管理行为具有统一标准的功能。它由环境管理体系（EMS）、环境行为评价

（EPE）、生命周期评估（LCA）、环境管理（EM）、产品标准中的环境因素（EAPS）等7个部分组成。其标准号从14001至14100，共100个。

我国于1997年4月1日由国家技术监督局将已公布的五项国际标准ISO 14001、ISO 14004、ISO 14010、ISO 14011、ISO 14012等同于国家标准GB/T24001、GB/T24004、GB/T24010、GB/T24011和GB/T24012正式发布。这五个标准及其简介如下。

1）ISO 14001（GB/T24001—1996）环境管理体系——规范及使用指南规范。该标准规定了对环境管理体系的要求，描述了对一个组织的环境管理体系进行认证/注册和（或）自我声明可以进行客观审核的要求。通过实施这个标准，使相关组织建立完善的环境管理体系。

2）ISO 14004（GB/T24004—1996）环境管理体系——原理、体系和支撑技术通用指南。该标准对环境管理体系要素进行阐述，向组织提供了建立、改进或保持有效环境管理体系的建议，是指导企业建立和完善环境管理体系的工具和教科书。

3）ISO 14010（GB/T24010—1996）环境审核指南——通用原则。该标准规定了环境审核的通用原则，包括了有关环境审核及相关的术语和定义。任何组织、审核员和委托方为验证与帮助改进环境绩效而进行的环境审核活动都应满足本指南推荐的做法。

4）ISO 14012（GB/T24012—1996）ISO 14012（GB/T24012—1996）环境管理审核指南——环境管理审核员的资格要求。该标准规定了策划和实施环境管理体系审核的程序，以判定是否符合环境管理体系的审核准则，包括环境管理体系审核的目的、作用和职责，审核的步骤及审核报告的编制等内容。该标准提出了对环境审核员的审核组长的资格要求，适用于内部和外部审核员，包括对他们的教育、工作经历、培训、素质和能力，以及如何保持能力和道德规范都做了规定。

这一系列标准是以ISO 14001为核心，针对组织的产品、服务活动逐渐展开，形成全面、完整的评价方法。可以说，这一系列标准向各国及组织的环境管理部门提供了一整套实现科学管理体系，体现了市场条件下环境管理的思想和方法。

（2）ISO 14000系列标准的特点

1）以市场驱动力为前提，是自愿性标准：以往的环境保护工作主要是由政府推动的，依靠制定法律、法规和环境管理标准来强制企业执行。ISO 14000标准强调的是非行政手段，企业建立环境管理体系，申请认证完全是自愿的，与ISO 9000质量认证系列标准一样，是出于商业竞争、企业形象、提高自身管理水平和改善环境绩效等需要，在其内部实施ISO 14000环境管理体系，以此向外界展示其实力和对环境保护的态度。

2）强调对有关法律、法规的持续符合性，但未提出绝对的环境行为的要求：ISO 14000标准的宗旨是希望各种类型的组织都能建立这一体系，而发达国家和发展中国家，大型企业和中小型企业由于经济、技术发展水平相差很大，不可能用统一的环境行为标准来衡量，因此在承诺遵守所在国家法律和法规和其他要求的基础上，ISO 14000标准未提出绝对的环境行为要求。因此两个从事类似活动但环境行为不同的组织都可能通过认证。

3）强调污染预防和持续改进：污染预防和持续改进是ISO 14000的两个最基本的思想，污染预防是通过对组织活动、产品和服务的全过程进行控制，力图使每个环节的环境影响最小化，从而达到组织整体环境影响最小化的目的。而组织的环境行为不是用其他组织或一个绝对的标准来衡量，标准没有规定具体的环境绩效，没有极限值要求，组织应自己与自己进行比较，不管现在做的怎么样，却必须不断改进，一天比一天做的好，但改进不必在所有方面同时进行。

4）标准强调的管理体系，特别注重体系的完整性：要求采用结构化、程序化、文件化的管理手段，强调管理和环境问题的可追溯性，体现出整体优化的特色。

5）广泛适用性：不仅适用于企业，也适用于事业单位甚至政府部门，如英国伦敦附近一个市政府已通过了认证（BS7750）；不仅适用于第一、二产业，也适用于第三产业，如香港香格里拉大饭店通过了认证。

（3）ISO 14000 环境管理系列标准与 ISO 9000 族质量管理、质量保证标准的关系。ISO 14000 和 ISO 9000 都是国际标准化组织（ISO）颁布的管理性系列标准，它们既有一定相同或相似的地方、又有许多不同之处，而且具有各自的特点。

相同点如下。

1）都是管理性标准，而非技术性标准，以优化管理为目的，向各类组织提供标准化的管理模式和实施方案。

2）体系的设计和构成非常相似，基本上按照 PDCA 循环建立体系。

3）有些要素和程序是可以互相兼容的，如文件控制、培训、内部审核等。

4）都是组织整体管理体系的一部分，可以与组织的其他管理工作相结合，通过两个管理体系的建立，使企业管理工作更加科学、规范、有效。

5）都是可进行第三方认证的标准，国家对体系的审核、认证的管理工作很相似，都由机构认可委员会与人员注册委员会进行统一的协调管理工作。

不同点如下。

1）承诺对象不同：ISO 9000 标准的承诺对象是产品的使用者、消费者；而ISO 14000系列标准则是对相关关系人（政府、投资者、消费者、员工等）的承诺，受益者将是全社会、是人类的生存环境和人类自身。

2）管理的内容不同：ISO 9000 族标准控制的核心是产品的质量，持续满足顾客、市场的需求；而 ISO 14000 系列标准控制的核心是对环境因素的控制、预防和减少环境影响，遵守本国的环境法律、法规及其他要求，并对污染预防和持续改进做出承诺。

3）审核认证的依据不同：ISO 9001、ISO 9002 和 ISO 9003 标准是质量体系认证的根本依据；环境管理体系的认证标准是 ISO 14001，并且应结合各国的环境法律、法规及相关要求。组织的环境行为不能满足国家法律法规要求的，也难以通过环境管理体系的认证。

【案例】

品质部长上任以后

"小王，这次厂里任命你为品质部长，是大家对你的信任。我们厂从一个小厂发展到今天可不容易啊！要在激烈的市场竞争中进一步发展，就要靠你们年轻人了！依我看，我们的产品要在市场竞争中取胜，关键还是要靠质量，你上任后，就放心大胆地干，好好抓抓咱厂的质量工作！"王国强回想着刚才厂长讲的一番话，感觉身上的担子更重了。是啊，自己所在的企业是一村办企业，凭着老厂长的工作魄力和职工的齐心协力，加上前些年良好的市场环境，企业得到了较快的发展。但是，随着市场竞争的加剧，企业产品档次较低的问题日益突出，已成为企业进一步发展的障碍之一。自己大学毕业进厂有七八年了，对这个问题早就有所思考，今天终于可以付诸实践了，为此，心中又增添了几许兴奋。

王国强想，企业产品的质量是靠各部门全体成员共同劳动、协作的结果，因此，各部门主管人员的工作态度直接决定了产品质量。为此他走访了几个重要部门的主管领导，就本企业产品质量问题进行交谈。出乎他意料的是，大部分主管人员都认为，本企业产品质量不佳，是因为品质部的工作没做好，而没有人从本部门自身工作质量上寻找原因。

接着王国强又查阅了本企业各部门有关的质量管理文件，发现企业从上到下各岗位没有建立起完善的岗位质量标准和岗位质量责任制，员工的质量意识不强。"没有规矩，不成方圆"。结合企业准备推广的 ISO 9001 论证，王国强心里多少已有了一些谱。

为了提高工人的劳动积极性，企业对大部分操作工实行了计件工资制，可是在工人的工资收入中，质量的奖惩只占了总额的 10% 左右。联想到海尔集团总裁张瑞敏和杭州万向集团总裁鲁冠球当年为了唤起全体职工的质量意识，亲手砸了价值几十万元的不合格品，王国强脑子里又冒出了新的想法，看来要职工树立质量意识，光靠口头上宣传、文件中规定是远远不够的。

王国强来到了钣金车间，负责外协件采购的老张迎上来，指着桌子十多只电器部件说："王部长，你看看，又有这么多次品，对这样的协作厂家，看来不采取点措施是不行的了。"老张的话提醒了王国强，原来自己把提高产品质量的目光只放在企业内部，而企业产品生产所需的零部件有很大一部分来自外协厂家。到目前为止，仅协作厂家就有 73 家，如果不采取措施，把好外协件的质量关，又如何保证本企业产品质量呢？正在王国强考虑这个问题时，车间主任老陈迎上来，老陈是王国强毕业来厂后的第一位"实践"师傅，而王国强又是老陈的"理论老师"，两人有很深的师徒情义。老陈看着逐渐成熟起来的"徒弟"，意味深长地说："国强啊，有些话我必须对你讲。你说要提高企业产品质量，推行全面质量管理，我很支持。谁不知道现在市场竞争很激烈呢！可是就咱厂职工的这点文化水平，要达到你们制定的质量要求还真难。就拿我们车间来说吧，七十几号人，有一半左右是建厂时的第一批职工，也算是功臣了，可他们大多只有初中文化，图纸看不懂，先进的机床不会操作。你说操作现场要做到 5S（清理、清除、清扫、清洁、清新），他说弄那么干净有什么用，既麻烦又浪费时间。我幸好那时跟你做了一段时间学生，又硬着头皮到××工业大学读了个夜大，否则还真撑不下来！"对呀，产品是人造出来的，人的素质决定产品质量。王国强想，这是个基础问题。看来要和厂长商量一下，有必要在厂内建一个培训部之类的机构或和其他单位联合，对员工进行技术和管理培训，知识经济、信息时代，必须不断学习提高才行。

一个月很快就过去了，尽管头绪很多，但王国强已经基本理清了思路，对打开今后的局面充满了信心……

【思考题】

1. 你如何看待新上任的品质部长王国强的工作方法？有什么地方需要改进？如何改进？

2. 如果你是品质部长，针对企业的质量管理现状，将采取哪些措施加以改进？

【复习题】

1. 什么是"质量"？怎样理解质量的概念？

2. 什么是工程质量？

3. 什么是全面质量管理？它有哪些特点？

4. 什么是因果分析图？制作和观察使用因果分析图时应注意什么？

5. 什么叫分层法和相关分析法？

6. 掌握频数直方图的画法和使用方法。

7. 掌握控制图作图法和观察分析方法。

8. 什么叫"工序能力"和"工序能力系数"？怎样运用 CP 值控制产品质量？

9. 什么叫质量检验？它与质量管理有什么关系？

10. 根据表 7-8 给出的资料绘制直方图，并判断工序是否正常。

表 7-8　产品质量数据

2.98	2.78	3.44	3.50	3.20	3.23	3.28	3.56
3.38	3.52						
3.24	3.62	2.68	2.86	3.32	3.66	2.96	3.12
3.24	2.86						
3.48	2.82	3.28	3.32	3.06	3.14	3.44	#2.62
3.80	3.18						
3.02	3.20	+3.98	3.10	3.48	3.34	3.20	3.36
2.98	3.44						
3.16	3.42	3.08	3.24	3.28	2.90	3.54	3.00
3.32	2.90						
3.32	2.96	3.40	3.64	2.96	3.68	3.10	3.40
3.58	3.10						
2.74	3.34	3.54	3.20	3.42	3.00	3.40	3.22
2.94	3.32						

注：+为最大值，#为最小值。

11. 某零件要求径向跳动不超过 0.05mm。随机抽取 100 件测量，求得均值为 0.01mm，$S = 0.016$。求该工序的工序能力系数。

12. 推行全面质量管理必须做好哪些基础工作？

13. 全面质量管理有哪几个阶段和哪几个步骤？

14. 什么是 ISO 9000 系列标准？实施 ISO 9000 系列标准有什么意义？

【实训项目】

以 6~8 人为一组（可以宿舍为单位），组成质量管理学习兴趣小组。

1. 到图书馆去查阅有关服务质量管理的著作与教科书，讨论服务企业的质量管理与制造业的质量管理有什么不同？

2. 到食堂或者某商店去调查，了解客户对这个食堂或者商店的服务质量的反映。了解该企业的基本情况、发展历史、经营业绩现状等，采访企业的质量管理做法。如果企业实施了全面质量管理，就直接采访有关部门全面质量管理情况，如质量小组活动的开展情况、质量培训情况、供应商的质量和客户服务等，或者采访有关客户，了解一下客户对这家企业的感受，以及服务满意度等。

3. 在课堂上做一个报告，报告小组学习服务质量管理与企业服务质量实践调查的体会。

第八章 设备综合管理

【学习目标】

1. 了解设备综合管理的内容、特点及任务。
2. 掌握选择设备应考虑的因素与设备投资的经济评价。
3. 熟悉设备使用、维护保养及设备检查与修理的基本知识。
4. 了解设备更新的方式、对象及设备技术改造的基本内容。
5. 掌握设备最佳更新周期确定的基本方法。

【引导案例】

武钢加强设备管理提升产品质量

面对当前金融危机的严峻形势，武汉钢铁（集团）公司（以下简称武钢）对硅钢质量提出了更高要求。武钢虽然是国内唯一生产冷轧取向硅钢的厂家，但产量比例较小。

为达到产能要求，该厂把挖掘设备潜能、向管理要效益作为提升产品质量的重要手段。

首先，他们针对硅钢生产线的设备维护状况不同，把设备管理按体系分为 A、B、C 三大类；并且修订完善了设备管理体系 A 类 257 个受控点、B 类和 C 类 425 个受控点的标准。

其次，他们将专业技术培训工作积极向外延伸，把外部委托的维检人员纳入厂内统一管理、统一培训的范畴。两年来，由该厂设备部牵头组织设备专业人员、维保人员、操作人员参加的各类专业培训 40 余期，培训人员超过 300 人次。

最后，将管理职责的重心下放到维保单位，明确维保单位责任和目标，将新标准、新设备维护技术及时传达给操作和维检人员，大大提高了设备使用效率，降低了设备故障。

据不完全统计，两年来，该公司的设备管理取得了 8 项丰硕成果，硅钢生产的设备故障率明显下降，节约了大量资金。

第一节 设备综合管理概述

一、设备管理从传统到现代

设备管理，经历了传统设备管理和现代设备管理两个历史阶段。

传统设备管理的理论核心是设备使用过程中的维修管理。在这个阶段初期，企业生产规模较小，设备结构简单，占用企业资金有限，而且修理费用和设备故障损失较低，设备维修不需要专门技术人员来进行，一般由设备操作人员来完成，实行坏了再修的事后修理制度。后期，随着企业生产规模的扩大，科学技术的进步，设备结构日益复杂，修理难度相应提高；同时企业生产连续性加强，设备的修理费用和故障损失不断增加，设备的修理需要由专门人员来承担。因而，从生产操作人员中逐步分离出专门从事设备维修和管理人员，企业也相继建立起设备维修与管理的机构，对设备使用过程进行管理，制定出设备维修管理的相应制度。但传统设备管理工作集中在设备的维修阶段，较少注意到设备的全过程的管理；把设计、制造过程的管理与使用过程的管理严格分开；在设备的技术、经济、组织管理三者关系方面，侧重技术管理，忽视经济管理和组织管理；同时，它只是部分职工、部分机构参加，而没有组织全体企业人员参加管理。因此，它已不符合现代企业发展对设备管理的要求。

现代设备管理阶段是对设备进行全面管理的阶段，即对设备实行综合管理。设备综合管理是在设备维修管理的基础上、为了提高管理的技术、经济和社会效益，适应现代社会经济发展的要求，针对使用现代化设备所带来的一系列新问题，继承了设备工程学，吸取了现代管理科学理论和现代科学技术新成就，而逐渐发展起来的设备管理理论和方法。它主要包括设备综合工程学和全员设备维修制。

（一）设备综合工程学

设备综合工程学是1971年首先由英国设备综合工程中心所长外尼斯·帕克斯在美国召开的国际设备工程年会上提出来的。它得到了英国政府的大力支持，先在英国得到了推广和普及，据有关资料介绍，推行设备综合工程学后，设备故障率降低了90%，设备维修费用减少了50%。这一显著效果使得设备综合工程学受到工业发达国家的重视，并获得迅速的推广。所谓设备综合工程学，按英国工商部于1974年下的定义是，"设备综合工程学是这样一门学科，它对适用于固定资产的工程技术、管理、财务等实际业务进行综合研究，以求实现设备寿命周期费用的最大程度节约。工厂机械、装置、建筑物的可靠性和有关可靠性的方案、设计、使用和费用的信息反馈，都属于它的研究范围"。设备综合工程学要点如下。

1）以设备的寿命周期作为研究和管理对象，力求设备寿命周期费用最经济，设备综合效率最高。

设备寿命周期费用是设备一生的总费用，包括研究、设计、制造、安装调试、使用、维修，一直到报废为止所发生的费用总和。它由设备的原始费用和使用费（维持费）两大部分组成。研究设备寿命周期费用的目的，是为了从经济上全面评价设备的优劣。设备综合工程学的综合效率包括6个方面，即P（产量），完成产品产量的任务，设备效率要高；Q（质量），保证生产优质产品；C（成本），生产的产品成本要低；D（交货期），保证按合同规定的期限交货，不得耽误；S（安全），保证生产安全；H（劳动情绪）包含两个方面的意义，一是环境，要求减少污染，保证环境卫生，文明生产，二是人机搭配得要好，要使工人保持饱满的劳动情绪和充沛的生产精力。

2）从工程技术、经济和组织管理方面对设备进行综合管理与研究。

3）以可靠性、维修性设计为重要目标。

4）以设备的寿命周期为设备管理范围，改善与提高每一个环节的机能。

5）建立一套设计、使用和费用的信息反馈系统，实行设备工作循环的反馈管理。

（二）全员设备维修制

全员设备维修制（Total Productive Maintenance，TPM），又叫全员生产维修制，其要点如下。

（1）全员设备维修制的基本特点是"三全"，即全效率、全系统、全员 所谓全效率是指通过设备管理，使设备在生产中达到产量高、质量好、成本低、故障少、安全生产、交货及时、操作工人情绪饱满；所谓全系统是指设备从研究、设计、制造、使用、维修，直至报废为止的全过程的系统管理；所谓全员就是与设备管理有关人员都要参加设备管理，分别承担相应的职责。

（2）设备维修方式，它全部吸取了预防维修制（PM）中的所有维修方式　包括日常维修、事后维修、预防维修、生产维修、改善维修、预知维修、维修预防等。它强调操作工人参加的日常检查。

（3）划分重点设备，对重点设备实行预防修理　全员设备维修制的预防性修理，一般放在重点设备上，对一般设备修理采取事后修理，即在设备发生故障后才进行修理，以利于节省维修费。

（4）设备维修目标管理　全员设备维修制通过推行设备维修目标管理，来确定设备维修工作的方向和具体奋斗目标，作为评定维修工作成绩和工作总结的依据。目标管理的程序包括目标的制定阶段、实施阶段和总结阶段。

二、设备综合管理的内容

1. 实行设备的全过程管理

对设备实行全过程管理，是有效地解决使用现代化设备所带来的一系列新问题的科学方法，是从总体上保证和提高设备可靠性、维修性、经济性，做到安全、节能、环保，以及避免设备的积压和浪费的重要措施。是提高企业技术装备水平，实现技术装备现代化的重要保证，是改革设备管理制度的重要方向。对设备实行全过程管理，就是将设备的整个寿命周期作为一个整体进行综合管理，以求得设备整个寿命周期的最佳效益。

2. 对设备从工程技术、经济和组织管理三个方面进行综合管理

设备管理的目的是要使生产中的设备经常处于最佳状态，使其作业效率最高，支付的费用最低，以最少的费用支出实现其目的的状态。为此，必须同时对设备从技术、经济和组织管理方面进行综合管理。在工程技术管理方面，要对设备进行各种专门的技术研究，研究设备的设计、制造的可靠性、可维修性、降低设备故障率，提高设备质量和作业效率；维修、保养好现有设备，以保持设备最佳技术状态。在经济管理方面，要研究设备的制造费用、运输、安装费，对设备选择进行经济评价；研究设备维护保养费用，确定设备维修的经济界限；研究设备的经济寿命，合理地确定设备改造、更新的经济界限，适时地用先进设备替换陈旧设备，以及设备折旧的经济性分析等。在设备的组织管理方面，要运用行为科学、系统论、信息论、控制论、决策论、经营理论，以及其他现代管理理论、技术和方法，对设备进行组织管理。现代设备管理，在本质上是现代化设备同现代管理理论、方法以及科技成果的高度结合。

3. 实行设备的全员管理

现代化企业中，设备数量众多，型号规格复杂，分散在企业生产、科研、管理、生活等各个领域，单纯依靠专业管理机构与人员是难以管好的。因此，要把与设备有关的机构、人员组织起来参加设备管理，使设备管理建立在广泛的群众基础之上。

4. 开展设备的经营工作

设备的经营工作是市场经济发展的客观要求。设备管理工作是企业管理的一个重要方面，它的一切活动，必须贯彻企业经营方针，保证企业经营目标的实现。经营离不开市场。为了搞好企业经营，企业生产产品的品种、规格、质量、数量、价格和交货期限，必须满足市场的变动需求，这就要求设备管理也必须配合市场的变动需求，以先进适用的技术装备，满足生产不断变化的需要。同时为了调剂设备余缺，提高设备投资效益和设备利用率，企业还应搞好设备投资贷款、设备租赁等项经营业务，从而使设备管理从传统的静态管理进入动

态管理。

三、设备综合管理的特点

设备综合管理应"对设备一生全过程实行综合管理，作为实现设备现代化的重要途径"。我国设备综合管理具有下述特点。

（1）现代性　其立意新颖，吸收了现代管理的重要理论及工程经济学的新成果，形成了一系列新的领域。

（2）完整性　其结构、体系的主要内容，相对较完整、齐全，涉及领域广泛，管理环节齐全，运用手段多样，参加人员全面。

（3）兼容性　其本身是多学科、纵、横向综合的产物，覆盖面广，凡与综合管理要点有关的，均可覆盖；可吸收性强，能"综合"相关领域、学科的新成果、新经验。

（4）改革性　由于强调全过程管理，实践结果必能扭转窘迫局面，带动企业设备管理体制的改革。

四、设备综合管理的任务

设备综合管理的主要任务是为企业的生产提供先进适用的技术装备，使企业的生产经营活动建立在技术上先进、经济上合理的物质技术基础之上，以保证经营目标的实现。它的具体任务可以归纳为如下几点。

1）根据技术先进、经济合理、生产可行的原则，正确选购设备，为企业提供优良的技术装备。为此，企业设备管理部门要与有关部门紧密配合，掌握国内外有关的生产工艺设备的现状及其发展方向，包括设备的规格、性能、效率、价格等，以便合理选购。

2）保证企业设备经常处于最佳的技术状态。企业设备管理部门要认真研究设备物质运动的技术规律，如设备磨损规律、故障规律等、运用先进的检测、维修手段和方法，灵活地采取各种维修方式和措施，维修保养好现有设备，使企业设备经常处于最佳的技术状态，达到设备的综合效率最高。

3）提高设备管理的经济效益。按照经济规律的客观要求，加强设备的经济、组织管理，降低设备管理各环节的费用，达到设备的寿命周期费用最经济。

4）保证企业的技术进步，有计划、有步骤地对设备进行改造和更新，不断提高企业生产现代化水平，保证生产工艺和产品更新换代的要求。

第二节　设备投资分析

一、设备投资的目的

设备的购置选择，是企业设备管理的首要环节。正确地选择设备，可以避免设备的积压，浪费和不合理使用。设备的购置目的，可以分为以下几种。

1. 开发型购置

这是企业用来发展新产品或改革老产品方面的设备购置。其结果，是有利于降低产品成本，扩大企业的生产规模，增加企业利润，能促进企业的技术进步。

2. 扩张型购置

产品的扩张型购置是用于扩大生产规模，在现有设备基础上的增添。目的是使本企业的同类产品能以更大的规模进行生产，增加企业利润。其结果，一般是扩大了生产规模，但不能促进企业的技术进步。

3. 更新型购置

这是指以先进的高效率、高性能、高精度的新设备，替换落后陈旧的老设备。目的是通过提高效率，提高产品质量，降低消耗，增加利润。其结果，将促使企业实现技术进步，但要根据企业实力，有步骤、有重点地进行。

4. 综合型购置

这是为谋求整个企业的各个方面整体利益的购置。如科研设备、福利设备。防止公害、改善环境等方面的设备购置。其结果，将有助于提高企业的综合效益，推动企业的技术进步。

二、选择设备应考虑的因素

选择设备的目的，是为生产选择最优的技术装备，也就是选择技术上先进、经济上合理、工艺上可行、生产上适用的最优设备。为要达到这一目的，要考虑以下因素。

1. 生产性

这里主要是指设备的生产率。一般以设备在单位时间内的产品产量来表示。对于成组设备，如流水生产线、自动化生产线，则以节拍来表示该组设备的统一的生产率。设备的生产率决定于设备的效率和设备的工作时间。设备的效率表现为功率、行程、速率等一系列技术的参数。设备生产率的提高主要可通过设备的大型化、高速化与自动化来实现。

2. 可靠性

可靠性是指精度、准确度的保持性，零件耐用性，安全可靠性等。它首先要求机器设备能够生产高质量的产品，或完成高质量的工程。其次，要求设备减少故障，提高准确性。

3. 节能性

节能性是指机器设备要能节省能源消耗。一般以机器设备单位开动时间的能源消耗量来表示，如小时耗电量、耗油量，也有以单位产品的能源消耗量来评价设备的。如每吨合成氨耗电量，汽车每吨百公里的耗油量等。企业绝对不能采购能量消耗高的设备，已购入的也要设法改造。

4. 维修性

维修性也称可修性或易修性。维修性影响设备维护和修理的工作量费用。维修性好的设备，一般指设备结构简单，零部件组合合理；维修时零部件易于接近，可迅速拆卸、易于检查；实现了通用化和标准化，零件互换性强等。选择设备时，要考虑到提供有关资料、技术、器材的可能性和持续时间。

5. 环保性

环保性指设备能减少对环境污染的程度，包括噪声与"三废"。噪声有害人体健康，要把它控制在规定范围之内。设备排放的废气、废渣、废水要配备相应的治理设备，以免造成对环境的严重污染，特别是冶炼、化工设备更为重要，对于有些难于实现污染控制，或控制装置投资太大的设备，则不应采购，已在生产中使用的应逐步淘汰。

6. 耐用性

耐用性指设备在使用过程中所经历的自然寿命要长。随着新技术、新工艺、新材料的应用，产品质量的提高，机器设备的使用寿命也趋于延长，每年分摊到的折旧费越少，从而每一小时所消耗的设备投资费占有率也将减少。

7. 成套性

成套性指机器设备需要配套。设备配套包括以下几种。

（1）单机配套　是指一台机器中各种随机工具、附件、部件的配备成套，特别对万能设备更加重要，因为万能设备的多能性，主要依靠随机附件、工具、部件的齐全程度。

（2）机组配套　是指一套机器设备的主机、辅机、控制设备以及其他设备的配套，这对联动设备（如轧钢机、化工生产装置等）更显得重要。

（3）项目配套　是指一个新建项目所需的各种机器设备的成匹配套。如工艺设备、动力设备和其他辅助生产设备的配套。

一个企业如果只是拥有较多设备而成套性很差，那么这些设备的性能不能很好地发挥，也会给经济上造成浪费和损失。

8. 灵活性

灵活性包含以下几个内容。

1）在工作对象固定的条件下，设备能够适应不同的工作条件和环境，操作、使用比较灵活方便。例如，矿山设备要求能适应井下巷道的地质状况。

2）对于工作对象可变的加工设备，要求能够适应多种加工性能，通用性强。如金属切削机床正在逐步向多能化发展（车铣复合机床、积木式机床）。

3）在达到同样要求情况下，向小型化、微型化、简易化、廉价化方向发展。

一般说来，技术先进和经济合理是统一的。但是，由于各种原因，有时两者会表现出一定矛盾。因此，在选择机器设备时，要对以上这些因素统筹兼顾，全面地权衡利弊。

三、设备投资的经济评价

在购买设备时，要对比几种设备的优劣，通过多种方案的对比、分析，然后选择最优方案，选购经济性最好的设备。下面介绍几种常用的方法。

1. 投资回收期法

选购设备，首先要有一笔投资费，其中主要部分是设备的价格，再加上运输、安装等费用。而在新设备投入使用之后，会由于提高劳动生产率、改进质量、降低能源消耗等而带来节约额。把投资费与年节约额相比，即可求得投资回收期。其公式为

设备投资回收期（年）=设备投资费（元）/采用新设备后年节约额（元/年）

由上式可见，回收期越短，投资效果越好。在其他条件相同的情况下，投资回收期最短的设备为最优设备，可作为选购对象。

2. 费用换算法

运用这种方法时，首先了解不同设备在购买时支付的最初一次投资费。然后，估算不同设备在投产使用后，平均每年必须支出的维持费。由于一定数额的资金，如果及时存入银行或投入生产，就会带来一定的利息或利润收入，这种随时间变化而变化的资金价值，就是资金的"时间价值"。资金的"时间价值"有将来值和现值。所以费用换算法又可分为年费法和现值法两种。

（1）年费法　运用这种方法时，把购置设备一次支出的最初投资费，根据复利计算的利率换算成相当于每年费用支出。然后，根据不同设备的总费用，进行比较、分析、选择最优设备。

例 8-1　有两台设备，最初投资费和平均每年费用支出分别如下：

最初投资设备 A 为 10 000 元，设备 B 为 13 000 元，每年费用支出，设备 A 为 2 000 元，设备 B 为 1 500 元。年利率为 6%，估计寿命期为 10 年。利率 $i = 6\%$，寿命期 $n = 10$ 的资金回收系数为 0.135 87。设备 A 和设备 B 的每年总费用支出为

设备 A：

每年投资费用 10 000 元 ×0.135 87 = 1 359 元

每年维持费用   2 000 元

每年总费用   3 359 元

设备 B：

每年投资费用 13 000 元 ×0.135 87 = 1 766 元

每年维持费用   1 500 元

每年总费用   3 266 元

两台设备比较，选择设备 B 较好。因为设备 B 比设备 A 节省总费用支出。

（2）现值法 这种方法同上述年费法比较主要区别在于，每年维持费用通过现值系数换算成相当于最初一次投资费的数额。而最初一次投资费不变，然后进行总值比较。

例 8-2 如仍用上例来说明利率 $i = 6\%$，寿命期 $n = 10$ 的现值系数为 7.36。

设备 A：

最初投资费用   10 000 元

每年维持费用现值 2 000 ×7.36 = 14 720 元

10 年内全部支出的现值合计 24 720 元

设备 B：

最初投资费用   13 000 元

每年维持费用现值 1 500 ×7.36 = 11 040 元

10 年内全部支出的现值合计 24 040 元

计算结果，仍然是设备 B 优于设备 A。

上例如果其他数据不变，估计寿命期改为 7 年，则通过计算，选用设备 A 优于设备 B，凡寿命期小于 7 年选用设备 A，寿命期为 8 年以上选用 B，由此可知：资金的"时间价值"是动态的，费用换算法应用时要综合考虑各个参数。

3. 费用效率分析法

费用效率分析法，又叫寿命周期费用法，这种方法以最佳费用效率作为选择准则。费用效率计算公式为

费用效率 = 综合效率/寿命周期费用

式中，综合效率包括 6 个方面：①产量（P）；②质量（Q）；③成本（C）；④交货期（D）；⑤安全（S）；⑥劳动情绪（M）。这些效果凡是能用数量表示的，如产量、成本、质量等就作定量分析计算，不能用数量表示的，应作定性分析比较。

式中的寿命周期费用是指设备寿命周期内的总费用，包括设备的购置费和设备维持费。设备购置费包括设备价格、运输费和安装费。如果设备是企业自行研制的，设备购置费应包括设备方案的研究、设计、制造、安装试验，以及编印使用和维修设备技术资料所支出的费用。设备维持费是指设备在使用期间所支出的与设备有关的一切费用，包括操作人员的工资、能源消耗费、维修保养费、发生事故的停工损失费、保险费等。

第三节　设备的使用与维修

一、设备的合理使用

设备的合理使用是设备综合管理的一个重要环节。设备寿命的长短、效率的大小、精度的高低，固然取决于设备本身的设计结构和各种参数，但是在很大程度上取决于人们对设备的合理使用。

正确、合理使用设备，可以减轻磨损，保持设备良好的性能和应有精度，从而充分发挥设备的生产效率，延长设备的使用寿命。

合理使用设备，必须注意以下几点。

（1）要根据设备的性能、结构和其他技术特征，恰当地安排生产任务和工作负荷　恰当地安排生产任务，是要使设备物尽其用，避免"大机小用"、"精机粗用"等现象。不同的设备是依据不同的科学技术原理设计制造的，它们的性能、结构、精度、使用范围、工作条件和能力以及其他技术条件是各不相同的。如果不考虑上述特点，不是造成设备效率的浪费，就是使设备超负荷运转，加速损坏。

（2）为设备配备具有一定熟练程度的操作者　为了充分发挥设备的性能，使机器设备在最佳状态下使用，必须配备与设备相适应的工人。要求操作者熟悉并掌握设备的性能、结构、工艺加工范围和维护保养技术。新工人上机前一定要进行技术考核，合格后方允许独立操作。对精密、复杂、稀有以及对生产有关键性作用的设备，应指定具有专门技术的工人去操作。实行定人定机，凭操作证操作。

（3）要为设备创造良好的工作环境　机器设备的工作环境对机器设备的精度、性能有很大影响，不仅对高精度设备的温度、灰尘、振动、腐蚀等环境需要严格抑制。而且对于普通精度的设备也要创造良好的条件。良好的工作环境不仅可以延长设备的有效寿命，而且对提高产品质量也有很大作用。

（4）要经常对职工进行正确使用和爱护设备的宣传教育　职工群众对机器设备爱护程度，对于设备的使用和保养以及设备效率能否充分发挥，有着重大的影响。因此，企业领导和设备管理部门一定要对职工经常进行思想教育和技术培训，使操作人员养成自觉爱护设备的风气和习惯，使设备经常保持整齐、清洁、润滑、安全，处于最佳技术状态。

（5）制定有关设备使用和维修方面的规章制度，建立健全设备使用的责任制。

二、设备的维护保养

设备维护是指消除设备在运行过程中不可避免的不正常技术状况（如零件的松动、干摩擦、异常响声等）的作业。做好设备维护工作，及时消除上述不正常现象，可以防止设备过早磨损，消除设备隐患，减少或消灭事故，延长设备使用寿命，使设备保持良好的技术状态。设备维护保养，按其工作量的大小，可以分为以下几个类别。

（1）日常保养（或例行保养）　它的主要内容是：进行清洗、润滑、紧固松动的螺丝，检查零部件状况。这类保养项目和部位较少，大多数在设备的外部。

（2）一级保养　它的主要内容是：普遍地进行清洗、润滑、紧固，对部分部件进行拆卸、清洁，以及进行部分的调整。

（3）二级保养　它的主要内容是：进行内部清洗，润滑、局部解体检查和调整。

三、设备的检查

设备的检查是对设备的运行情况、工作精度、磨损程度进行检查和校验。通过检查，全面掌握设备的技术状况变化和磨损情况，及时查明和消除设备隐患，针对检查发现的问题，改进设备维修工作，提高修理质量和缩短修理时间。设备检查的种类有以下几种。

1. 设备检查按检查的时间间隔分

（1）日常检查　日常检查就是在交接班时，由操作工人结合日常保养进行检查，以便及时发现异常的技术状况，进行必要的维护和检修工作。

（2）定期检查　定期检查就是在操作工人的参加下，由专职维修工人按计划定期对设备进行检查，以便全面准确地掌握设备的技术状况、零部件磨损、老化情况，确定是否有进行修理的必要。

2. 设备检查按检查的技术功能分

（1）机能检查　就是对设备的各项机能进行检查与测定，如是否漏油、漏水、漏气、防尘密闭性如何，零部件耐高温、高速、高压的性能等。

（2）精度检查　精度检查是指对设备的实际加工精度进行检查和测定，以便确定设备精度的劣化程度，为设备验收、修理和更新提供依据。

衡量设备综合精度的指标有设备能力系数和设备精度指数。

设备能力系数计算公式为

$$C_{\mathrm{m}} = \frac{T}{8\sigma_{\mathrm{m}}}$$

式中　C_{m}——设备能力系数；

T——在该设备上加工的代表零件的公差带；

σ_{m}——设备的标准偏差。

$C_{\mathrm{m}} \geq 1$ 表示设备的综合精度能满足生产工艺要求；$C_{\mathrm{m}} < 1$ 表示设备不能满足生产工艺要求，需要进行调整和修理。

设备精度指数计算公式为

$$T = \sqrt{\frac{\sum (T_{\mathrm{p}}/T_{\mathrm{g}})}{n}}$$

式中　T——设备精度指数；

T_{p}——精度实测值；

T_{g}——精度容许值；

n——测定精度项目。

T 值越小，设备精度越高，根据国外经验：$T \leq 0.5$ 为新设备的验收条件，$T \leq 1$ 为大修后验收条件；$T \leq 2$ 表示设备可以使用，但需要注意调整；$2 < T < 2.5$ 时，设备应进行大修；$T > 3$ 时，设备需要进行大修或更新。

设备检查可以采用现场观察、分析运转记录和仪器检测等方法来进行。

四、设备的修理

设备的修理是修复由于正常的或不正常的原因而造成的设备损坏和精度劣化，通过修理、更换已经磨损、老化、腐蚀的零部件，使设备性能得到恢复。设备的修理是必需的，尤其是到了设备寿命周期的后期，修理工作更为重要。

（一）设备的磨损与磨损规律

设备在使用或闲置过程中，形状、性能的劣化叫设备磨损，磨损有两种形式，即有形磨损和无形磨损。

1. 设备的有形磨损

设备的有形磨损是指设备在使用或闲置过程中发生的实体磨损，分为自然磨损和使用磨损两种形式。自然磨损是指由于自然力的作用，如氧化腐蚀产生的磨损，或由于维护和管理失控使设备丧失精度和功能而造成的有形磨损。使用磨损是设备在使用过程中，由于设备的零部件发生磨擦、振动和疲劳等产生的磨损。

设备有形磨损是有规律的，一般分为三个阶段，如图8-1所示。

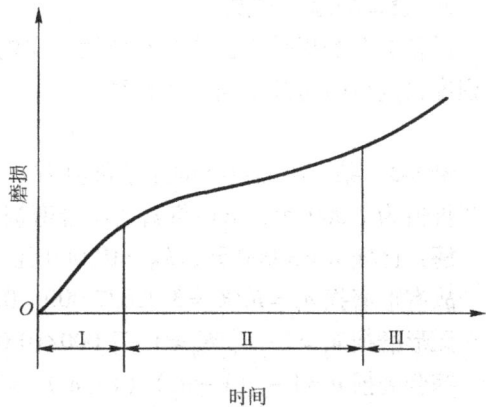

图8-1　设备有形磨损曲线

（1）初期磨损阶段（Ⅰ）　在这个阶段中，机器零件表面上的高低不平处，以及氧化脱炭层，由于零件的运转、互相摩擦力的作用，很快被磨损。这一阶段的磨损速度较快，但时间较短。

（2）正常磨损阶段（Ⅱ）　在这个阶段中，零件的磨损基本上随时间匀速增加。在正常情况下，零件磨损非常缓慢。

（3）急剧磨损阶段（Ⅲ）　在这个阶段中，零件正常磨损关系破坏了，使得磨损急剧增加，设备的精度、性能和生产效率降低。所以，一般不允许零件使用到急剧磨损阶段，当零件到正常磨损阶段后期就应修复或更换。否则，将会加大修理工作量，增加修理费用，延长设备停工修理时间。

设备有形磨损程度的计算公式为

$$a_p = \frac{R}{K_t}$$

式中　a_p——设备有形磨损程度；

　　　R——修复全部磨损的设备修理费；

　　　K_t——设备重置价值。

从经济角度分析，设备有形磨损程度不能超过 $a_p = 1$ 的极限。

2. 设备的无形磨损

设备的无形磨损是指设备在使用或闲置过程中，由于同类设备重置价值降低或新技术的出现而引起设备价值的损失。设备的无形磨损也分为两种类型：一是由于同类设备重置价值降低而使原有设备贬值；二是由于新技术的发明和应用，出现了性能更加完善、生产效率更高的设备，使原有设备的价值相对降低。设备的无形磨损程度的计算公式为

$$a_j = \frac{K_0 - K_t}{K_0} = 1 - \frac{K_t}{K_0}$$

式中　a_j——设备无形磨损程度；

K_0——设备的原始价值；

K_t——设备的再生价值。

设备的再生价值 K_t 必须同时反映技术进步的两个方面对现有设备贬值的影响，一是相同设备重置价值的降低；二是具有更好性能和更高效率的新设备出现。

3．设备的综合磨损

设备综合磨损是指设备在有效使用期内发生的有形磨损和无形磨损的总和。设备综合磨损程度在度量时可按下面公式计算

$$a = 1 - (1 - a_p)(1 - a_j)$$

例 8-3 某一机器设备的原始价值为 10 000 元，现需修理费用为 3 000 元，该设备的再生产价值为 7 000 元，求该机器的综合磨损程度。

解： 已知 $R = 3\ 000$ 元，$K_0 = 10\ 000$ 元，$K_t = 7\ 000$ 元

故有形磨损 $a_p = R/K_t = 3\ 000/7\ 000 = 0.43$

无形磨损 $a_j = 1 - K_t/K_0 = 1 - 7\ 000/10\ 000 = 0.3$

综合磨损 $a = 1 - (1 - a_p)(1 - a_j) = 1 - (1 - 0.43)(1 - 0.3) = 0.6$

综合磨损与设备更新的关系如下。

1）设备的有形磨损期与无形磨损期相接近时，设备有形磨损严重，需要进行大修，若这时已出现效率更高的新设备，可用新设备更换已遭到两种磨损的旧设备。

2）设备有形磨损严重，但它的无形磨损期还未到来时，只需对有形磨损严重的设备进行大修理或原型更新。

3）无形磨损期早于有形磨损期，应依经济分析，在继续使用原有设备和使用先进的设备、更换旧设备做出选择。

（二）设备故障与故障规律

设备在使用过程中，因某种原因丧失了规定功能或降低了效能的状态，称为设备故障。如机器零件的磨损、变形、断裂、腐蚀等。设备在使用过程中，由于设备内部各机构的相互作用与制造上的缺陷、以及周围介质能量的作用，使它们的技术状态在运行过程中发生变化，最终导致故障，因此，设备发生故障是不可避免的。

把握故障的机理，找出其发生的原因，研究设备故障的发生规律，尽可能地减少以至消灭故障，是设备的维护修理工作的一项重要内容。

设备的故障规律是指设备在寿命周期内故障的发展规律。设备故障的发展变化规律，如图 8-2 所示。

设备典型故障率曲线其形状似浴盆，故又称为浴盆曲线。浴盆曲线可以划分为三个阶段。

图 8-2　设备典型故障率曲线

（1）早期故障期（*ab* 线段）　这个阶段的故障主要是由于设计上的缺陷，制造质量欠佳，搬运、安装工作不细心和操作者不适应引起的，开始故障率较高，然后逐渐减少。

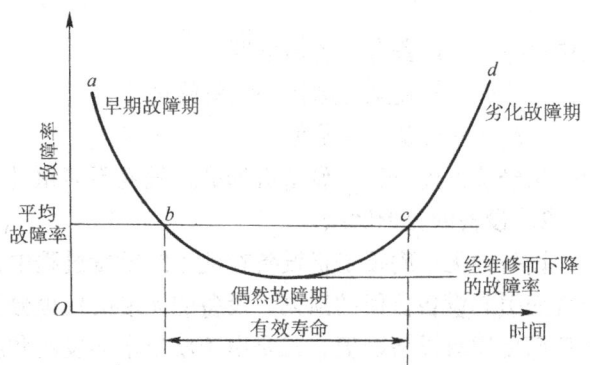

（2）偶然故障期（*bc* 线段）　在这个阶段内，设备已进入正常运转阶段，故障很少，一般都是由于维护不好和操作者失误而引起的偶然故障。

（3）劣化故障期（*cd* 线段）　在这个阶段，构成设备的某些零件已经老化，或进入急剧磨损阶段，因而故障率上升。为了降低故障率，延长设备的有效寿命，要在零件将要达到急剧磨损以前，进行更换修理。

设备管理应针对设备在不同时间出现的问题，采取相应的措施。在早期故障期，设备管理的主要任务是找出设备可靠性低的原因，进行调整和改革，保持设备故障率稳定。在偶然故障期，应注意加强工人的技术教育，提高操作工人与维修工人的技术水平。

在劣化故障期，应加强设备的日常维护保养，预防检查和计划修理工作。

（三）设备修理的种类和制度

1. 设备修理的种类

设备的修理，按照其对于设备性能恢复的程度和修理范围的大小，修理间隔期的长短，修理费用的多少等，可分为大、中、小修理三类。

（1）大修理　大修理是对机器设备进行全面的修理。大修理具有设备局部再生产的性质，它需将设备全部拆卸分解，进行磨削刮研，修理基准件，更换或修复所有磨损、腐蚀、老化等已丧失工作性能的主要部件或零件，恢复设备原有的精度、性能和生产效率。设备的大修理一般不改变设备的结构、性能和用途，不扩大设备的生产能力。大修理的特点是：修理次数较少，修理间隔期较长，工作量大，修理时间较长，修理费用较多。大修理费用由专提的大修理基金支付。

（2）中修理　中修理是对设备进行部分解体，修理或更换部分主要零件与基准件，或修理使用期限等于或小于修理间隔期的零件，检查整个机械系统，紧固所有机件，消除扩大的间隙，校正设备的基准，以保证机器设备能恢复和达到应有标准和技术要求。中修理的特点是：发生次数较多，修理间隔期较短，工作量不很大，每次修理时间较短，支付费用较少，且由生产费用开支。

（3）小修理　小修理是对设备进行局部的修理。通常只需修复、更换部分磨损较快和使用期限等于或小于修理间隔期的零件，调整设备的局部机构，以保证设备能正常运转到下一次计划修理时间。小修理的特点是：修理次数多，工作量小，一般在生产现场，由车间专职维修工执行，修理费用计入生产费用。

设备的中小修理也叫日常修理。由于发生突然事故或自然灾害而发生的设备的意外毁损，对其进行的中小修理，通常称为事故性修理。如果毁坏严重，需要对其进行大修理，通常称为恢复性修理。

2. 设备修理的制度

（1）计划预防修理制度　计划预防修理制度是企业长期推行的一种设备修理制度。其基本特征是按计划对设备进行修理，通过计划来实现修理的预防性，从而预防设备事故的发生，保证设备经常处于良好状态。

计划预修制的实施，依赖于两个基本手段，即修理的计划方法和修理的定额标准。在编制和实施修理计划时，只有预先正确地确定上述两个基本手段，才能保证设备修理工作防患于未然，取得事半功倍的效果。

设备计划预防修理制度的计划方法一般有以下三种。

1）标准修理法。即将设备的修理日期、类别、内容、工作量等制订成标准计划，到期按计划严格执行。不管设备实际技术状况如何，生产任务紧急或大小情况如何，都要进行强制修理。这种方法有利于充分作好修理准备工作，预防设备的损坏，按计划完成设备修理任务。

2）定期修理法。只是细致制定设备的检查计划，修理的计划比较粗略。具体详细的修理日期、类别、内容及工作量，要根据设备检查计划执行的结果来确定。这种方法既有利于作好修理准备工作，又比较符合设备实际情况，能减少设备修理的费用和停产损失，也能提高修理工作的针对性和质量。

3）检查后修理法。检查后修理法即完全不制定设备修理计划，只制定设备检查计划。每次根据设备检查的结果，再来制定设备的修理计划，然后按计划的要求对设备进行修理。此法简便易行，但有时使设备修理准备工作跟不上，往往会耽误修理时间和影响修理工作任务的完满实现。

设备修理计划的定额标准，主要包括以下几种。

1）修理周期定额。具体包括修理周期、修理间隔期、修理周期结构等定额标准。修理周期是指设备相邻两次大修之间的时间。修理间隔期是指两次修理之间的间隔时间。修理周期结构是指在一个修理周期内，大、中、小修的次数和排列次序。

2）修理劳动量定额。修理劳动量定额是指完成一个修理复杂系数的修理工作所规定的工时消耗标准。这里的修理复杂系数是表示不同设备修理复杂程度的假定单位。设备结构越复杂，其修理复杂系数越高，例如 C620 车床修理复杂系数为 10，而大型平面磨床、铣床的修理复杂系数就大于 10 等。一旦一个修理复杂系数的工时消耗确定以后，任何设备只要知其修理复杂系数的具体数值，其修理劳动量就可据以计算确定。

3）修理费用定额。修理费用定额是指完成一个修理复杂系数的修理工作所需要的费用标准。一般包括所需材料、配件的费用和工时的费用。

（2）保养修理制度　这是由一定类别的保养和一定类别的修理结合所构成的制度。不同行业具体构成有所差别，但一般原则是相同的。即将设备分成若干等级，如例行保养、一保、二保、中修、大修等，分别规定出各级保养修理的具体内容。每台设备运行到规定期限，都必须强制执行规定的保养和修理级别，不允许借故拖延。这种制度的推行，有利于预防设备事故的发生，保证设备经常处在良好的技术状态；有利于解决生产与修理的矛盾，避免以生产来压修理，保证设备维修的地位；有利于发挥生产工人在设备修理工作中的作用，贯彻专业修理和群众维修相结合的原则，共同用好、修好、管好设备。实施保养修理制度，要合理规定各级保养和修理的施工作业范围和周期，保证各级保养和修理之间在内容上和时间上相互衔接，避免重复和遗漏。

（3）生产性修理制度　这是我国吸收国外先进管理经验，在国内逐步推行的一种设备修理制度。其理论依据是设备寿命周期理论和重点管理理论。其内容主要是多种维修方式并存。该修理制度的基本思想，就是各种维修方式仅作为手段，而目的是保证提高设备完好率，使生产正常顺利进行的同时，尽可能降低设备的维修费用。该修理制度通常按设备的重要程度和设备使用的不同阶段，采取与此相适应的不同维修方式。例如，对重点设备和关键设备、实行预防维修；对一般设备，实行事后维修；在设备的规划、设计、制造阶段，实行维修预防，以尽可能减少和杜绝设备在正常使用过程中发生的修理；对设备非正常磨损和经常重复故障的部位，要对其结构、零部件的材质进行改善维修。

(4) 设备点检定修制度　设备点检定修制是现代企业创新的一种制度，在推行中已取得显著的成效。

设备点检定修制度的基本思想，是要像照管好不会说话的婴儿并使之健康成长那样来对待设备和管理设备。

首先，是对设备各主要部位的定点管理。如设备主机部位是否发热，加油孔是否畅通，设备的振动是否正常，设备运行的响声是否正常，设备是否漏油、漏水，设备是否清洁卫生等。

其次，是要确定设备管理点是否正常的标准，如噪声超过多少分贝属不正常，设备漏油、漏水量超过多少属异常等。

再次，要确定检查方法和检查周期，例如是用耳听声响还是用仪器测量，多长时间检查一次等。

最后，要确定检查人员，是设备操作人员自己检查，还是专业从事点检工作的点检员检查。

所以，对设备的定点、定标、定法、定期、定人，这种五定方式来管理设备就是设备点检定修制度。

这种设备点检定修制度，具有以下特点。

1) 将生产工人、设备点检员和设备修理职能部门人员联结起来，既有分工，又有协作。共同管理好设备，保证设备的完好。生产工人是承担照看"婴儿"（类似设备）健康的"母亲"，点检员负"医生"职责，而修理部门则是婴儿的"住院部"。

2) 将点检和定修联系起来，强调点检是制度的基础和核心。企业设备管理的重心下移到点检员，一支专业从事点检工作的点检员队伍，在设备管理中起着重要作用。

3) 有一整套点检业务流程，技术标准和维修工作标准，点检和定修工作可以按标准化推行。

设备点检定修制度的优点如下。

1) 使设备维修工程计划更符合实际，更能完满实现。设备点检人员根据点检状态记录表、倾向管理表和周期管理表进行设备维修工程计划的编制工作。由于计划的项目、具体措施方案及估工、估料都比较符合实际，在计划实施过程中，点检员又能掌握进度，组织协调，所以维修工程常能顺利、完满实现。

2) 使设备经常处于良好运行状态之下。设备点检人员随时掌握设备在运行中状态的变化，以使设备的维修达到及时和最佳经济化。点检作为设备状态管理的基础，对设备的故障进行分析处理，及时掌握设备状态变化的信息，采取各种有效措施，消除设备状态失效因素，保证设备各处在良好技术状态管理之中。

3) 使维修技术和点检作业标准便于推行。点检人员不但要熟悉维修技术，会发现故障点、分析原因、提出技术性改善对策，而且要求能掌握点检业务标准，依据标准来开展点检活动。

4) 使设备维修费用逐步降低。点检人员是本设备管理区维修费用的直接预算者和使用者。由于充分发挥点检人员自主管理积极性，使他们在预算时就精打细算，实际使用时总是从严控制，以使本区维修费用达到最低水平。

5）为设备管理决策部门提供大量有用的信息。设备点检人员在最基层工作，天天与设备打交道，掌握各类设备运转情况、结构变化、状态异常及故障情况。点检人员可随时将有关信息输入计算机，以使设备管理部门及时获取大量有用信息，以便调整设备检修计划，修订修理作业标准，为设备管理作出正确有效的决策。

第四节　设备的更新与改造

一、设备更新

设备更新是指用新的设备或技术先进的设备，更换在技术上或经济上不宜继续使用的设备。设备更新是保障企业简单再生产和扩大再生产的必要物质条件。设备更新的目的是促进技术进步，发展企业生产，提高经济效益。企业在进行设备更新时，应遵循有关的技术政策和技术使用的原则，进行技术经济论证和可行性研究，对设备经济使用年限、更新方式及设备选择作出最佳的抉择。

（一）设备寿命与设备更新期

1. 设备寿命

设备寿命是指设备从投入生产开始，经过有形磨损和无形磨损，直至在技术或经济上不宜继续使用，需要进行更新所经历的全部时间。一台设备可以有多种寿命，但按其性质可分为物理寿命、技术寿命和经济寿命三种。

（1）物理寿命　又称为自然寿命，指设备从全新状态投入生产开始，经过有形磨损，直到在技术上不能按原有用途继续使用为止的时间。一般说，设备的物理寿命较长。延长设备物理寿命的措施是修理。

（2）技术寿命　是指设备从全新状态投入生产以后，由于新技术的出现，使原有设备丧失其使用价值而被淘汰所经历的时间。技术进步越快，技术寿命也越短。

（3）经济寿命　是指由设备的使用费用决定的设备使用寿命。在设备购置后，使用的年数越多，则每年分摊的投资就越少，但设备的保养和操作费用却越多。因此经济寿命通常指年平均使用费用最低的年数。设备经济寿命是设备综合管理的一个重要概念，是设备更新、改造决策的重要内容。

2. 设备更新期

设备更新期也叫设备的经济寿命。影响设备更新或经济寿命的主要因素是：

（1）效能衰退　所谓效能衰退是指现存的设备与其全新状态相比较时在工程效率上的降低。设备在使用过程中的物质磨损，使其效能逐渐衰退，设备的维持费逐年增加。例如，由于机器效率的降低而增加燃料、动力、人工消耗；零部件的失效而增加维护和修理工作，由于设备故障的频繁发生而增加的停工等待时间；由于设备可靠性的降低而增加废品以及人工材料的浪费，或由于设备可靠性的丧失而增加产品的检验成本、提高一般管理费以及由于产品质量低下而退货，或较高的销售支出而使收入减少等，从而导致对设备的更新。

（2）技术陈旧　技术陈旧是指出于新技术的发明与应用，出现了新型设备，现有设备与新型设备相比较时，工程效率低、生产费用高，丧失其继续使用价值，必须及时进行更新。在这种情况下，设备被废弃的因素不是设备的性能衰退，因为这些设备在被淘汰时仍能和正常服役的时候一样有效、可靠地运行。

（3）资金成本 资金成本是指购置新设备所支出的资金或投资的成本。企业的资金或者来源于股东投资，或者向银行贷款和发行债券。前者要支付股利，后者要支付利息。因此，在确定设备的经济寿命时要考虑资金成本。

一般来说，设备是否需要更新，不仅是根据设备的新旧程度或使用时间，而且还应综合考虑其经济效益如何。下述情况常应优先予以更新：① 损坏严重或性能、精度已不能满足工艺要求，造成严重不良的技术经济后果的；② 大修在经济上不如更新合算的；③ 严重浪费能源和原材料，其造成损失价值在两三年之内超过购置新设备费用的。

（二）设备更新周期的确定

一台设备的总费用，主要包括折旧费和维持费（即设备维修保养与修理费、能源损失费、效率损失费等使用费用）两部分。设备使用年限越长，则年平均折旧费越少，但每年维持费会随之增多；反之，则少。于是，人们把两项费用合起来计算，并把使其费用总额最低的年限，作为设备的最佳更新周期（图8-3）。

计算设备最佳更新期的方法很多，常见的方法有低劣化数值法和最小年费用法。

1. 低劣化数值法

假设某设备经过 t 年使用后残值为零，按直线折旧法计算，则每年平均的设备费用为 $\dfrac{K_0}{t}$（K_0 为设备原值）。

图 8-3 设备年总费用变化示意图

若设备使用时间越长，其维持费以 λ 数值每年递增，则该设备属低劣化。此时其 t 年维持费为 $t\lambda$，而 t 年中的平均低劣化值为 $\dfrac{t\lambda}{2}$，因此该设备年平均总费用为

$$C = \frac{t\lambda}{2} + \frac{K_0}{t}$$

显然，欲求的最小年设备费用为

$$T_{\mathrm{E}} = \sqrt{\frac{2K_0}{\lambda}}$$

例8-4 设某设备原值为 32 000 元，每年低劣化的递增值 $\lambda = 1\,000$ 元，则其经济寿命（即设备最佳更新周期）为

$$T_{\mathrm{E}} = \sqrt{\frac{2 \times 32000}{1000}}\,\text{年} = 8\,\text{年}$$

2. 最小年费用法

若设备低劣化值每年不以等值（λ）增加，而是变化的（各年均不相同），则应采用下述的最小年费用法来确定设备最佳更新期。其计算式为

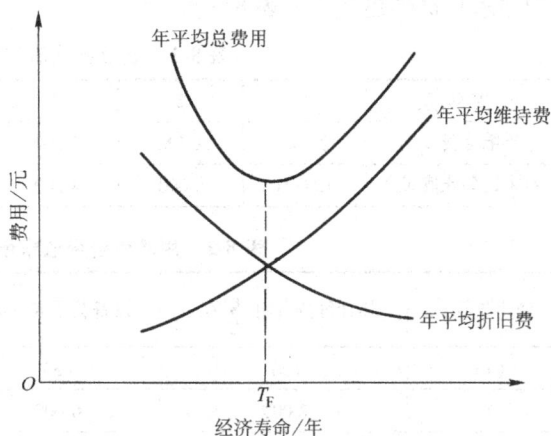

$$C(t) = \frac{\sum\limits_{p=1}^{t} C_p + (K_0 - K_e)}{t}$$

式中 $C(t)$——第 t 年的平均费用（元）；

C_p——第 p 年的维持费用（元）；

K_0——设备的原值（元）；

K_e——设备的残值（元）；

t——某一确定年份。

例 8-5 某台设备原值为 16 000 元，其各年残值及维持费用数据列示于表 8-1，按最小费用法求行最佳更新期见表 8-2。

表 8-1　某设备残值与维持费用数据表

使 用 年 数	1	2	3	4	5	6	7
年维持费 C_p	2 000	2 500	3 500	4 500	5 500	7 000	9 000
年末设备残值 K_e	10 000	6 000	4 500	3 500	2 500	1 500	1 000

表 8-2　用最小费用法求最佳更新周期运算表

使用年数 t	累计维持费 $\sum\limits_{p=1}^{t} C_p$	设备费用 $K_0 - K_e$	总使用成本	年平均成本 $C(t)$
（1）	（2）	（3）	（4）=（2）+（3）	（5）=（4）/（1）
1	2 000	6 000	8 000	8 000
2	4 500	10 000	14 500	7 250
3	8 000	11 500	19 500	6 500
4	12 500	12 500	25 000	6 250
5	18 000	13 500	31 500	6 300
6	25 000	14 500	39 500	6 583
7	34 000	15 000	49 000	7 000

由表 8-2 可见，其最小年费用为 6 250 元，从而得该设备使用到第 4 年为最佳更新期。

（三）设备更新的方式

设备更新的方式分为设备的原型更新和设备的技术更新。

设备原型更新是指用结构相同的新设备，更换由于有形磨损严重，在技术、经济上不宜继续使用的旧设备。这种更新主要是解决现存设备的效能衰退问题，它不具有技术进步的性质。因此，如果大量采用这种更新方式，企业设备平均役龄虽然缩短了，然而不能大幅度提高企业的经济效益，还将会影响企业的技术进步。

设备技术更新是指用技术更先进的设备去更换技术上陈旧的设备。这种更新不仅是恢复原有设备的性能，而且使设备具有更先进的技术水平，具有技术进步的性质。在技术迅速发展的今天，这是设备更新的主要方式。它可以更快地提高企业的技术装备现代化水平，提高生产效率和产品质量，降低消耗，增强产品竞争能力，提高企业经济效益。

（四）设备更新对象

一般企业用于更新的资金有限，因此选择什么样的设备作为更新对象，以使企业的总体装备水平得到更快的提高就十分重要。总的说，企业在选择设备更新对象时，应着重考虑下列设备。

1）役龄长的设备。当设备役龄超过一定年限，则设备性能就会劣化，结构陈旧、技术落后、维修费用增高。

2）性能、制造质量不良的设备。此类设备存在先天性缺陷，又难以通过改造和修理加以消除，这种设备的"遗传性"对产品所造成的危害也非常大。

3）经过多次大修已无修复价值的设备。

4）技术落后的设备。随着科学技术的发展，某些无形磨损严重、生产效益低下、劳动强度大、造成环境污染甚至危及安全生产的设备已不能适应技术发展的需要。

5）不能满足新产品开发要求的设备。当企业开发新产品后，某些设备可能已不再适用于新产品的生产。

（五）设备更新决策

设备更新的必要性及其依据。设备更新的必要性，可以归纳为以下几点。

1）现有设备无法继续使用，已寿终正寝；或者虽能继续使用，但在经济上已不合算，其所获取的收益不够其支付的维持费用。这样，设备必须考虑更新。

2）原有设备虽应首先改造，但由于设备的先天不足，或者结构不合理，材质本身低下，效率和性能太低，这就可能无论怎样改造也不能符合生产要求。也有可能其改造费用接近或超过更新投资费用。这时企业也必须进行设备更新。

3）适应企业生产发展和技术进步的需要，要求有效率更高、性能更好、耗费更少、技术水平更先进的设备，才能制造出高技术含量、高市场容量、高附加值、高质量的产品出来。这时企业也必须进行设备更新。

设备更新的依据，主要是设备的寿命理论。一般说来，首先考虑的是设备的技术寿命。当更新更高技术设备大量投入市场时，企业用这种设备取代原有设备是明智的投资选择。其次，当新技术设备并未诞生和大量投放市场时，主要考虑设备的经济寿命。这时如果采取更新设备方式，就不应拖到经济寿命之后，而应在经济寿命到达之时就果断更新设备。最后，有些设备具有特殊性，企业生产不可缺少，设备日常维护保养较好，其技术寿命也较长，这时也可以考虑按其自然寿命进行更新。

二、设备的技术改造

（一）设备改造的必要性

设备改造又称设备的技术改造或现代化改造，它是指运用科技新成果，对原有设备的结构、零部件、装置进行变革，改善原有设备的技术性能和功效，从而使原有设备达到更高档次技术经济水平。

设备在使用过程和闲置过程中产生的磨损和劣化，已经使得设备的技术性能和功效在不断下降，维护和修理只能在一定时间内、一定程度上使其恢复。更主要的是随着科技的飞速发展和社会劳动生产率的提高，使设备无形磨损加快，设备的部分甚至全部贬值的速度也在加快进行。在这种形势下，必需进行设备的改造，才能适应当代科技和生产力发展的要求，也才能提高生产的综合经济效益。

设备的改造与更新都需要投资，但设备改造的投资省、周期短、见效快。设备的改造是内涵型和集约化发展经济的模式，这正是随应经济发展的要求和方向。所以，设备的改造既是国家宏观投资的重点，也是企业经济发展和质量提高的主导、是非常必要的。

设备改造的重要作用主要体现在以下方面。

（1）立足现有设备条件，满足生产发展和工艺变化要求　如对设备容量、体积、功率、转速、效能进行改造，确能满足生产发展需求，同时充分利用现有设备资源。

（2）设备的改造，有利于促进设备技术性能的全面提高，带动企业的技术进步　许多新的技术成果应用在现有设备上，许多高新技术装置、附件、备件及新材料应用在现有设备上，使老设备面貌为之一新，适应了技术进步的要求。

（3）设备的改造，能为企业带来更大的经济效益　设备改造比更新设备投资少，但同样能增加产品产量，提高产品质量，降低产品成本，从而全面提高生产的经济效益。

（二）设备改造的计划与内容

设备改造作为设备管理的重要工作之一，必须按计划执行。首先，要编制设备改造计划，作为企业技术改造计划的重要组成部分，一经审定，就需按计划要求执行。其次，企业的设计部门，在接到设备改造计划以后，必须具体拟定设备改造的可行方案，并对各种方案进行综合比较，选择最佳改造方案。最佳改造方案的标准是技术上先进、切实可行、经济上合理、有效。最后，工艺制造部负责具体实施设备改造方案。流水线、生产线和多种多台设备的改造任务，由工艺技术部门和有关试制车间负责完成，有的甚至要依靠外协力量解决。一般单台设备改造和数量较小设备改造，由工厂修理部门负责，结合设备中修、大修一起进行。设备改造的工程任务，必须按计划进度的要求，在预算经费内，保质、按量、按期完成。

设备改造的内容很广，主要包括以下几个方面。

1）将通用设备改造成专用设备，以满足新产品生产需求。

2）提高设备的容量、功率、转速，以增加设备的生产率。

3）改进设备的进料出料位置以及内部的运行结构，使设备的能耗、物耗大大降低，从而降低生产成本。

4）将信息论、控制论、系统论等现代科技的新成果直接应用到设备上，提高设备的可靠性、程控性和自动化程度，保证设备所生产的产品质量更符合标准。

5）改进设备构成中的某些零部件、提高零部件的标准化和通用化水平，使设备维修配件供应更能保障，维修更简便和容易。

6）改进设备保护装置，增设监控装置，提高安全生产水平。

7）对设备的排放系统进行改进，使"三废"及噪声尽可能达标及减少，保护社会的生态环境。

【案例】

海尔的设备维护模拟市场化

海尔认为，企业在市场上的地位如同斜坡上的球体，面临来自市场竞争的压力和内部的惰性，要不下滑，就需要有止动力，这个止动力就是基础管理，而要使球体继续向上运动，仅有止动力还不够，还需要牵引力，这个牵引力就是创新。为避免"大企业病"，海尔需要在走向国际化的关键时刻，在企业内部建立市场链。

海尔的设备维护管理，就是以"市场链"为基础而展开的，由整合后的技术装备部根据用户——产品事业部的要求，确定以降低设备的停机时间为主要项目的设备管理收费标准，将集团全部设备管理整合起来，实行综合服务，包括设备的检验、维护、保养及备品备件的准备。收费标准则经过技术装备本部与产品事业部协商以合同的形式确定下来。

这样，技术装备本部是产品事业部的服务提供者；设备管理员是提供设备管理服务的执行者；产品事业部是设备的使用者，于是也是技术装备本部的市场。

技术装备本部在签订了服务合同后，改变了原来的设备维护管理方式及观念，将产品事业部的要求、市场的要求目标，层层分解到每个设备管理员、每位设备维护工及每台设备，且规定到每月、每日、每时，并将此指标与各责任人的工资挂钩。目标明确，责任清楚，每月技术装备本部根据产品事业部汇总的停机工时提取服务费，设备管理员、维护工根据负责区域设备停机工时及服务获取报酬。

不仅如此，如果技术装备本部的服务做不好，产品事业部索赔的同时，可使用社会上的设备管理服务。因此，海尔所做的，看起来只是组织内部改变，但实际上与市场紧密相连。

《海尔建立市场链》被瑞士洛桑国际管理学院做成案例，并进入欧洲管理案例库。

【思考题】

请对此案例进行总结和评价。

【复习题】

1. 什么是设备的综合管理？它的主要任务与内容是什么？
2. 选择设备应考虑哪些因素？
3. 设备投资决策主要有哪些方法？
4. 如何对设备进行合理使用与维护保养？
5. 设备磨损有哪些种类？磨损有什么规律？
6. 什么是设备故障？设备故障有什么规律？
7. 什么是设备寿命？如何确定设备的最佳更新周期？
8. 什么是设备的技术改造？技术改造有什么重要意义？
9. 现有二台设备，已知设备 A 需投资 100 000 元，年使用维持费估计为 5 000 元；设备 B 需投资 120 000元，年使用维持费估计为 3 000 元。年利率按 8% 计算；估计寿命周期为 10 年，试用年费法选择设备。
10. 某企业购置小型货运卡车一辆，购价为 60 000 元，每年使用费用及年末折余价值见表 8-3，试用最小费用法确定最佳更新周期。

表 8-3　货车年使用费用及年末折余价值

使用年限	1	2	3	4	5	6	7
维持费用/元	10 000	12 000	14 000	18 000	23 000	28 000	34 000
折余价值/元	30 000	15 000	7 500	3 750	2 000	2 000	2 000

【实训项目】

在教师的指导下，拟定设备综合管理调查表，到某工业企业去了解该企业从设备选择、设备使用、维护保养及设备检查与修理、设备更新全过程管理制度，撰写一份设备综合管理调查报告。

第九章 现代生产方式

【学习目标】

1. 了解 JIT 生产方式的目的和主要内容。
2. 熟知 JIT 生产方式的主要控制手段。
3. 掌握看板管理的方式、分类和作用。
4. 了解精益生产的主要内容。

【引导案例】

用更好的方式生产汽车

汽车生产管理思想的第二次变革发生在日本。20 世纪 60 年代,在参观了美国三大汽车公司的工厂之后,丰田汽车的生产工程师提出了精益生产方式。精益生产隐含的管理哲学是:为了降低成本,提高质量,减少每辆汽车的装配时间,就要持续地寻找改进生产过程和提高效率的新方法。

在精益生产的模式下,工人也在运转着的生产线旁工作,所不同的是,他们被组织为多个小型团队,每一个团队负责汽车装配的一个特定环节,如安装汽车的传动系统或者电子系统。他们的每一组成员都要掌握团队内所有员工的工作任务,每一个工作小组不仅要负责装配汽车,还要不断寻找提高质量、降低成本的新方法。20 世纪 70 年代,日本的汽车质量更高,而价格却更优惠。到 80 年代,日本的汽车公司已称雄于全球汽车市场。

第一节 JIT 生产方式(准时化生产方式)

一、JIT 生产方式的产生和发展

准时化生产方式(Just In Time,JIT)是日本在 20 世纪五六十年代研究和实施的新型生产管理方式,它是由丰田英二和大野耐一于 1953 年在日本丰田汽车工业公司首先提出,并于 1961 年在全公司推广。通过实施 JIT 系统,丰田公司生产经营有很大改进,到 1976 年,该公司的年流动资金周转率高达 63 次,为日本平均水平的 8.85 倍,为美国的 10 倍多。20世纪 70 年代初,日本在全国大力推广丰田公司的经验,将其应用于汽车、机械制造、电子、计算机、飞机制造等工业领域中。

日本企业在国际市场上的成功,引起西方企业浓厚的兴趣。西方企业家认为,日本在生产中达到 JIT 是其在世界市场上竞争的基础。20 世纪 80 年代以来,西方一些国家很重视对JIT 的研究,并将之应用于生产管理。据估计,美国公司在 1987 年已有 25% 应用 JIT 方式,到 1992 年,应用 JIT 的公司已达到美国全部公司的 55% 左右。

二、JIT 生产方式的目标与主要内容

(一) JIT 生产方式的目标

JIT 的目标是彻底消除无效劳动和浪费,他们认为无效劳动和浪费主要包括以下 7 个方

面：① 制造过剩的零部件的无效劳动浪费；② 空闲时间造成的浪费；③ 无效搬运造成的浪费；④ 库存积压的无效劳动和浪费；⑤ 加工本身的无效劳动；⑥ 寻找造成的浪费；⑦ 产品缺陷造成的浪费。

JIT 的核心目标就是消除生产过程中的无效劳动和浪费，具体目标包括几个方面：① 废品量最低（零废品）。JIT 要求消除各种引起不合理的原因，减少在每个工序中形成废品的可能性，在加工过程中每一工序都要求达到最高水平。② 库存量最低（零库存）。JIT 认为，库存是生产系统设计不合理、生产过程不协调、生产操作不良的证明。③ 准备时间最短（零准备时间）。准备时间长短与批量选择相联系，如果准备时间趋于零，准备成本也趋于零，就有可能采用极小批量。④ 生产提前期最短。短的生产提前期与小批量相结合的系统，应变能力强，柔性好。⑤ 减少零件搬运，搬运量低。零件送进搬运是非增值操作，如果能使零件和装配件运送量减小，搬运次数减少，可以节约装配时间，减少装配中可能出现的问题。⑥ 机器损坏低。⑦ 批量小。

（二）JIT 生产方式的主要内容

为了达到降低成本和消除浪费的目标，JIT 形成了一种生产组织与管理的新模式，JIT 生产方式的主要内容是适时适量生产，即 "Just In Time"，这一词本来所要表达的含义，"在必要的时间按照必要的数量生产必要的产品"。JIT 生产方式的主要内容包括这样几个方面。

（1）在生产制造过程中，实行生产的同步化和生产指令的后工序拉动方式　为了实现适时适量生产，首先需要实现生产的同步化，使整个生产过程连接为一个整体，在各工序之间不设置仓库，前一工序的加工结束后，可以立即转到下一工序去，装配线与机械加工过程几乎平行进行，产品被一件一件连续地生产出来。在铸造、锻造、冲压等必须成批生产的工序，则通过尽量缩短作业更换时间来尽量缩小生产批量。生产的同步化通过 "后工序领取" 这样的方法来实现。即 "后工序只在需要的时候到前工序领取所需的加工品，前工序只按照被领取走的数量和品种进行生产"。这样制造工序的最后一道，即总装配线成为生产的出发点，生产计划只下达给总装配线，以装配为起点，在需要的时候，向前工序领取必要的加工品，而前工序提供该加工品后，为了补充生产被领取走的量，必然会向更前一道工序去领取所需的零部件。这样一层一层向前工序领取，直至粗加工以及原材料部门，把各个工序都连接起来，实现同步化生产。

（2）为了实现生产的适时适量生产，就要求实现均衡化的生产　生产的均衡化是指总装配线在向前工序领取零部件时，应均衡地使用各种零部件，混合生产各种产品。为此，在制定生产计划时就必须加以考虑，然后将其体现于产品投产顺序计划之中。在制造阶段，均衡化通过专用设备通过化和制定标准作业来实现。专用设备通用化，是指通过在专用设备上增加特殊的零部件使之能够加工多种不同的产品。标准化作业是指将作业节拍内一个作业人员所应用的一系列作业内容标准化。

（3）根据工作任务的多少配置作业人数和设备，使生产资源合理利用，包括劳动力柔性和设备柔性　当市场需求波动时，要求劳动力资源也作相应调整。如需求量增加不大时，可通过适当调整具有多种技能操作者的操作来完成；当需求量降低时，可采用减少生产班次、解雇临时工、分配多余的操作工去参加维护和维修设备。达到劳动柔性的管理方法是 "少人化"。少人化是指根据生产量的变动，按照一定的比例对各个生产线的工作人员进行适当的增减，用尽量少的员工来完成较多的生产任务。这里的关键在于能否将生产量减少了的生产线上的作业人员数减下来。这种"少人化"技术不同于历来的生产系统中的"定员制"，实现了按照任务定员发生变化，是一种全新的人员配置方法。

（4）在生产的组织结构上，采取专业化和协作化的方式　整个工厂只把汽车生产关键技术的30%的部门留给企业自己生产，其余的零部件生产通过委托或者协作的方式由其他的工厂进行生产，简化了公司的生产业务，同时也抓住了公司管理的重点，有利于企业利用有限的人力和资金资源投入汽车核心部件的生产。

（5）在产品的设计和开发方面，采用项目负责人负责与并行工程结合的方式　在当整个产品寿命周期已大大缩短的年代，产品设计应与市场需求相一致。公司首先挑选业务素质高、组织能力强的人担任新产品开发项目的负责人，由他们主要负责项目开发；同时工作方式上采用并行工程，提高开发质量，缩短周期。在产品设计方面，应考虑到产品设计完后要便于生产。在 JIT 方式中，试图通过产品的合理设计，使产品易生产，易装配，当产品范围扩大时，即使不能减少工艺过程，也要力求不增加工艺过程，具体方法有：模块化设计、设计的产品尽量使用通用件、标准件，设计时应考虑易实现生产自动化。

（6）保证产品的质量　在 JIT 生产方式中将质量管理贯穿于每一工序之中，在降低成本的同时保证质量不会降低。在生产中运用了两种工作方式：第一，设备或生产线对不良的产品进行自动检测，建立一旦发现异常或不符合质量标准的产品就自动停止的设备运行机制，在这种管理中，设备上安装了各种自动停止装置和加工状态检测装置；第二，生产第一线的设备操作人员发现产品或设备存在问题是有权利自行停止生产的管理机制。依靠这样的机制，不良产品一旦出现就会马上发现，防止了不良产品的重复出现，一旦出现生产或设备异常就立即停止运行，比较容易找到发生异常原因，从而能够针对性地采取措施，防止类似异常情况的再次发生，杜绝类似不良产品的再产生。

（7）JIT 提倡采用对象专业化布局　用以减少排队时间、运输时间和准备时间，在工厂一级采用基于对象专业化布局，以使各批工件能在各操作间的工作间顺利流动，减少通过时间；在流水线和工作中心一级采用微观对象专业化布局和工作中心形布局，可以减少通过时间。

JIT 构造体系如图 9-1 所示，其中用点画线表示的部分表示 JIT 生产方式在构造体系中的位置。

三、JIT 生产方式的主要控制手段

（一）零库存管理

JIT 生产方式要求库存减少到最低限度，目标是实现无库存的生产。因为库存实际就是一种资金在时间上的停滞，也是一种浪费。库存量太大，会占用大量的资金，降低了资金的运作和浪费；不仅如此，库存还存在着巨大的市场风险，如果这种产品被市场所淘汰，那就意味着生产这些产品的资源全部损失，这种浪费更是巨大的。而且，库存最大的弊端在于掩盖了管理中存在的问题，例如，由于管理不善，废品量比较多，增加库存可以掩盖这些废品，从而掩盖了质量中存在的问题；设备故障影响了生产，可以用增加库存方法掩盖设备的问题，凡此种种，库存已经成了管理中许多问题的根源。

JIT 方式把零库存管理作为企业管理的目标之一，认为最好把库存降到零。当然，零库存作为一种理想的状态是不可能实现的，但零库存管理的真正目的在于通过降低库存，发现

```
                    ┌──────────┐
                    │ 获取利润 │
                    └──────────┘
                         ↑
          ┌──────────────────────────────┐
          │ 降低成本——彻底排除浪费        │
          └──────────────────────────────┘
         ↑              ↑              ↑
   ┌──────────┐   ┌──────────┐   ┌──────────┐
   │ 适时适量 │   │弹性作业人数│   │ 质量保证 │
   └──────────┘   └──────────┘   └──────────┘
        ↑              ↑              ↑
  ┌────────────┐  ┌──────────┐  ┌──────────┐
  │Just In Time│  │ 少人化   │  │ 自动化   │
  └────────────┘  └──────────┘  └──────────┘
     ↑              ↑      
 ┌────────┐┌──────┐ ┌──────┐┌──────┐
 │生产批量 ││生产  │ │设备  ││多面手│
 │极小化  ││同步化│ │配置  ││      │
 └────────┘└──────┘ └──────┘└──────┘
    ↑         ↑        ↑
 ┌────────┐┌──────┐
 │缩短作业 ││后工序│
 │更换时间 ││领取  │
 └────────┘└──────┘
       ↓       ↓
    ┌──────────┐
    │生产均衡化│
    └──────────┘
       ↑
 ┌──────────┐      ┌──────────┐
 │ 看板管理 │      │ 标准作业 │
 └──────────┘      └──────────┘
```

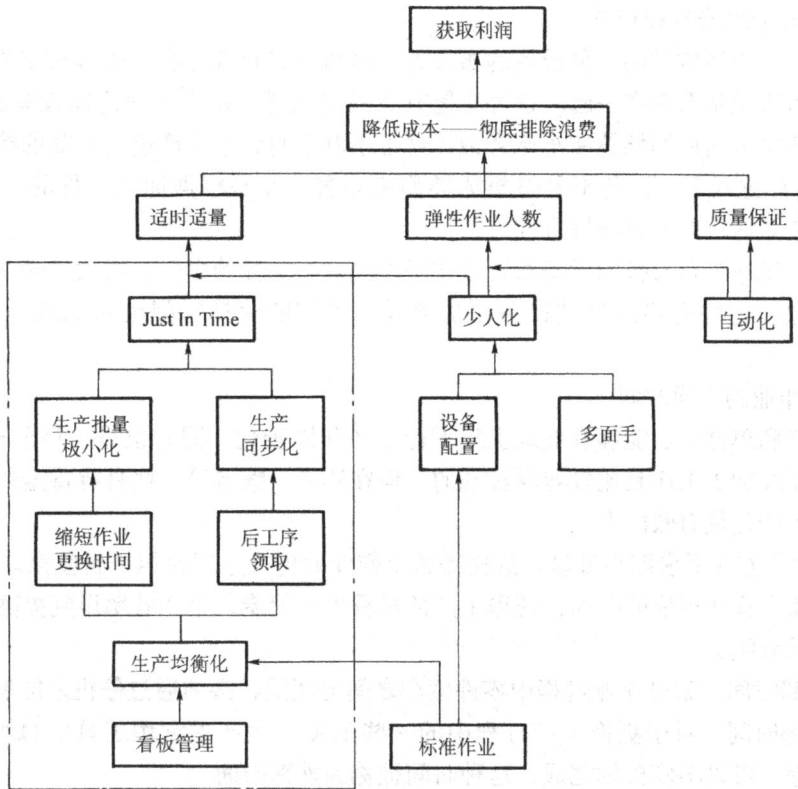

图 9-1　JIT 构造体系

管理中存在的问题，解决这些问题，从而提高整个系统运作的效率，使得系统得以改善，这样以零库存作为手段，一步一步把工作和管理中的问题解决。JIT 还认为，改进的过程并不是一个静止的过程，而是一个不断循环的过程，是一个要求尽善尽美的过程。

（二）生产同步化，缩短工作周期

生产周期的长短对生产效率有显著的影响，它是从生产的零件投入到成品产出的整个过程，而 JIT 生产方式的同步化生产就是缩短生产周期的非常有效的手段。

生产同步化就是机械加工的过程和装配线的过程几乎同时在作业，而且这种作业是平行的，通过看板的方式，传送总装配线的要求，同时也使所有的零件生产线在必要的时候，为装配线提供必要的产品。

为了缩短生产的周期，JIT 生产方式要求每道工序都不设库存，前一个工序加工完成之后就立刻送往下一道工序，其中没有库存的环节，这种方法又被称为"一物一流"。工序之间的这种传送，使得整个生产周期能够衔接起来，减少运输和库存的过程，缩短了生产的时间。

减少更换工装的时间也可以缩短周期，工装是生产过程中的工具，比如刀具、模具等等。装换产品的同时，也要对工装进行更换，而更换工装的时间是一种没有价值创造的时间损失，也是一种浪费。所以 JIT 生产方式要求尽快的更换工装，减少时间消耗。

整个生产同步化的过程可以通过以下的手段实现。

1. 设备的合理安排和布置

在机械工厂中最常见的一种设备的布置方法是机群式布置方法，机群式布置方法就是把同一类型的机床设备布置在一起。这种布置方式的缺点是，由于工序之间没有必要的连接，所以产品生产出来之后即堆放在车床旁边，这也不利于对整个生产进行有效的控制。

在 JIT 生产方式下，设备不是按机床类型来布置，而是根据加工工件的工序顺序来布置，即形成相互衔接的设备布置方式。

这种按照工序进行安排的设备布置方式必然要求有均衡的生产，否则过剩或者不足仍然是经常的现象，这些需要通过使设备更加简易、工装的更换时间缩短和场地有效安排来解决。

2. 缩短作业的更换时间

单件生产和单件运送能够有效地实现平行生产和同步化，同时也是一种最理想的状态。这在装配线以及加工工序是比较容易实现的，但在铸造、锻造等一些具有特定的技术要求的工序，批量生产是最有效的方式。

而 JIT 生产方式要求缩小批量，这使得整个作业的更换过程显得非常复杂。关键问题就是如何缩短整个作业更换的时间，使得生产的过程更加紧凑，生产效率得到提高。作业更换时间由三个部分组成。

（1）内部时间　就是作业过程中零件生产之间的间隔，必须通过停机才能够进行。

（2）外部时间　对于更换生产过程中的一些工装（生产中常用工具的总称），比如模具、量具等等，可以不停机就完成，这种时间被称为外部时间。

（3）调整时间　在整个生产过程结束后，要对生产出的产品进行抽样检查和质量检验，也要对整个生产工序进行调整，这些时间是工作完成后的调整时间。

缩短作业更换时间的具体方法包括：提高作业人员工作能力，通过"多面手"的培训使他们能够在比较短的时间内完成原来较长时间完成的任务；改进工作方法，对原来的工作程序进行革新和调整；使用一些比较简易和更换方便的工装，减少工装调整的时间；对一些工装可以在生产过程前进行预先的准备，不影响整个工作的时间。事实证明，缩短 JIT 生产方式的作业更换时间是可行的，而且是可以达到的，丰田汽车公司通过 JIT 生产方式，使原来的作业更换时间缩减为现在的 1/10。

作业更换时间的缩短带来的生产批量的缩小，不仅可以使得工序之间的在制品库存大大减少，从而缩短了生产周期，而且降低了生产过程中的资金占用、减少了生产成本、提高了企业产品的竞争力，同时也提高了工作效率。可以看出，工作效率的提高不仅仅通过引进最先进的高性能设备或花费其他大量的资金可以实现，通过研究生产过程，消除生产过程中的浪费也同样可以实现。这种方法的基础与 JIT 生产方式"消除一切浪费"的核心思想是一致的。

3. 生产节拍的制定

生产同步化的实现不能不考虑生产节拍的问题。生产节拍就是生产单位产品所需要的生产时间。在传统的管理方法看来，生产数量是根据设备本身来决定的，与市场的需求没有关系，也就是说，企业的生产应该使生产设备的利用率达到最大，而不考虑库存的增加对资金和场地的影响，生产节拍是固定不变的。

JIT 生产方式的生产数量则是根据市场需求确定的，生产节拍的制定应符合在必要的时间按照必要的数量生产必要的产品的需求，总是随着生产量的变化而变化，对变动进行控制的基本方法是采用看板管理方式。

（三）弹性作业人数

"定员制"是一般生产过程中最常见的一种人员配置方式，在这种方式条件下，无论工作任务增加或者减少，仍然需要有相同的作业人员才能使这些设备全部运转，进行生产。而现在的市场是瞬息万变的，所以这种"定员制"已经不适应现代化生产的需要，企业需要通过削减人员来提高生产率、降低成本。JIT 生产方式就是基于这样的基本思想打破历来的"定员制"观念，创出了一种全新的弹性作业人数方式。

弹性作业人数要求按照每月生产量的变动对生产线和工序的作业人数进行调整，保持合理的作业人数，从而通过排除多余人员来实现成本的降低，同时，还要通过不断地减少原有的作业人数来实现成本降低。

弹性作业人数实现要求有一定的条件，这些条件包括：①有特定的设备安排和配置，这些配置是合理的；②作业人员能够胜任多方面的工作，必须是多面手。为了实现这两方面的条件，JIT 生产方式研究了设备的优化配置和职务轮换制度。

1. 设备的联合 U 形配置

设备的联合 U 形配置关键就是将生产线的入口和出口布置在同一个位置，这可以用图 9-2 表示。

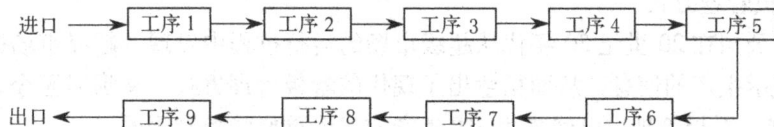

图 9-2　设备的 U 形配置

在图 9-2 中，假设 1、2、9 工序由工人 A 完成，3、7、8 由工人 B 完成，4、5、6 工序由工人 C 完成。如果工作任务减少，只需要两个工人，那么只需要由工人 A 完成工序 1、2、3、8、9，而工人 B 完成工序 4、5、6、7，这显然要求无论是工人 A 还是工人 B 都能够完成多种工序任务。

当然，也会出现这样的问题，如果工作任务减少或增加的幅度还不至于减少或增加 1 个工人，而现在的工人人数又不合适，该怎么办呢？为了解决这样的问题，JIT 生产方式发明了联合 U 形配置，可以把多个生产线连接在一起，形成一个整体。这样，整个生产线调控的范围可以扩大，也可以最大限度地避免前面提出的问题。

2. 职务定期轮换

从作业人员的角度来说，实行弹性工作人数意味生产节拍、作业内容、范围、作业组合以及作业顺序等等会随着生产任务的变化而进行变更。为了使作业人员能够适应这样的变更，必须对作业人员进行必要的培训，使他们能够适应所有的工作程序，并且能够成为整个生产过程中的多能型人才，这样的作业人员的职务扩大也被称为"作业人员多能化"。为了实现这种多能化，职务的定期轮换是一种非常好的方式。

职务定期轮换包括定期调动、班组内部的定期轮换和岗位的定期轮换。

1）定期调动是指作业人员工作场所变动，所担任的职务内容、人事隶属关系都随之发生变化。定期调动一般是对一些基层的管理人员进行的。

2）班组内部的定期轮换是根据工作任务的变动情况而进行的班组内部变动，人员的隶属关系、人事关系基本不变。班组内部的定期轮换是培养多面手的最主要的一种方式。

3）岗位定期轮换，轮换的周期和时间非常短，一般可能在一天内进行轮换。

职务定期轮换的优点在于，通过对职务的定期轮换，能够培养企业的员工适应多方面的工作，从而成为生产过程中的多面手，也为弹性工作人数提供了必要条件。不仅如此，职务的定期轮换还能够减轻工作的疲劳。

职务定期轮换也可以改善作业现场的人际关系。制定作业交替计划表的基本原则是使全体作业人员平等。制定时既要考虑到对老、病、弱工人的照顾，也要考虑每个人的身体情况、作业熟练程度、个人愿望以及相互之间的照顾等，这样就容易促成全体人员的协作精神。在职务定期轮换的同时，每个人前后工序的成员不同，在工作的相互接触中能增加彼此的交流。

同时，职务的轮换还可以提高作业人员参与管理的积极性。职务定期轮换使全体人员都与生产过程的整体联系起来，能够从总体上看待整个生产过程，对整个作业流程的关心也提高了。安全、质量和生产目标已不仅仅是班长或组长的事情，而成为大家同心协力的目标，大家都团结一致，为了同一目标而思考，采取对策，解决问题，形成了一种作业现场的自主管理，这也给了每个人充分发挥自己潜在能力的机会，增加了员工对工作的兴趣和积极性。

（四）看板管理方式

丰田汽车公司在20世纪50年代从超级市场的运行过程中发现，超级市场按照一定的看板来发布和表示生产的信息，从而衍生出了现代的看板管理方式。从那时至今，已经经过了50多年的发展，看板管理也已经成为JIT生产方式最重要的控制手段。

看板管理是JIT生产方式中最独特的部分。作为管理工具，看板管理使得整个零库存的管理方式从理论上的描述成为生产过程中的可能。

1. 看板管理的功能

看板管理的工具是JIT同步生产方式中最重要的管理手段，无论生产的同步化还是生产的均衡控制，或者从小组生产方式到无库存生产都需要看板式管理进行生产过程的协调，因此，了解看板式管理是整个JIT具体操作中最重要的环节，也是丰田汽车公司创造的重要的管理手段。看板式管理的功能主要有以下几方面。

（1）生产以及运送的工作指令　这是看板最基本的功能。公司总部的生产管理部根据市场预测以及订货而制定的生产指令只下达到总装配线，各个前工序的生产均根据看板来进行。看板中记载着产量、时间、方法、顺序以及运送数量、运送时间、运送目的地、放置场所、搬运工具等信息，从装配工序逐次向前工序追溯。在装配线上将所使用的零部件上所带的看板取下，以此再向前一道工序领取；前工序则只生产被这些看板所领走的量。"后工序领取"以及"适时适量生产"就是这样通过看板来实现的。

（2）防止过量生产和过量运送　看板必须按照既定的运作规则来使用，其中的一条规则是："没有看板不能生产，也不能运送"。根据这种规则，各工序如果没有看板，就既不进行生产，也不进行运送，看板数量减少，则产量也相应减少。由于看板所表示的只是必要的量，因此通过看板的运用能够做到自动防止过量生产以及过量运送。

（3）进行"目视管理"的工具　看板的另一条运用规则是："看板必须在实物上存

放"、"前工序按照看板取下的顺序进行生产"。根据这一规则，作业现场的管理人员对生产的优先顺序能够一目了然，很易于管理，并且只要一看看板所表示的信息，就可知道后工序的作业进展情况，本工序的生产能力利用情况、库存情况以及人员的配置情况等。

（4）改善的工具　以上所述的看板的功能可以说都是生产管理功能。除了生产管理功能以外，看板的另一个重要功能是改善功能。这一功能主要是通过减少看板的数量来实现。看板数量的减少意味着上工序中在制品储存数量的减少。在运用看板的情况下，如果某一个工序设备出故障，生产出不良产品，根据看板的运用规则之一"不能把不合格的产品送往下一道工序"，下一道工序的需要得不到满足，就会造成全线停工，由此可立即使问题暴露，从而必须立即采取改善措施来解决问题。

2. 看板的分类和作用

实际生产管理中使用的看板形式很多，常见的有塑料夹内装着的卡片或类似的标志牌，运送零件小车、工位器具或存件箱上的标签，指示部件吊运场所的标签，流水生产线上各种颜色的小球或信号灯、电视图像等。

看板可根据功能和应用对象的不同进行分类，如图9-3所示。

（1）生产订货看板　指在一个工厂内，指示某工序加工制造规定数量工件所用的看板，它又有两种类型：①一般的生产看板，它指出需要加工工作的件号、件名、类型、工件存放位置、工件背面编号、加工设备等。②三角看板，它指出待加工工件号、名称、存放位置、批及发盘数、再订购点及货盘数、加工设备等。

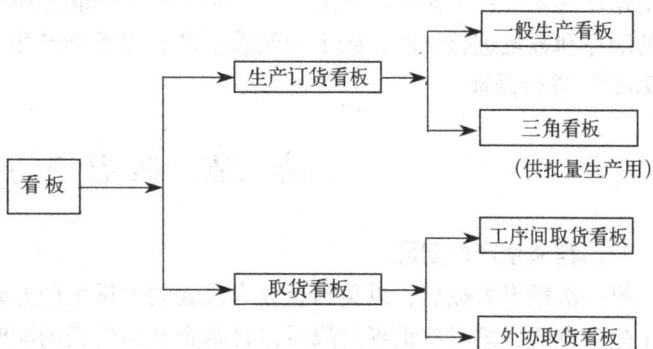

图9-3　看板的主要类型

（2）取货看板　这是后工序的操作者按看板上所列信号、数量等信息，到前工序或协作厂领取零部件的看板。取货看板又可分为两种类型：工序间取货看板和外协取货看板。

除了上述主要看板类型外，有的工厂还使用信号看板、临时看板等不同用途的看板。信号看板是在总装生产线上或其他固定生产线上作为生产指令的看板，它是用信号灯或不同颜色的小球，表示不同的生产状态和指令，在日本称之为 ANDON 板。临时看板是在生产中出现次品、临时任务或临时加班时用的看板，只用一次，用毕及时收回。

看板在现场管理中的作用可用图9-4说明。图中Ⅰ表示零件加工工序；Ⅱ表示零件子装配工序；Ⅲ表示总装配工序；Ⅰ—A、Ⅱ—A分别为Ⅰ、Ⅱ工序的进口点存料处；Ⅰ—B、Ⅱ—B分别为Ⅰ、Ⅱ工序的出口点存料处；Ⅲ—A为总装配工序的存料处；实线表示零部件的物流过程；虚线是看板的传递过程。

当总装配工序的操作人员从Ⅲ—A中取用零部件后，就从该处取出一块取货"看板"，到上一道工序的Ⅱ—B中提取同样的零部件，用以补足Ⅲ—A中已使用的零部件。与此同时，再从Ⅱ—B中取出一块加工看板，交给第Ⅱ工序的操作者，第Ⅱ工序的操作者据此加工生产所需的零部件，制成后补入Ⅱ—B中。第Ⅱ工序的操作者加工零部件时，又按同样的程

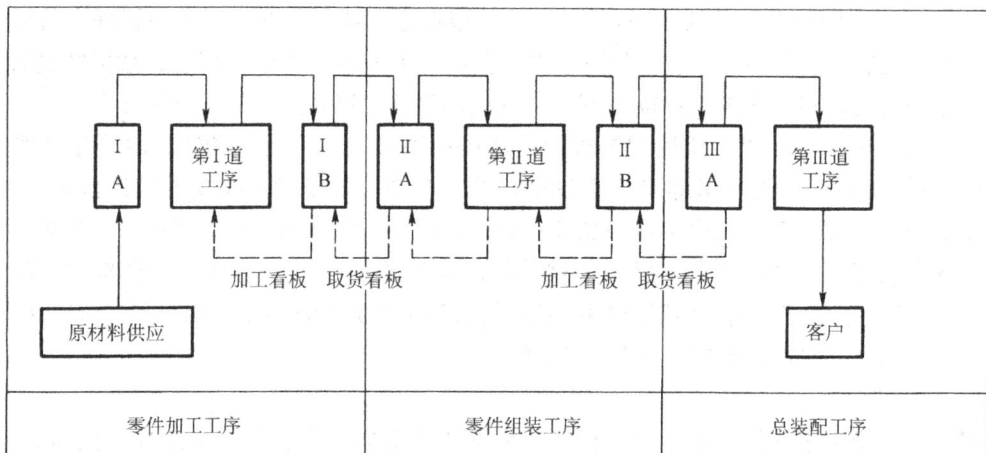

图 9-4　看板在现场管理中的作用

序从Ⅱ—A中提取备加工件。如此倒溯而上，生产流水线在看板的联系和"拉动"下，协调地运转起来。在一条生产线上，无论是生产单一品种还是多品种，如果均按这种方法所规定的顺序和数量进行生产，既不会延误生产，也不会产生过量的库存，就能做到按照"Just In Time"进行循环。

第二节　精益生产

一、精益生产的起源

第一次世界大战后，以美国企业为代表的大量生产方式逐步取代了以欧洲企业为代表的手工生产方式，第二次世界大战后以日本企业为代表的准时化生产方式又逐步取代了大量生产方式，并发展为被汽车行业广泛采用的精益生产方式。

精益生产方式（Lean Production，LP）是美国在全面研究以 JIT 生产方式为代表的日本式生产方式在西方发达国家以及发展中国家应用情况的基础上，于 1990 年提出的一种较完整的生产经营管理理论。

20 世纪七八十年代，日本汽车工业取得了巨大的成功。为揭开日本汽车工业成功之谜，1985 年美国麻省理工学院确定了一个名为"国际汽车计划"的研究项目，组织了 53 名专家、学者，花了 500 万美元，从 1984～1989 年历时 5 年，对 17 个国家的近 90 个汽车装配厂进行了实际考察，并对西方的大量生产方式与日本的丰田生产方式进行分析对比，最后于 1990 年出版了《改变世界的机器》一书，第一次把丰田生产方式称为 Lean Production，即精益生产方式。

二、精益生产的基本思想

（一）精益生产的含义

精益生产方式是指运用多种现代管理方法和手段，以社会需要为依据，以充分发挥人的积极性为根本，有效配置和合理使用企业资源，以彻底消除无效劳动和浪费为目标，最大限度地为企业谋取经济效益的生产方式。

精益生产方式的内涵十分广泛，涉及企业生产活动的各个领域。它将丰田生产制造领域的 JIT 生产方式扩展到产品开发、协作配套、销售服务等各领域，贯穿于企业生产经营活动全过程，使之更加丰富、全面，对指导生产方式的变革更具有指导性。

（二）精益生产的基本原理

精益生产的基本原理如图 9-5 所示。

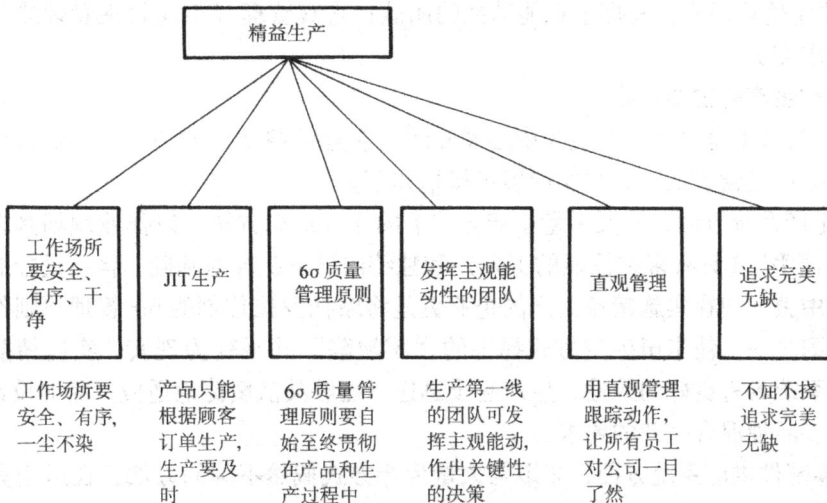

```
                    ┌──────────┐
                    │  精益生产 │
                    └──────────┘
     ┌──────┬──────┬──────┼──────┬──────┬──────┐
 ┌───────┐ ┌──────┐ ┌───────┐ ┌───────┐ ┌──────┐ ┌───────┐
 │工作场所│ │      │ │6σ 质量│ │发挥主观│ │      │ │追求完美│
 │要安全、│ │JIT生产│ │管理原则│ │能动性的│ │直观管理│ │无缺   │
 │有序、干│ │      │ │      │ │团队   │ │      │ │      │
 │净     │ │      │ │      │ │      │ │      │ │      │
 └───────┘ └──────┘ └───────┘ └───────┘ └──────┘ └───────┘
```

工作场所要安全、有序、一尘不染　　产品只能根据顾客订单生产，生产要及时　　6σ 质量管理原则要自始至终贯彻在产品和生产过程中　　生产第一线的团队可发挥主观能动，作出关键性的决策　　用直观管理跟踪动作，让所有员工对公司一目了然　　不屈不挠追求完美无缺

图 9-5　精益生产原理图

安全、有序、干净，是精益生产最基本的准则。精益生产的目标是消除一切浪费和无效劳动，实现高效、低耗、高品质的生产。要达到这一目标，企业首先就要追求生产现场的安全、有序和一尘不染。

精益生产的核心是准时化生产（JIT），产品生产只能按照 JIT 组织，根据顾客的订单生产。不这样做，就会积压库存，带来潜在的浪费。

6σ 质量管理原则要贯穿在企业的产品中，贯穿于产品的生产过程的始终。优良的产品质量是实施精益生产的重要保证。6σ 质量管理原则是摩托罗拉公司发明的，它意味着每一百万个零件中出现次品的个数不高于 3.4，即零件的次品率为 3.4×10^{-4}%。

精益生产的第四个准则是发挥团队的主观能动性。生产第一线的团队成员在生产操作中，或在维修服务中，只要对顾客有好处，可以作出关键性的决策。遇到问题时，团队可以决定如何解决，不必请示领导。

精益生产的第五个准则是直观管理。把可视管理用于跟踪运作，工人对自己所做的工作提出反馈意见，也就是用直观而不是用计算机管理。这种做法往往是在工人容易看得到的地方，以记分牌的形式来表示。每隔 1 个小时，就在预期目标旁边的一栏里列出工作进程。出现变化，增加或者减少，可在旁边一栏"备注"说明原因。这样，团队可以知道，自己当班的生产目标已完成多少，并作出相应调整。非当班的人员也可了解，在完成目标途中可能出现的障碍。

精益生产的最后一个基本准则是追求完美无缺，即持续改进。精益生产的目标是消除浪费这个大敌，就必须把整公司里的精益团队成员紧紧地联合起来。要让他们知道，企业的存在主要是为了向顾客提供价值。为了达到甚至超过这个目的，必须从顾客的角度提出服务或提供产品。更主要的是，提供顾客所需的产品，要能达到所要求的功能，价格要最便宜，没有维修问题。为了达到这个目的，从概念到生产，一直到把产品送到顾客手中，都必须紧紧地盯住生产中的每一个环节。与此同时，还应作出决定，哪些活动是有价值的，哪些活动是没有价值的。所有那些不能增加价值的活动都必须一笔勾销。

由此可见，精益生产的基本思想可用六个基本准则来概括，即安全、有序、干净；JIT生产；6σ 质量管理原则；发挥主观能动性的团队；直观管理（也叫目视管理或可视管理）；持续不断追求完美。

三、精益生产的主要内容

如前所述，JIT 是以生产制造为中心展开的，它是精益生产的核心，而精益生产是涉及企业整体的生产经营方式，其主要内容可概括如下。

1）在生产系统方面，一反大量生产方式下的作业组织方法，以作业现场具有高度工作热情的"多面手"（具有多种技能的工人）和独特的设备配置为基础，将质量控制融入到每一生产过程中去。现在实施精益生产的企业更是将摩托罗拉首创的 6σ 管理原则作为精益生产的基本准则之一，使丰田生产方式提出的"零缺陷"几乎变为现实。实施精益生产的企业，其生产系统具有良好的柔性，生产起步迅速，能够灵活敏捷地适应产品的设计变更、产品变换以及多品种混合生产的要求。

2）在零部件供应系统方面，采取与大量生产方式截然不同的方法，在运用竞争原理的同时，与零部件供应商保持长期稳定的全面合作关系，包括资金合作、技术合作以及人员合作（派遣、培训等），形成一种"命运共同体"并注重培养和零部件供应商的技术能力的技术开发，使零部件供应系统也能够灵活敏捷地适应产品的设计变更以及产品变换。进一步通过管理信息系统的支持，使零部件供应商也共享企业生产管理，从而保证及时、准确地交货。

3）在产品的研究与开发方面，以并行工程和团队工作方式为研究开发队伍的主要组织形式和工作方式，以"主查"负责制为领导方式（主查就是老板，团队负责人，他的任务是进行新产品的设计和工艺准备并使之投产）。在系列开发过程中，强调产品开发、设计、工艺、制造等不同部门之间的信息沟通和同时并行开发。这种并行开发还扩大至零部件供应厂商，充分利用他们的开发能力，促使他们从早期开始参加开发，由此而大大缩短开发周期并降低成本。

4）在流通方面，与顾客及零售商、批发商建立一种长期的良好的关系，使来自顾客和零售商或批发商的订货与工厂生产系统直接挂钩，使销售成为生产活动的起点；极力减少流通环节的在制品，并使销售和服务机能紧密结合，以迅速、周到的服务最大限度地满足顾客的需要。

5）在人力资源的利用上，形成一套劳资互惠的管理体制，并一改大量生产方式中把工人只看做一种"机器的延伸"的机械式管理方法，QC 小组、提案制度、团队式作业方式、目标管理等一系列具体方法，调动和鼓励职工进行"创造性思考"积极性，并注重培养和训练工人以及管理人员的多方面技能，最大限度地发挥和利用企业组织中每一个人的潜在能力，由此提高职工的工作热情和工作兴趣。

6）从管理理念上说，总是把现有的生产方式、管理方式看做是改善的对象，不断地追求进一步降低成本、降低费用、质量完美、缺陷为零、产品多样化等目标。这样的极限目标虽然从理论上来说是不可能实现的，但这种无穷逼近的不懈追求却可以不断产生意想不到的波及效果，即不仅"白领阶层"、也使大部分"蓝领阶层"的职工也提高了工作的热情和兴趣，在工作中感受到了成功的喜悦。由此带来的，则是质量和生产率的不断提高。

总而言之，这是一种在降低成本的同时使质量显著提高，在增加生产系统柔性的同时，也使人增加对工作的兴趣和热情的生产经营方式。与资源消耗型的大量生产方式相比，这是一种资源节约型、劳动节约型的生产方式。

四、精益企业

全面实行精益生产，满足精益生产的六个基本准则的企业是精益企业。

1. 精益企业的含义

精益企业包括以下五个方面。

（1）产品　产品必须精益求精。只要能提供满足顾客需求的功能，产品包含的物化劳动和活劳动越少越好，任何多余的劳动都是浪费。从这点出发，不仅要求所设计的产品在制造中要尽可能少地消耗原材料、能源、资金和人工，而且要求产品使用成本低。使用成本关系到用户能否实行精益生产，具有重要的社会效益。使用成本与产品质量的关系十分密切。

（2）生产过程　生产过程包括产品设计、工艺编制、供应、加工制造和库存等方面。要加快生产过程，提高对市场变化的响应速度。要运用并行工程的思想，缩短从设计到出产产品的整个生产周期，要运用看板实现准时生产和准时采购，使原材料、在制品和成品的库存向零挑战。

（3）工厂布置　工厂布置要尽可能少地占用并最有效地利用土地和空间。土地是不可再生的资源，良田是有效利用太阳能生产粮食和蔬菜的工厂，精益工厂必须占地少。生产设备要有柔性，可以一机多用。设备布置要紧凑有序，充分利用空间，并能按产品变化方便地进行重新布置。工厂布置是实行精益生产的前提。

（4）组织　精益企业具有全新的组织以及人际关系。在企业内部，不仅要求彻底改变机构臃肿，人浮于事的状态，而且要对劳动分工作出调整。要在组织的各个层次建立功能交叉、任务交叉的小组，实行协力工作，保证不同职能的工作人员相互沟通。实行并行工程，缩短新产品开发周期和生产技术准备周期，提高工作过程的质量。要广泛实行分权，让下级和工人分享权力与责任。一个成功的管理者的基本条件之一是让其下属能充分发挥主动性与创造性。工人与管理者的合作是日本企业成功的重要条件。

在处理本企业与供应厂家、协作厂家的关系上，精益企业与他们建立长期、互利的关系。只有建立长期的合作关系，才能保证质量与交货期；只有互利，才能建立长期的合作关系。合作就意味着暂时失去了一部分权力与利益，否则，是不可能建立合作关系的。

（5）环境　经济发展带来了环境污染。大量生产，大量消费，大量污染，使我们居住的地球失去了生态平衡，也使人类受到了惩罚，遭受各种灾害。

对自然资源掠夺性的开采，导致人类生存的危机。防治污染应该是企业的一项社会责任。耗油量少的汽车排放的废气也少，占用的消耗资源少的企业对环境的污染也小。因此，精益企业是污染小的企业。这也是精益的一个含义。

2. 精益企业与传统企业在企业文化方面的差异

精益企业与传统企业在企业文化方面的差异可用表9-1来概括。

由上面介绍可以看出，精益企业与传统企业是截然不同的，只有在产品设计、生产过程组织、供应链管理、客户关系管理、财务、人员管理及协力工作等方面的活动中精益方法都得以实现，并按照精益生产的六项基本原则运作的企业，才能真正成为精益企业。

表 9-1　企业文化的差异

传 统 企 业	精 益 企 业
• 命令从上而下，责任主要在上级领导	• 由下层作出决定
• 因为介入有限，员工情绪受到挫折	• 员工参与、承诺、参加、有自豪感
• 不主动去改进	• 精益求精
• 很少交流公司的目标和运作	• 公司的目标和运作广泛交流
• 员工或专业人员的满意程度有限	• 工作让员工和专业人员满意
• 各功能部门之间的界限分明	• 各功能部门之间没界限

【案例】

昊天公司的 JIT

昊天公司是一家从事电子产品生产的高科技企业，公司经营渐入正轨，为了提升企业管理水平，节约管理费用，公司要求各职能部门在新的一年里压缩管理成本，提升本部门的管理效率，尽量减少资源的占用。

公司物流部新任经理小红面临着巨大的管理压力。经过调查发现，公司在过去的一年里，光是花在物料存储方面的费用就达到 120 万元，另外用于公司运输车辆的维护保养、车队驾驶员、仓库管理人员等人员的工资福利开支、保险等费用也达到了 60 多万元。公司的物流费用（财务上可货币化计量的费用）比同行高出 20%。公司物流管理现状促使小红下定决心对物流部进行彻底的重组，她的目标是重组后的物流部所创造的成绩要给公司交出一份满意的答卷。

物流部立即着手对占用的资源进行全面调查，统计结果表明：公司在设备资源方面拥有原材料库 2 个，半成品库 2 个，成品库 1 个，运输用大卡车 5 辆，轻型卡车 3 辆以及其他辅助设施一批；在人员方面，公司采购部有 5 人，仓库管理人员 20 人，司机 30 人。这些资源对于一般的管理人员来讲应是说得过去的，因为公司要保证供应链运转得顺畅，确保公司不会出现短料或缺料的情况，就必须备有一定量的安全库存，占用仓库资源；另一方面，公司的运作还必须遵守法律法规，在员工的使用及待遇上不能违反劳动合同法，这也就导致了公司物流部规模庞大。

物流部经理小红在摸清现状之后，觉得接下来需要做的是统一公司的管理理念，即公司究竟应该以何种理念来经营企业，因为她深知经营理念直接决定了企业各职能部门的管理模式，同样的一件事情，管理理念不同，处理流程也会不同，甚至差别巨大。为此，她联络生产部、销售部以及公司其他重要部门一起对此问题进行了严肃讨论。因为公司的管理层大多是学管理的科班出身，在管理理念的沟通上比较容易，所以公司上下很快就达成了以丰田公司为标杆的 JIT 管理模式，因为在他们的心目中，丰田公司是全世界制造业中管理得最为精益的一家公司，其所创造的 JIT 管理模式更是风行全世界。对于他们这种市场变化迅速的电子制造企业来讲，更应采取此种生产管理模式。公司各部门，无论是采购、生产、仓储或是销售部门都必须参与到供应链管理当中来，同时公司与供应商和客户必须保持最紧密的接触，以最大可能地减少库存，从而提升公司的供应链管理水平以及生产制造水平，达到降低管理成本、提升资源利用率的目标。

为达成公司管理目标，物流部决定将公司现有的 5 个仓库全部腾空出租，将原材料库、半成品库搬到生产现场，即公司从供应商处购回的原材料立即投入生产线，不在仓库积压；公司生产全部采用流水式作业，中间的半成品不设半成品库，直接注入下一工序；而对于成品管理方面，物流部要求销售部人员与客户做好沟通，公司每天将生产好的成品送到客户仓库，即使考虑到交通瘫痪等特殊因素，公司最多也只会保留 3 天的成品库存量。因此，公司将只会保留足够存放 3 天产量的成品仓库，其余的仓库将出租。公司的物流运输工作经过比较之后全部外包给第三方物流公司，公司原有的车队随之解散，并且鼓励富余的仓库管理人员以及驾驶员成立第三方物流公司，公司会为他们的创业提供一定的资金和业务支持。公司经过供应链重组之后，公司内部运作效率得到了大幅提升，内部协作也得以增强，半成品仓库的取消促使各生产流程管理更为精细化、高效化。但昊天公司的 JIT 运营模式并没有在公司的外部取得显著成效。主要原因在于公司所在的市场整体经营环境不是太好，其他公司运作并不规范，公司与供应商以及与客户的供求关系、供求合同谈判费时费力，迟迟无法签订正式合同，这种状况使公司全力推行的 JIT 运作模式受到了极大挑战。同时由于公司不能与外部的客户或供应商及时达成协议，导致公司正常的进出货数量与时间受到严重影响，公司面临缺货风险。另外这一状况也已经引起第三方物流公司的不满，它们已经明确表示，若公司的物流服务需求经常处于这样的不稳定状态，它们物流公司也没有办法按计划为昊天公司提供及时足额的物流服务，这无异于宣布支持公司 JIT 运营模式的一大支柱失去了支撑作用。

【思考题】

运用学过的管理学知识，分析公司存在的问题，并提出解决方法。

【复习题】

1. 简要说明 JIT（准时化）生产方式的主要内容，它对现代生产管理有哪些重要作用？
2. JIT 生产方式与传统生产方式有什么区别？
3. 简述精益生产的含义和精益生产的基本原理。
4. 简述精益生产的主要内容。

【实训项目】

全班同学以组为单位（6~8 人一组），上网查找我国有关知名制造企业的精益生产和 JIT 生产方式和管理经验。分组讨论：

1. 我国企业实施丰田生产方式成功的关键因素是什么？如何成功实施丰田生产方式？
2. 以组为单位，把各组讨论的结果写成书面材料并在课堂上汇报。

第十章　计算机集成制造系统（CIMS）

【学习目标】

1. 了解 CIMS 概念、掌握 CIM 的基本构成。
2. 熟知 CIMS 的研究与开发。
3. 了解 CIMS 的应用与效益评估。

【引导案例】

机器人能代替人吗

20 世纪 90 年代以来，全球的汽车公司都增加了生产线上机器人的使用数量，并开始在汽车里安装精密的信息技术系统以提高汽车质量并进行质量跟踪。的确，一段时间以来，大家好像形成了一种共识：未来的汽车生产要用机器人代替工人。然而，丰田公司在自己已经实现完全机械化生产的汽车工厂里发现了一个有趣的现象：当仅仅使用机器人生产汽车时，效率并没有持续增加，这是因为机器人无法像人一样产生新想法，并改进工作程序。目前的关键是要在人力、电脑和信息技术的使用上找到一个最佳平衡点，促使汽车制造商不断改进汽车生产方式，并使之接近完美。

第一节　CIMS 的构成

一、计算机集成制造（CIM）与计算机集成制造系统（CIMS）的概念

（一）计算机集成制造（CIM）

20 世纪 70 年代以来，围绕着 TQPS 即时间（Time）、质量（Quality）、价格（Price）和服务（Service），展开了一场日趋激烈的市场竞争。企业为适应这些市场特征，求得生存和发展，必须寻求新的生产方式。计算机技术和计算机应用的发展也促进了新的生产方式的形成与发展。1973 年，美国的约瑟夫·哈林顿（Joseph Harrington）博士首次提出了 CIM 的概念，其基本思想可归纳为两点。

1）从产品研制到售后服务的生产周期全部活动，是一个不可分割的整体，每个组成过程应紧密连接安排，不能单独考虑。

2）整个生产过程的活动，实质上是一系列数据处理过程，每一过程都有数据产生、分类、传输、分析、加工等处理，其最终生产成的产品，可以看做是数据的物质表现。

这一概念的提出，要求将整个生产过程的有关单元技术，自动化孤岛有机地集成起来，有效地利用信息资源，实现系统的优化。

可以这样理解 CIM 的概念：CIM（Computer Integrated Manufacturing）是一种利用现代信息技术、管理技术和生产技术对生产企业从产品设计、生产准备、生产管理、加工制造直到产品发货与用户服务的整个生产过程的信息进行集成化管理，以优化企业生产活动、提高企业效益与市场竞争力的思想方法或生产模式。

这里要强调，CIM 不是全盘自动化，它不是单纯的技术的互连，也不是自动化加计算机化。CIM 是一种概念，一种哲理，它是用来组织现代生产的指导思想，其核心在于集成。集成和连接不同，它不是简单地把两个或多个单元连在一起，它是将原来没有联系或联系不紧密的单元组成为具有一定功能的紧密联系的新系统。

（二）计算机集成制造系统（CIMS）的概念

计算机集成制造系统（Computer Integrated Manufacturing Systems，CIMS）就是在 CIM 思想的指导下，逐步实现企业全过程计算机化和综合化的人机系统。不论其计算机技术应用的广度和深度处于什么阶段，只要全局规划是明确的，确实按照 CIM 思想指导着企业的体制改革和技术改革，就可称为 CIMS。全面应用于各个环节的 CIMS 可以说是未来工厂的模式，但在发展过程中，则可以把它本身看作是一种进程，而不必局限于某种固定格局的层次模式。还要强调的是，这个人机系统的集成，不仅是技术上信息和物流的集成，或者说硬件、软件的集成，更重要的是人的集成。实施 CIM 的障碍 70% 以上来自人，企业集成除了要求方法和技术的解答外，还要克服心理、社会、教育等障碍以达到一种新的经营模式。系统成效的大小，更多地要取决于人的集成情况。

（三）CIM 与 CIMS 的关系

CIM 与 CIMS 既有密切联系又有着本质的区别，CIM 是计算机集成制造的思想方法或生产模式，是组织现代化生产的一种哲理。作为一种哲理，CIM 的目标是通过综合利用现代信息技术的一切可能性来长期保持企业的竞争力。其精髓并非在于某项单元技术，而是强调企业的整体性，利用现代信息技术把企业各部门联系起来。CIM 适用于一切制造企业，其要点在于集成，实现方法无固定模式。CIMS 则是 CIM 思想在具体某一企业中的实现。CIMS 是一个开放系统和人–机系统，需要不断完善并成为企业达到预定目标的有效手段。CIM 哲理只有一个，而 CIMS 则因企业不同，其形式与构成千变万化。可以说，各种体现 CIM 哲理的具体系统都是 CIMS。

二、CIMS 的基本构成

CIMS 是人、经营和技术三者的集成。单从技术构成上看，CIMS 包含四个应用分系统：管理信息系统（MIS）、工程设计系统（CAD/CAPP/CAM）、质量保证系统（QAS）)、制造自动化系统（MAS）和两个支撑分系统即数据库（DB）和通信网络（NET），如图 10-1 所示。

（一）管理信息系统

一个工业企业的管理信息，就是指整个生产经营过程中产、供、销、人、财、物的有关信息。一般可以把管理信息系统（MIS）分解为经营管

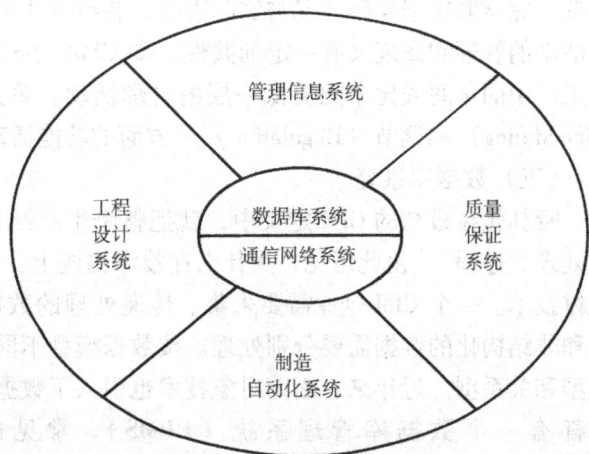

图 10-1　CIMS 的技术组成

理（BM）、物料管理（MM）、生产管理（PM）、人力资源管理（HRM）和财务管理（FM）等几个子系统。在 CIMS 环境下，是以制造资源计划（MRPⅡ）为核心把整个系统集成起

来，形成一个计算机管理系统。

管理信息系统的基本功能有三个方面。

（1）信息处理　信息处理包括信息的收集、整理、加工、查询等。

（2）事务管理　事务管理指经营计划管理、物料管理、生产管理、财务管理、人力资源管理及质量管理等。

（3）辅助决策　管理信息系统可用来分析归纳现有信息，利用各种有关方法，提供辅助决策信息。

（二）工程设计系统

设计阶段是对产品成本影响最大的部分，也是对产品质量起着最重要影响的部分。工程设计系统就是 CAD/CAPP/CAM 的集成，有时还要加上计算机辅助工程分析（即狭义 CAE）。CIM 实施中，信息集成是一项最主要的工作，在计算机里，如果信息编码没有做好标准化工作，各部门之间就根本没有共同语言，也就不可能集成，所以产品数据交换标准是工程设计中首先要考虑的问题。国际上产生最早、应用最成熟和最广泛的数据标准，是美国开发和推出的初始交换规范 IGES（Initial Graphics Exchange Specification）。

（三）质量保证系统

产品质量是赢得市场竞争的一个极其重要的因素。CIMS 的一部分质量系统，就是要在系统集成的整体安排下，更有效地实现全面质量管理。质量保证这个子系统，除了要具有直接实施检测的功能外，它的重要任务是采集、存储和处理企业的质量数据，并以此为基础进行质量分析、评价、控制、规划和决策。质量数据存在于产品生命周期的全过程中，从市场调研、设计、原材料供应、制造、产品销售直到售后服务等，这些信息采集、分析和反馈便形成一系列各种类型的闭环控制，从而保证产品客户的需求。

（四）制造自动化系统

自动化是生产活动发展的必然方向。我们在 CIM 中用"制造自动化"这个名词，只是为了反映先进技术的应用，实际就是反映企业中的底层物流与生产过程。真正自动化程度的高低，完全取决于实际状况与实际需要，各行各业的企业，底层生产过程千差万别，但是底层活动的管理和高度又有一定的共性，即 CIMS 中经常提到的"单元控制器"，这相当于一般工厂中的车间或比车间更低一层的管理活动。单元控制器应具有计划（Planning）、调度（Scheduling）和调节（Regulation）三方面的功能活动。

（五）数据库系统

哈林顿在最初的 CIM 定义中，就把整个生产经营看作是"一个数据的采集、传递和加工处理的过程"。由此可见，为什么在技术构成上，我们会把网络和数据库作为两个核心和支撑技术。一个 CIM 企业需要采集、传递处理的数据不仅数量巨大，而且结构化、半结构化和非结构化的数据需要分别处理。按数据模型不同，数据库可分为三种类型：网状型、层次型和关系型。近年来，面向对象技术也引入了数据库。为了处理好数据的存取，每个数据库都有一个数据库管理系统（DBMS）。常见的 DBMS 产品有 ORACLE、SYBASE、INGRES 等。

（六）计算机通信网络系统

计算机网络是用通信线路将分散在不同地点、并具有独立功能的多个计算机系统互相连接，按照网络协议进行数据通信，并实现共享资源（如网络中的硬件、软件、数据等）的计算机以及线路与设备的集合。具体的硬件组成部分包括数据处理的主机、通信处理机、集中器、多路复用器、调制解调器、终端、通信线路、异步通信适配器、网络适配器以及网桥和网间连接器（又称网关、信关）等，再和各种功能的网络软件相结合，就能实现不同条件下的通信以支持系统集成。

三、CIMS 的特征

计算机集成制造系统是在自动化技术、信息技术及制造技术基础上，通过计算机及其软件将制造工厂全部生产活动所需的各种分散的自动化系统有机地集成起来，形成一种高效率、高柔性的智能制造系统。它是产品开发、设计、生产工艺、组织管理和计算机技术及通信手段相结合发展的必然产物，是形成自动化工厂的物质技术和管理组织的基础。它将各个自动化孤岛联结成统一的有机整体，其特点可以归纳为以下四个方面。

（1）从科学技术、创造发明来看　CIMS 是高科技密集型技术，是系统工程、管理科学、计算技术、通信网络技术、软件工程和制造技术等新技术的高度综合体。

（2）从制造业的生产管理和经营管理来看　CIMS 是一个大型的一体化的管理系统。由于 CIMS 将市场分析、预测、经营决策、产品设计、工艺设计、加工制造和销售、经营集成为一个良性循环系统，这就大大地增强了企业的应变和竞争能力。

（3）从数据的共享来看　CIMS 将物流、技术信息流和管理信息流集成为一体，它使企业中数据共享达到了一个崭新的水平。

（4）从管理技术和方法上　CIMS 将 MIS、MRP Ⅱ、CAD/CAPP/CAM、CE、GT、LP、JIT 等技术部分或全部集成起来。

第二节　CIMS 的开发

一、CIMS 研究与开发的方法论

CIMS 方法论是为指导人们正确理解 CIM 哲理、考察和分析与描述 CIMS、开发和实施 CIMS 等方面而提出的一套完整的 CIMS 开发和实施方法。

（一）CIM 思想

CIM 思想采用层次考察法、分系统考察法、黑箱考察法、结构功能考察法、动态系统考察法、逐级考察法、模型与模拟方法以及权变论方法分析考察问题，不断从新近出现的 LP、非递阶控制、智能制造和企业再造等新哲理、新技术中汲取新成分。

（二）CIM 体系结构

CIM 体系集中了各种 CIMS 参考模型，分别从不同角度对 CIMS 进行描述，为 CIM 的实现提供良好的理论指导和规范化标准。为了全面描述 CIMS 的各种重要特性，CIM 体系结构中至少应包括 CIMS 功能参考模型、信息参考模型、过程参考模型、物流参考模型、组织参考模型和资源参考模型等。

（三）CIM 建模方法

采用不同的建模方法对 CIMS 进行描述，较多采用图形建模方法，分别采用层次图、事件—联系图描述 CIMS 信息参考模型，用过程图或 PETRI 网描述 CIMS 过程参考模型，用德国 VDI 标准 3239/40 描述 CIMS 物流参考模型，用层次图描述 CIMS 组织参考模型，以及用资源图描述 CIMS 资源参考模型。

（四）CIMS 开发和实施方法

CIMS 的开发包括 CIMS 开发和实施步骤以及 CIMS 项目管理两部分，在 CIMS 的技术可行性、经济可行性和社会可行性等方面加以协调。CIMS 的开发和实施具有非结构化或半结构化特征，其中包含了很多经验成分。因此，在开发和实施 CIMS 时大多采用软系统方法；CIMS 项目经理的主要任务是对 CIMS 开发和实施过程中人员、费用以及进度等方面进行管理和协调。CIMS 项目计划管理的主要任务是制定 CIMS 开发和实施计划，并根据该计划对开发和实施过程进行调度和控制；而 CIMS 项目组织管理的主要任务是确定 CIMS 项目组织形式，以及协调项目组与企业内有关部门和外单位的关系。

二、开发方式

计算机集成制造系统的开发方式多种多样，归纳起来主要有以下三种。

（一）企业自身组织力量开发

企业自身组织力量开发系统，需要有系统开发的全套技术人员，即系统分析员、程序设计员和操作维护员等。在我国目前情况下，绝大部分企业缺乏系统分析员和程序设计员，全靠企业自己的力量进行系统开发有困难。有的企业采用自行开发，或招聘计算机专业人员，或找一些有经验的专家作顾问进行技术咨询，或购买现有的软件包。采用前两种措施来弥补企业短缺技术人才的办法，可以使开发的系统满足企业的要求：通过系统开发，培养、锻炼自己的开发人员；系统维护方便、容易；开发费用少，但开发周期长。

（二）委托外单位开发

委托外单位开发系统有两种情况：一种情况是委托专业系统开发公司，他们有系统开发的经验，但企业要配备精通业务的人员参加开发，而且开发出的系统很难满足企业全部业务的需要，系统难维护。因为在这种情况下，精通业务的专业人员都身负重任，且缺乏计算机方面的知识，又不能全身心投入，很难与系统分析员配合好，开发的全过程企业没有专门的人员参与工作，对系统的各主要技术环节不熟悉，因此维护难。另一种情况是被委托的公司虽然开发过系统，但技术力量不强，开发出的系统水平不高，若请其开发，开发出的系统质量很难保证。这两种情况系统开发费用都很高。

（三）联合开发

企业与有关高等院校或科研单位联合开发，合作单位具有一定的系统分析和设计力量，企业派主管业务的领导和有关人员参加。用这种方式开发系统，周期短，能满足企业的要求，维护方便、容易，开发费用较少，通过开发能为企业培养懂得系统开发过程的人员。这是目前我国最易推行的方法。

三、开发步骤

开发 CIMS 是一个长期的大型工程项目，在开发 CIMS 时可以遵循系统工程中的系统开发步骤。CIMS 的关键技术是集成，而集成的关键是信息集成，搞好了集成就取了 CIMS 的成功。围绕着集成，就需要从顶向下进行总体设计，由底向上分步实施。一般的步骤如图 10-2 所示。

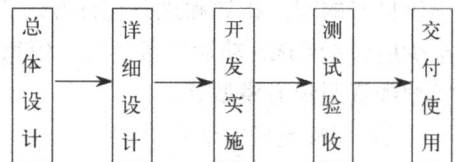

总体设计 → 详细设计 → 开发实施 → 测试验收 → 交付使用

图 10-2　开发 CIMS 的一般步骤

必须指出，CIMS 并没有固定的开发应用模式，而要因企业而异。因此，首先要进行本企业 CIMS 的总体设计，在设计中最重要的是要做好企业的需求分析，找出企业生产经营活动中存在的"瓶颈"问题，然后运用科学方法设计 CIMS 系统的功能模型和信息模型，在此基础上设计整个 CIMS 系统的结构及各个分系统，从而引出系统软硬件配置图，最后进行可行性分析和效益分析，制订实施计划，规范相应的组织机构等。总体设计结束后，应组织专家对这一总体设计报告进行技术评审。只有当这份报告通过了专家评审，才能进入 CIMS 的详细设计阶段，也就是开始各分系统的详细设计。详细设计结束后，就可购置设备，正式开发各个分系统，并进行实施阶段。待 CIMS 系统建成，就应组织测试验收，最后交付使用。

最后要强调的是，研发 CIMS 时，并不要求将理论描述的所有组成部分都即刻计算机化。应本着这样一个总的原则：效益驱动、总体规划、分步实施、先易后难。

第三节　CIMS 的应用与效益评估

一、CIMS 的应用

20 世纪 70 年代末 80 年代初，随着计算机技术的应用和管理水平的提高，一些大公司开始实施 CIMS。1985 年，在德国的汉诺威工业博览会上，美国 IBM 等几家大公司展示了它们的模型。1987 年以后，美国的 DEC 公司、德国西门子公司、日本的东芝公司、富士通公司，也都相继提出了自己的模型。随后，一些制造企业开始开发 CIMS 系统。最初的开发集中于机械制造业，主要解决离散型生产的自动化问题，以后逐渐向其他领域辐射。先是扩展到其他离散型生产领域，如电子仪器、通用设备、集成电路等企业，进而扩展到连续及半连续生产类型企业，如化工、冶金等行业。美国的麦道飞机公司、通用汽车公司，日本惠普公司八王子工厂等，都成功地实施了 CIMS。据日本统计，到 1989 年为止，已开始开发或已投入使用 CIMS 的企业，在电子、精密机械行业中占 36.7%；在机械制造工业中占 31.3%。不过大多数企业 CIMS 的应用还处于初级阶段。

在美国，实施 CIMS 的企业约 10 万家，其情况可分为三类。

（1）企业的 CIMS 处于初级阶段　它们用计算机辅助管理、设计、生产，多为单机自动化，没有集成为系统。这类企业约占实施 CIMS 企业的 76%。

（2）企业的 CIMS 是在自动化孤岛的基础上，实现了局部系统的集成　这类企业约占 22%。

（3）真正实现 CIMS 的企业　不过，绝大多数企业只是在一个工段、一个车间或一个分厂范围内使用，只有少数企业在进行全面应用 CIMS。

目前，CIMS 的应用情况可按如下分类。

（1）按行业划分　包括机械、电子、化工、食品、钢铁和汽车 CIMS 等。

（2）按生产过程划分　包括预测生产型和定货生产型 CIMS。

（3）按生产类型划分　包括单件生产型、成批生产型和大量生产型 CIMS。

（4）按制造过程划分　包括连续生产型和离散生产型 CIMS。

（5）按生产性质划分　包括加工型和装配型 CIMS。

（6）按集成对象的范围划分　包括制造、工厂和公司 CIMS。

（7）按开发和实施策略划分　包括自上而下（TOP—DOWN）型、自下而上（BOTTOM—UP）型和混合型 CIMS。

在不同程度上，CIMS 已在我国部分工业企业中得到推行和运用，并已取得了可喜的成果和经验。如北京第一机床厂获得国际权威性学术机构美国制造工程师协会颁发的 1995 年度 CIMS "工业领先奖"。

CIMS 的概念目前仍在不断完善。如德国的西门子（Siemens）公司提出了 CAI 的概念，把 CAI 定义为计算机辅助办公系统（CAO，Computer Aided Office）与 CIM 的集成，其中 CAO 包括了财务管理、销售管理等一系列功能。美国提出的计算机一体化生产经营 CIB（Computer Integrated Business），不仅在厂内实现信息的统一管理，同时实现了与原材料供应厂、协作厂、用户的信息直接传输与信息共享。它是电子数据交换的应用，是工厂 CIM 子系统与工厂外经营功能的集成系统。

二、CIMS 的发展趋势

（一）基于 LP 的 CIMS

LP 和 CIM 两种方法是相互补充和促进的。其中，CIM 侧重于内涵十分丰富的多方位、多层次的集成，强调功能、信息、过程、组织和资源集成等；LP 则强调简化，包括企业的组织机构、产品开发过程、产品制造过程和产品结构。目前，CIMS 的开发和实施大多数都已采用了第 5 代技术，但组织管理方法仍停留在第一、第二代水平，不利于充分发挥 CIM 的作用。因此，必须简化企业的组织机构，将零部件供货厂家和销售商纳入基于 LP 的 CIM 范围，并通过采用分布式或适度递阶控制来简化产品结构，并突出人在 CIM 中的作用。

（二）以人为核心的 CIMS

作为信息技术和生产技术的组织者、决策者和控制执行者，人在 CIMS 中依然起着决定性的作用，人才的培养、各级人员素质的提高和知识的更新将决定 CIMS 的成败。

（三）分布式 CIMS

开发面向中小型企业的分布式自适应 CIMS，具有投资少、风险小、周期短和见效快的特点。

（四）智能 CIMS

未来的 CIMS 将是智能的 CIMS，主要对智能设计、智能工艺规划、智能监测、智能控制、智能数据库和智能产品生命周期支持等进行集成。

（五）局部集成 CIMS

CIMS 通过全面规划并采用局部集成，特别是对信息流的集成来提高企业产品的竞争能力。

（六）基于微机的 CIMS 或低成本 CIMS

即使在工业发达国家中，更多的中小企业都在考虑或实施基于微机的 CIMS 或低成本 CIMS，它们具有抓住重点、有限目标、降低投资和减少风险特点，主要表现在成本低、功能基本能满足使用要求、容易使用、可靠性较高和可扩展性较好等方面。目前，我国在江苏等省市推行 "CIMS 应用示范工程" 基本上属于此类型。

（七）中小规模 CIMS

基于分布化处理系统的中小规模 CIMS 弥补了大规模 CIMS 结构复杂、成本相当高、开发周期长和依赖相当强的技术力量等不足。

（八）计算机集成人—机制造

这是指基于硬件、软件和人件原则，将工作流程作为人和已有 CIM 平台之间的集成工具。

三、效益评估

虽然 CIMS 目前还只是处于应用的初级阶段，但已显示出强大的生命力。1985 年，美国科学院对美国 CIMS 方面处于领先地位的四个公司——麦克唐纳道格拉斯飞机公司、迪尔拖拉机公司、通用汽车公司、英格索尔铣床公司进行了调查和分析，它们认为采用 CIMS 可取得如下效益：产品质量提高 200% ~500%；生产率提高 40% ~70%；设备利用率提高 200% ~300%；生产周期缩短 30% ~60%；在制品减少 30% ~60%；工程设计费用减少 15% ~30%；人力费用减少 5% ~20%；提高工程师的工作效率 300% ~350%。

根据许多资料分析，CIMS 取得效益主要在如下方面。

1. 提高设备利用率

由于用手工进行工件搬运和刀具装卸效率很低，因此许多数控机床运行利用率仅在 50% 左右或更低。CIMS 实现了工件搬运和刀具装卸自动化，其设备利用率可高达 85%。

2. 降低直接和间接劳动强度

CIMS 有较高的设备利用率和生产率，单位产量的直接和间接劳务量比其他可供选择的方法要低。在 CIMS 的操作中，6 ~10 台机床的劳动量可以分配给 3 ~4 名工人，而在许多单独数控机床的操作中，每台机床都至少配备 1 名工人，因此，CIMS 中分配到每台机床上的直接劳动量的比例就低。CIMS 中的间接劳动，比用自动搬运原料的单件生产车间及用人工般运工件的传统批量生产要少。

3. 缩短制造周期

许多工件要通过几个不同的加工中心分批地加工。在每个加工中心都有安装时间和等待时间。在应用 CIMS 的条件下，一条线上相邻工作台之间，非操作时间急剧减少。而且在 CIMS 操作中，安装时间可以减少。因为在 CIMS 操作中，刀具是脱离生产线预装的，而工件在运送平台上的装卸，也可以脱离系统单独运行。CIMS 的这些功能，使得加工过程的时间大为缩短。

4. 加工中使用设备较少

在柔性生产系统中，一台柔性加工设备可完成多道工序。因此，加工中使用设备较少，工艺路线和加工时间均可缩短。

5. 生产计划可调性

在 CIMS 运行中，安装工件不需要停机。当工件送入系统时，计算机系统把工件运往准备好的机床上，唯一的要求是必须提前将加工特殊工件所需工具装备好工作台。这种操作分配给系统变动生产计划很大的灵活性。

以上这些效果直接表现在产品成本的降低、生产周期的缩短和产品质量的提高等直接经济效益上。CIMS 系统的实施，还可以带来一系列重要的、间接的、不可定量计算的效果。如：提高企业的市场竞争能力、提高顾客的满意度、保证均衡生产、加快产品更新换代、交货期准时、改善企业形象、提高人员素质、改善人员结构和员工的工作气氛等，因此，开发和实施 CIMS 系统，已成为现代企业发展的一项重要的战略任务。

【案例】

北京第一机床厂的 CIMS

CIMS 是通过计算机硬件和软件，并综合运用现代管理技术、制造技术、信息技术、自动化技术、系统工程技术，将企业生产全部过程中有关的人、技术、经营管理三要素及其信息与物流有机集成并优化运行的复杂的大系统。因此，企业作为一个统一的整体，必须从系统、全局的观点广泛采用计算机等高新技术，加速信息的采集、传递和加工处理过程，提高工作效率和质量，从而提高企业的总体水平。

北京第一机床厂（以下简称 BYJC）是我国最大的机床制造厂之一，产品遍布全国各地区，并远销世界 50 多个国家和地区。为了在信息化社会中提高企业参与市场竞争的能力，企业十分重视信息化建设。

实施 CIMS 工程是企业信息化的具体形式。

BYJC 的 CIMS 实施是一个循序渐进和不断向深度、广度发展的过程，主要涉及了信息技术、管理技术和制造技术在企业中的综合应用，内容包括管理信息系统、工程设计集成系统、制造自动化系统、质量管理系统四个应用分系统。

BYJC 实施 CIMS 有四个特点：

（1）打破部门之见。CIMS 工程与计算机单项应用的区别在于强调集成。做到信息集成，首先要做到人的集成，突出表现在场内需要打破部门之见，从全局着眼。为此，该厂成立了以厂长为首的领导小组及以总工程师为首的总师组，把 CIMS 计划与技改计划、工艺突破口计划等有机组合起来，围绕企业经营目标统一考虑，主管生产的厂长对实施 MRP—Ⅱ 负责，将产品数据库的建立纳入厂生产技术准备计划考核。

（2）信息化是一个过程。随着企业外部环境的变化，企业对信息化的需求也在不断变化，并因此推动 IT 应用向纵深发展，北京第一机床厂的 CIMS 就是如此。10 年中该厂主要经历了三个阶段：第一阶段是基于网络和数据库的信息集成；第二阶段是以并行工程为特征的过程集成；目前该厂已进入到以企业集成为特征的第三阶段，即在 Extranet 支持下组建虚拟企业，这种敏捷制造的模式进一步提高了企业的竞争力。

（3）利用各种资源。与实施 CIMS 投入的资金比较而言，BYJC 在技术改造方面的投入更大。从充分利用自身资源的角度考虑，该厂实施 CIMS 的一个主要目的是，使该厂用于技术改造的各种设备合理、高效地运用起来。

（4）计算中心改制为公司。缺乏 IT 人才和 IT 人才流失严重一直是困扰国内大中型企业信息化的难题之一，北京第一机床厂也不例外，1995 年获大奖时 100 多名厂内的研发队伍目前已不到 1/3。但北京第一机床厂算是找到了一个留住人才的方法，那就是把计算中心改制为独立的公司——北京并捷自动化技术服务中心。

通过 10 年 CIMS 的实施，北京第一机床厂提高了企业的竞争力，加快了自身向现代化企业变革的步伐，建立起了以市场为导向的技术营销体系，其中包括按市场需求的产品定位、以企业家为首的决策管理、可快速响应市场的新产品开发机制和产品设计延伸到用户现场的工艺设计。

【思考题】

1. 你对北京第一机床厂实施的 CIMS 项目有什么评价？
2. 你认为企业在实施 CIMS 时，需要注意哪些问题？

【复习题】

1. 试述 CIM 与 CIMS 的概念。

2. 简述 CIMS 的基础构成。

3. 试述 CIMS 的开发特征。

4. 简述 CIMS 的开发步骤和开发方式。

5. 讨论一下 CIMS 的应用情况。

6. CIMS 为企业带来哪些方面的效益？

【实训项目】

在教师的指导下，全班同学以组为单位讨论：学完本门课程后，你对现代生产管理的思想、方式方法有哪些新认识？对加强个人管理有哪些启示？

以组为单位，把各组讨论的结果写成书面材料并在课堂上汇报。

参 考 文 献

[1] 鲍学曾. 工业企业管理 [M]. 4 版. 大连：东北财经大学出版社，2003.

[2] 国朝琦. 质量管理创新 [M]. 北京：经济管理出版社，2000.

[3] 郭鹏. 现代企业管理 [M]. 西安：西北工业大学出版社，2000.

[4] 张春河. 新编工业企业管理 [M]. 北京：企业管理出版社，2000.

[5] 谢明荣. 现代工业企业管理 [M]. 南京：东南大学出版社，2000.

[6] 施礼明. 生产与作业管理 [M]. 北京：中国财政经济出版社，2000.

[7] 王世良. 生产运作管理 [M]. 北京：华文出版社，2001.

[8] 路宏达. 现代生产管理 [M]. 北京：中国财政经济出版社，2001.

[9] 武振业. 生产与运作管理 [M]. 成都：西南交通大学出版社，2002.

[10] 何业才. 新编现代工业企业管理 [M]. 北京：经济管理出版社，2002.

[11] 陈福军. 运营管理 [M]. 大连：东北财经大学出版社，2002.

[12] 洪元义，吴亚非. 生产与运作管理 [M]. 武汉：武汉理工大学出版社，2002.

[13] 吴忠平. 现代生产管理 [M]. 北京：机械工业出版社，2002.

[14] 崔平. 现代生产管理 [M]. 2 版. 北京：机械工业出版社，2009.

[15] 潘家轺，曹德弼. 现代生产管理 [M]. 北京：清华大学出版社，2003.

[16] 张存禄. 企业管理经典案例评析 [M]. 北京：中国人民大学出版社，2004.

[17] 徐金石，陶田. 企业管理与技术经济 [M]. 北京：机械工业出版社，2001.